ཁྲིམས་ལུགས་ཁྱབ་གདལ་དཔེ་ཚོགས།

普法丛书

གྲོང་ཚོའི་“ཨུ་ལྷན་གཉིས”ཀྱི་ལས་བྱེད་པས་བཅའ་ཁྲིམས་སློབ་སྦྱོང་དང་བེད་སྤྱོད་བྱེད་པའི་ཀློག་དེབ།

农村“两委”干部学法用法读本

དཔེ་དེབ་འདིའི་རྩོམ་སྒྲིག་ཚོ་ཆུང་གིས་བསྒྲིགས།

本书编写组 编

བོད་ལྗོངས་བོད་ཡིག་དཔེ་རྙིང་དཔེ་སྐྲུན་ཁང་།

西藏藏文古籍出版社

གྲོང་ཚོའི་“ཨུ་ལྷན་གཉིས་”ཀྱི་ལས་བྱེད་པས་བཅའ་ཁྲིམས་
སློབ་སྦྱོང་དང་བེད་སྤྱོད་བྱེད་པའི་ཀློག་དེབ།

དཔེ་སྐྲུན། བོད་ལྗོངས་བོད་ཡིག་དཔེ་རྙིང་དཔེ་སྐྲུན་ཁང་།
སྦྲག་ཨང་850000

བརྒྱུད་འཚོང་། ཤིན་ཧྭ་དཔེ་ཚོང་ཁང་།

དེབ་ཚད། 710mm×1 000mm 1/16

པར་ཐོག 12

པར་གཞི། 2017ལོའི་ཟླ་1པར་པར་གཞི་དང་པོ་བསྒྲིགས།

པར་ཐེངས། 2017ལོའི་ཟླ་1པར་པར་ཐེངས་དང་པོ་དཔར།

དཔེ་རྟགས། ISBN 978-7-80589-705-9

རིན་གོང་། སྒོར་25.00

སྔོན་གཏམ།
前言

བོད་ལྗོངས་ཁྲིམས་བཞིན་སྐྱོང་རྒྱུ་ནི་བོད་རང་སྐྱོང་ལྗོངས་ཡུན་རིང་བདེ་འཇགས་ཡོང་བར་བྱེད་པའི་རྩ་བའི་འགག་ལེན་ཡིན། རང་རྒྱལ་སྤྱི་ཚོགས་རིང་ལུགས་ཀྱི་བཅའ་ཁྲིམས་མ་ལག་འོག བོད་ལྗོངས་ཁྲིམས་བཞིན་སྐྱོང་བའི་གལ་ཆེའི་ནང་དོན་གྱི་གྲས་ཤིག་ནི་ཁྲིམས་ལུགས་ཀྱི་དྲིལ་བསྒྲགས་སློབ་གསོ་ལ་ཤུགས་སྣོན་རྒྱག་རྒྱུ་དེ་ཡིན། བོད་རང་སྐྱོང་ལྗོངས་ཁྲིམས་སྐྱོང་ཅན་དུ་འགྱུར་བའི་དོ་དམ་ཆུ་ཚད་དང་། དེ་བཞིན་བོད་རིགས་མང་ཚོགས་ཀྱི་བཅའ་ཁྲིམས་བྱང་ཚད་ལ་ཤུགས་སྣོན་རྒྱག་ཆེད། བོད་ལྗོངས་བོད་ཡིག་དཔེ་རྙིང་དཔེ་སྐྲུན་ཁང་གིས་ཁྲིགས་ལུགས་རིག་པའི་ཆེད་མཁས་པ་དང་ཉམས་མྱོང་ཕུན་སུམ་ཚོགས་པའི་རྩོམ་ བསྒྱུར་མི་སྣ་ཁག་གཅིག་ལྷན་དུ་བསྡུས་ནས་ཁྲིམས་ལུགས་ཁྱབ་གདལ་གྱི་མུ་འབྲེལ་དཔེ་ཚོགས་（དེབ་ལྔ）འདི་ཞིབ་མོའི་བློ་ཡིས་རྩོམ་སྒྲིག་བྱས་ཏེ། བོད་ཀྱི་རྒྱ་ཆེའི་ལས་བྱེད་པ་དང་མང་ཚོགས་རྣམས་ཀྱི་སླུན་ལམ་དུ་འབུལ་རྒྱུ་ལགས།

依法治藏是西藏自治区实现长治久安的根本保障。在我国社会主义法律体系下,依法治藏的重要内容之一即要加强法制宣传教育。为加强西藏自治区法治化管理水平及藏族群众的法律素质，西藏藏文古籍出版社组织一批法学专家及数名经验丰富的编译人员，精心编纂了普法系列丛书 (5 册)，供广大西藏干部群众阅读学习。

མུ་འབྲེལ་དཔེ་ཚོགས་འདི་ནི་སྤྱི་ཁྱུལ་གྱི་གྲོང་མི་ཞུ་ཡོན་ལྷན་ཁང་གི་ལས་བྱེད་པ་དང་། སྤྱི་ཁྱུལ་གྱི་གྲོང་མི། གྲོང་ཚོའི"ཞུ་ལྷན་གཉིས"ཀྱི་ལས་བྱེད་པ། ཞིང་འབྲོག་མང་ཚོགས་བཅས་ལ་དམིགས་པའི་བཅའ་ཁྲིམས་སློབ་སྦྱོང་དང་། བཅའ་ཁྲིམས་བེད་

སྤྱོད་བྱེད་པའི་སྐོར་གྱི་སློག་དེབ་ལས་གྲུབ་པ་ཞིག་ཡིན་ལ། ཁྱབ་རྒྱ་ཆེ་ཞིང་ཁྱབ་གདལ་གྱི་ཚད་ཅུང་མཐོ་བའི་མང་ཚོགས་ཅན་གྱི་ཁྲིམས་ལུགས་ཁྱབ་གདལ་གྱི་སྨུ་འབྲེལ་དཔེ་ཚོགས་ཤིག་ཡིན།

本系列丛书由针对社区居委会干部、社区居民、农村“两委”干部、农牧民等不同对象的学法用法读本构成，是一套涵盖范围广泛、普及程度较高的大众型普法系列丛书。

སྨུ་འབྲེལ་དཔེ་ཚོགས་འདིས་དམིགས་བྱའི་ཡུལ་གྱི་དགོས་མཁོ་མི་འདྲ་བར་གཞིགས་ནས་འབྲེལ་ཡོད་ཀྱི་བཅའ་ཁྲིམས་ཤེས་བྱ་ཞིབ་མོའི་བློ་ཡིས་བསྒྲིགས་ཡོད་པ་མ་ཟད། ད་དུང་རབ་བརྟགས་རི་མོ་དང་། བར་བཅུག་རི་མོ། ཞིབ་ཕྲའི་སྤྱོད་དཔེ་བཅས་ཀྱིས་ཟུར་བརྒྱན་བྱས་ཏེ། ཁྲིམས་ལུགས་ཁྱབ་གདལ་གྱི་སློབ་གསོ་དེ་གཟུགས་སུ་བཀོད་ཅིང་གསོན་ཉམས་ལྡན་པ། དགོད་བྲོ་བ། དངོས་ཡོད་དང་ཉེ་བ་བཅས་ཀྱི་ཁྱད་ཆོས་འབུར་དུ་ཐོན་ཡོད་ལ། ཁྲིམས་ལུགས་ཁྱབ་གདལ་གྱི་དཔེ་ཆའི་གཞུང་ལུགས་རང་བཞིན་དང་གཟབ་ནན་རང་བཞིན་མཚོན་ཡོད་པ་མ་ཟད། རྒྱ་ཆེའི་སློག་པ་པོ་རྣམས་ཀྱི་ལྟ་སློག་སེམས་ཁམས་ལའང་བསམ་བློ་བཏང་ཡོད་པས། ཁྲིམས་ལུགས་ཁྱབ་གདལ་སློབ་གསོའི་རྒྱུན་ཤེས་རང་བཞིན་དང་དགོད་བྲོའི་རང་བཞིན་མཚོན་ཡོད།

该丛书根据不同对象的不同需求，精心编排相关法律知识，并配以大量的漫画插图和具体案例，使普法教育直观形象、生动有趣、贴近实际，既体现了普法图书的理论性和严谨性，又兼顾了读者的阅读心理，体现了普法教育的常识性和趣味性。

དུས་ཚོད་ཐེ་ཚོམ་ཐམ་ཀྱི་དབང་གིས་དཔེ་ཆ་འདིའི་ནང་ལ་ནོར་སྐྱོན་དང་ཆད་ལྷག་མི་འུང་བ་ཞིག་ཡོད་སྲིད་སྟབས། རྣམ་དཔྱོད་ཡངས་པའི་སློག་པ་པོ་རྣམས་ཀྱིས་དགོངས་འཆར་ལྷུག་སྩོལ་གནང་བར་མཁྱེན།

由于时间仓促，书中难免有疏漏之处，还望读者指正。

དཀར་ཆག
目 录

ལེའུ་དང་པོ། གཞི་རིམ་གྱི་ཏང་རྩ་འཛུགས་དང་གྲོང་མིའི་རང་སྐྱོང་།
第一章 基层党组织与村民自治

ས་བཅད་དང་པོ། གཞི་རིམ་གྱི་ཏང་རྩ་འཛུགས་རགས་བཤད།
第一节 基层党组织概述

ཏང་གི་འགོ་ཁྲིད་ནི་སྤྱི་ཚོགས་རིང་ལུགས་ཀྱི་གྲོང་གསེབ་གསར་པ་འཛུགས་སྐྲུན་བྱེད་པའི་རྩ་བའི་འགན་ལེན་ཡིན་པ་དང་། གྲོང་གསེབ་ཀྱི་གཞི་རིམ་ཏང་རྩ་འཛུགས་ནི་སྤྱི་ཚོགས་རིང་ལུགས་ཀྱི་གྲོང་གསེབ་གསར་པ་འཛུགས་སྐྲུན་བྱེད་པའི་རྨང་གཞི་དང་འགག་རྩ་ཡིན། གྲོང་གསེབ་ཀྱི་གཞི་རིམ་ཏང་རྩ་འཛུགས་ཀྱི་ནུས་པ་ནི་གཙོ་བོ་གཤམ་གྱི་ཕྱོགས་འགའ་རུ་མངོན་ཡོད་དེ།

党的领导是建设社会主义新农村的根本保证,农村基层党组织是建设社会主义新农村的基础和关键。农村基层党组织的作用主要表现在以下几个方面:

༡. གྲོང་གསེབ་ཀྱི་གཞི་རིམ་ཏང་རྩ་འཛུགས་ནི་ཏང་གི་རྩ་འཛུགས་རྨང་གཞི་ཡིན། ཏང་གི་ས་གནས་རྩ་འཛུགས་ནི་ཀྲུང་དབྱང་དང་གཞི་རིམ་གཉིས་སྦྲེལ་བའི་བར་གནས་ཀྱི་དུམ་ཚན་ཡིན་ལ། ཏང་གི་གཞི་རིམ་རྩ་འཛུགས་ནི་ཏང་གི་རྩ་འཛུགས་མ་ལག་གི་རྨང་གཞི་ཡིན།

1. 农村基层党组织是党的组织基础。党的地方组织是连接中央和基层的中间环节,而党的基层组织是党的组织体系的基础。

༢. གྲོང་གསེབ་ཀྱི་གཞི་རིམ་གྱི་ཏང་རྩ་འཛུགས་ནི་ཏང་གིས་མང་ཚོགས་དང་འབྲེལ་གཏུག་བྱེད་པའི་བརྒྱུད་ལམ་དང་འབྲེལ་ཐག་ཡིན། འབྲེལ་ཐག་འདིའི་བྱེད་ནུས་ཀྱི་མཚོན་ཚུལ་དངོས་ནི། ཕྱོགས་གཅིག་ནས་མི་དམངས་མང་ཚོགས་ཀྱི་བསམ་འཆར་དང་རེ་བ།

དཀའ་ཁག རེ་འདུན་བཅས་གྲོང་གསེབ་ཀྱི་གཞི་རིམ་ཏང་རྩ་འཛུགས་བརྒྱུད་ནས་ཏང་གི་འགོ་ཁྲིད་སྡེ་ཁག་ཏུ་བཏོན་པ་དང་། ཕྱོགས་གཞན་ཞིག་ནས། ཏང་གི་ལམ་ཕྱོགས་དང་བྱེད་ཕྱོགས། སྲིད་ཇུས་བཅས་གྲོང་གསེབ་ཀྱི་གཞི་རིམ་ཏང་རྩ་འཛུགས་བརྒྱུད་ནས་ཞིང་པའི་ཁྲོད་དུ་ལག་ལེན་མཐར་ཕྱིན་བྱེད་པ་དེ་ཡིན།

2. 农村基层党组织是党联系农民群众的桥梁和纽带。这种纽带作用的具体表现是：一方面农民群众的意见、要求、困难和愿望，通过农村基层党组织反映到党的领导机关中来；另一方面，党的路线、方针、政策，通过农村基层党组织贯彻到农民中去。

༣. གྲོང་གསེབ་ཀྱི་གཞི་རིམ་གྱི་ཏང་རྩ་འཛུགས་ནི་ཏང་གི་གྲོང་གསེབ་ཀྱི་ལས་འགན་ལག་བསྟར་བྱེད་པའི་འཐབ་འཛིང་གི་བཙན་རྫོང་ཡིན་ཏེ། ཏང་ཡོན་གྱི་གདོང་ལེན་དཔེ་ལེགས་ཀྱི་ནུས་པར་བརྟེན་ནས་ཞིང་པའི་མང་ཚོགས་ཀྱི་སྣེ་ཁྲིད་ནས་ལས་འགན་དག་ལེགས་འགྲུབ་བྱུང་བའི་ཐོག་མངོན་ཡོད།

3. 农村基层党组织是落实党的农村工作任务的战斗堡垒。体现在通过党员的先锋模范作用带领农民群众完成各项任务上。

༤. གྲོང་གསེབ་ཀྱི་གཞི་རིམ་གྱི་ཏང་རྩ་འཛུགས་ནི་གྲོང་གསེབ་ཀྱི་གཞི་རིམ་རྩ་འཛུགས་ཁྲོད་ཀྱི་འགོ་ཁྲིད་སྙིང་ཤིང་ཡིན་ཏེ། ཏང་གི་ལམ་ཕྱོགས་དང་བྱེད་ཕྱོགས། སྲིད་ཇུས་བཅས་གྲོང་གསེབ་ཏུ་ལག་བསྟར་མཐའ་འཁྱོལ་བྱུང་བར་ཁག་ཐེག་བྱས་པ་དང་། རྩ་འཛུགས་སྣ་ཚོགས་ཀྱི་འབྲེལ་བ་མཐུན་སྒྲོར་བྱེད་པར་ཕན་པ་མ་ཟད། གྲོང་གསེབ་ཀྱི་དཔལ་འབྱོར་བརྟན་བརྟིང་དང་ཅུང་མགྱོགས་པའི་སྒོ་ནས་འཕེལ་བ་དང་སྤྱི་ཚོགས་འཆམ་མཐུན་བརྟན་འཇགས་ཡོང་བར་ཁག་ཐེག་བྱས་ཡོད།

4. 农村基层党组织是农村基层组织中的领导核心。保证了党的路线、方针、政策在农村的贯彻执行，有利于协调各种组织的关系，保证了农村经济平稳较快发展与社会和谐稳定。

ས་བཅད་གཉིས་པ། གྲོང་མིའི་རང་སྐྱོང་ལམ་ལུགས།
第二节 村民自治制度

རང་རྒྱལ་གྱི་གྲོང་མིའི་རང་སྐྱོང་ལམ་ལུགས་ཀྱི་མཚོན་སྟངས་ནི་གྲོང་མི་ཨུ་ཡོན་ལྷན་ཁང་ཡིན།

我国的村民自治制度的表现形式是村民委员会。

དང་པོ། དམངས་གཙོའི་འདེམས་བསྐོ་དང་དམངས་གཙོའི་ཐབས་ཇུས།
一、民主选举与民主决策

དམངས་གཙོའི་འདེམས་བསྐོ་ཞེས་པ་ནི་གྲོང་མིས་ཐད་ཀར་བདམས་ནས་བྱུང་བའི་གྲོང་མི་ཨུ་ཡོན་ལྷན་ཁང་གི་ཁོངས་མི་ལ་གོ

民主选举,是指村民直接选举产生村民委员会的组成人员。

དམངས་གཙོའི་ཐབས་ཇུས་ཞེས་པ་ནི་གྲོང་ཚོ་རིམ་པའི་ལས་དོན་ལ་ཇུས་ཐག་གཅོད་པའི་བརྒྱུད་རིམ་ཁྲོད། ཨུ་ཡོན་ལྷན་ཁང་གཉིས་ཀྱི་འགོ་ཁྲིད་དང་གྲོང་མི་མང་ཚོགས་ཀྱི་རང་འགུལ་རང་བཞིན་དང་གསར་སྐྲུན་རང་བཞིན་འདོན་སྤེལ་གང་ལེགས་བྱེད་དགོས་པར་ཟེར། གྲོང་མིས་གྲོང་ཚོ་རིམ་པའི་ལས་དོན་གལ་ཆེན་ལ་ཇུས་ཐག་གཅོད་པའི་ཁྲོད་ཐད་ཀར་དུ་ཞུགས་པའི་རྣམ་པ་ནི་གཙོ་བོ་གྲོང་མིའི་གྲོས་ཚོགས་དང་གྲོང་མིའི་འཐུས་མིའི་གྲོས་ཚོགས་ཡིན།

民主决策,是指在村级事务的决策过程中,要充分发挥“两委”领导与村民群众的主动性和创造性。村民直接参与重大村级事务决策的形式主要是村民会议或村民代表会议。

གཉིས་པ། དམངས་གཙོའི་དོ་དམ་དང་དམངས་གཙོའི་ལྟ་སྐུལ།

二、民主管理与民主监督

གསར་དུ་འགྲེམ་བསྒྲགས་བྱས་པའི་《ཀྲུང་ཧྭ་མི་དམངས་སྤྱི་མཐུན་རྒྱལ་ཁབ་ཀྱི་གྲོང་མི་ཨུ་ཡོན་ལྷན་ཁང་གི་འཛུགས་ཁྲིམས》ཀྱིས་གྲོང་ཚོ་རིམ་པའི་དམངས་གཙོའི་དོ་དམ་དང་དམངས་གཙོའི་ལྟ་སྐུལ་ཐད་གཤམ་གྱི་གཏན་འབེབས་བྱས་ཡོད་དེ།

新颁布的《中华人民共和国村委会组织法》对村级的民主管理和民主监督做出了如下规定：

༡. གྲོང་མི་ཨུ་ཡོན་ལྷན་ཁང་གིས་མང་ཁ་ཉུང་ཉན་གྱི་དམངས་གཙོའི་ཐབས་ཇུས་ལམ་སྲོལ་དང་ཁྲིམས་བསྲུགས་དྭངས་གསལ་གྱི་རྩ་དོན་ལག་ལེན་དུ་བསྟར་དགོས།

1. 村民委员会应当实行少数服从多数的民主决策机制和公开透明的工作原则。

༢. གྲོང་མི་ཨུ་ཡོན་ལྷན་ཁང་གིས་གྲོང་ཚོའི་ལས་དོན་ཁྲིམས་བསྒྲགས་ཀྱི་ལམ་ལུགས་ལག་ལེན་དུ་བསྟར་དགོས།

2. 村民委员会实行村务公开制度。

༣. གྲོང་ཚོས་གྲོང་ཚོའི་ལས་དོན་ལྟ་སྐུལ་ཨུ་ཡོན་ལྷན་ཁང་ངམ་ཡང་ན་རྣམ་པ་གཞན་དག་གི་གྲོང་ཚོའི་ལས་དོན་ལྟ་སྐུལ་ལས་ཁུངས་འཛུགས་དགོས།

3. 村应当建立村务监督委员会或者其他形式的村务监督机构。

༤. གྲོང་མི་ཨུ་ཡོན་ལྷན་ཁང་གི་ཁོངས་མིར་འགན་འཛིན་ཡུན་ཚད་ཀྱི་ལམ་ལུགས་དང་འགན་བཞག་དཔལ་འབྱོར་འགན་ཁུར་རྩིས་གཞིར་ལམ་ལུགས་ལག་ལེན་དུ་བསྟར་དགོས།

4. 村民委员会成员实行任期制和离任经济责任审计制。

དཔེར་བརྟེན་ཁྲིམས་བཤད།༠༡
以案说法 01

གྲོང་མི་ཨུ་ཡོན་ལྷན་ཁང་གིས་རང་དགར་ཐུན་མོང་གི་ རྒྱུ་ནོར་ལ་ཐག་གཅོད་བྱེད་ཐུབ་བམ།

村委会能否私自处分集体财产

【གྱོད་དོན་གྱི་གནས་ཚུལ་ངོ་སྤྲོད།】གྲོང་ཚོ་ག་གེ་མོ་ཞིག་ལ་ལོ་མང་རིང་བཀོལ་མཚམས་བཞག་པའི་སྡེ་གཉེར་བཟོ་ཁང་ཞིག་ཡོད། 2001ལོའི་ཟླ་12པར་གྲོང་ཚོ་དེའི་གྲོང་མི་ཨུ་ཡོན་ལྷན་ཁང་གི་ཀྲུའུ་རེན་ཝང་ཆེ་གེ་མོས་གྲོང་ཚོའི་ཏང་ཡོན་གྱི་ཙུའུ་ཀྲང་ཚུང་ཏུའི་གྲོས་ཚོགས་ཀྱི་གཏན་འབེབས་བརྒྱུད། (གྲོང་མི་ཚོགས་ཆེན་འཚོགས་མེད།) གྲོང་མི་ཨུ་ཡོན་ལྷན་ཁང་གི་མིང་ཐོག་ནས་སྡེ་བ་གཞན་པའི་ཀྲུའུ་ཆེ་གེ་མོ་དང་ཁང་པའི་ཉོ་ཚོང་གན་རྒྱ་བཞག་ནས། བཟོ་ཁང་ལ་སྒོར་ཁྲི་གཉིས་ཀྱི་གོང་ཐག་བཅད་ནས་ཀྲུའུ་ཆེ་གེ་མོར་བཙོངས། ལོ་ཕྱེད་ཀྱི་རྗེས་སུ། ཧོང་ཆེ་གེ་མོ་གཙོར་བྱས་པའི་དུད་ཚང་390ཡི་གྲོང་མིས་ཁང་པ་ཉོ་ཚོང་གི་གན་རྒྱ་ལ་ཁྲིམས་ནུས་མེད་ཅེས་ཁྲིམས་ཁང་ལ་ཞུ་གཏུགས་བྱས།

【案情介绍】某村有一栋已停用多年的村办厂房。2001 年 12 月，该村村委会主任王某经村党小组长会议决定(未召开村民大会)，以村委会的名义与邻村祝某签订房屋买卖合同，将厂房作价 2 万元卖给祝某。半年后，以黄某为代表的 390 户村民以房屋买卖合同无效诉诸法院。

【གྱོད་དོན་དཔེ་མཚོན་དབྱེ་ཞིབ།】གྲོང་མི་ཨུ་ཡོན་ལྷན་ཁང་གི་འཛུགས་ཁྲིམས་ཀྱི་འབྲེལ་ཡོད་གཏན་འབེབས་ལྟར་ན། གྲོང་མི་ཨུ་ཡོན་ལྷན་ཁང་ནི་གཞི་རིམ་མང་ཚོགས་རང་བཞིན་གྱི་རང་སྐྱོང་རྩ་འཛུགས་ཡིན་པས། ཁྲིམས་ཀྱི་གཏན་འབེབས་ལྟར་གྲོང་མིའི་ཐུན་མོང་ལ་དབང་བའི་ས་ཞིང་དང་རྒྱུ་ནོར་གཞན་དག་དོ་དམ་བྱེད་པའི་དབང་ཆ་ཡོད་མོད། འོན་ཀྱང་གྲོང་མིའི་ཁེ་ཕན་དང་འབྲེལ་བའི་དོན་ཚན་གལ་ཆེན་ལ་འཕྲད་ཚེ། ངེས་པར་དུ་གྲོང་མིའི་ཚོགས་ཆེན་གྱི་གྲོས་བསྡུར་བརྒྱུད་ནས་ཐག་བཅད་རྗེས་ད་གཟོད་སྒྲུབ་ཆོག གྱོད་དོན་འདིའི་ནང་དུ། གྲོང་ཚོ་འདིའི་གྲོང་མི་ཨུ་ཡོན་ལྷན་ཁང་གིས་གྲོང་མིའི་གྲོས་ཚོགས་མ་འཚོག་ལ་གྲོང་མི་མང་ཆེ་བའི་བསམ་འཆར་བསྡུ་ལེན་མ་བྱས་པའི་གནས་ཚུལ་འོག་ཐུན་

མོང་ལ་དབང་བའི་བཟོ་ཁང་ཕྱིར་འཚོང་བྱས་པ་དེ་བཅའ་ཁྲིམས་ཀྱིས་གནང་བའི་དབང་ཆ་ལས་བརྒལ་ཞིང་། གྲོང་མིའི་བདེ་རྩར་ཐུག་པའི་ཁེ་ཕན་ལ་གནོད་འཚེ་བཏང་ཡོད། གྲོང་མི་ཨུ་ཡོན་ལྷན་ཁང་དང་ཀྲུའུ་ཆེ་གེ་མོའི་བར་བཞག་པའི་ཁང་པ་ཉོ་ཚོང་གི་གན་རྒྱ་དེ་གྲོང་མི་ཨུ་ཡོན་ལྷན་ཁང་གི་འཛུགས་ཁྲིམས་ཀྱི་གཏན་འབེབས་དང་འགལ་བས་དེ་ནུས་མེད་ཡིན།

【案例评析】根据村民委员会组织法的有关规定，村民委员会是基层群众性自治组织，有权依照法律规定管理村民集体所有的土地和其他财产，但对涉及村民利益的重大事项，必须经村民大会讨论决定，方可办理。本案中，该村村委会在未召开村民会议、未征得多数村民同意的情况下，将集体所有的厂房出售，超越了法律赋予的权利，损害了村民的切身利益。村委会与祝某签订的房屋买卖合同违反了村民委员会组织法的规定，当属无效。

ལེའུ་གཉིས་པ། གྲོང་གསེབ་ཀྱི་ས་ཞིང་དོ་དམ་སྐོར་གྱི་བཅའ་ཁྲིམས་ལམ་ལུགས།

第二章　农村土地管理法律制度

ས་བཅད་དང་པོ། གྲོང་གསེབ་ཀྱི་ས་ཞིང་དོ་དམ་སྐོར་གྱི་བཅའ་ཁྲིམས་ལམ་ལུགས་རགས་བཤད།

第一节　农村土地管理法律制度概述

གྲོང་གསེབ་ཀྱི་ས་ཞིང་དོ་དམ་ལམ་ལུགས་ནི།《ས་ཆ་བདག་སྐྱོང་བྱེད་ཕྱོགས་སྐོར་གྱི་ཀྲུང་ཧྭ་མི་དམངས་སྤྱི་མཐུན་རྒྱལ་ཁབ་ཀྱི་བཅའ་ཁྲིམས་》དང་འབྲེལ་ཡོད་བཅའ་ཁྲིམས་ཁྲིམས་སྲོལ་གཞིར་བཟུང་ནས། གྲོང་གསེབ་ཀྱི་ཐུན་མོང་ལ་དབང་བའི་ས་ཞིང་ལ་སྲུང་སྐྱོབ་དང་གསར་སྤེལ། བཀོལ་སྤྱོད་བཅས་བྱེད་པའི་བྱ་སྤྱོད་ལ་དོ་དམ་དང་། དེ་བཞིན་ས་ཞིང་ཁྲིམས་འགལ་ངང་བཀོལ་སྤྱོད་བྱེད་པར་སྲིད་འཛིན་ཐོག་གི་ཆད་པ་གཅོད་པའི་དོ་དམ་ལམ་ལུགས་རབ་དང་རིམ་པར་བསྟན་པ་ཡིན།

农村土地管理制度,是指按照《中华人民共和国土地管理法》及相关法律法规,对农村集体所有土地的保护、开发和利用等行为的管理并对土地违法行为给予行政处罚的一整套管理制度。

གྲོང་གསེབ་ཀྱི་ས་ཞིང་གི་བདག་དབང་ནི་དོན་དམ་དུ་ཐུན་མོང་གི་ས་ཞིང་བདག་དབང་ཡིན། ཐུན་མོང་ལ་དབང་བའི་ས་ཞིང་ནི་བཅའ་ཁྲིམས་ལྟར་ན་གྲོང་གསེབ་ཀྱི་ཞིང་པ་ཡོངས་ལ་དབང་ཞིང་། གྲོང་གསེབ་ཀྱི་ཞིང་ལས་ཐོན་སྐྱེད་མཉམ་ལས་ཁང་སོགས་ཞིང་ལས་ཐུན་མོང་

དཔལ་འབྱོར་ཟུ་འཛུགས་སམ་གྲོང་མི་ཨུ་ཡོན་ལྷན་ཁང་ནས་གཉེར་སྐྱོང་དང་དོ་དམ་བྱེད་པ་ཡིན།

农村土地所有权，其实就是集体土地所有权。集体所有土地依照法律属于村农民集体所有，由村农业生产合作社等农业集体经济组织或者村民委员会经营、管理。

ཞིང་པ་ཐུན་མོང་ལ་དབང་བའི་ས་ཆ་སྤྱོད་དབང་ལ་དབྱེ་ན་ཞིང་སྤྱོད་ས་ཆ་སྤྱོད་དབང་དང་། ཁང་ས་བཀོལ་སྤྱོད་བྱེད་དབང་། འཛུགས་སྐྲུན་ལ་མཁོ་བའི་ས་ཆ་སྤྱོད་དབང་བཅས་གསུམ་ཡོད།

农民集体土地使用权可分为农用土地使用权、宅基地使用权和建设用地使用权三种。

ས་ཆ་བདག་སྐྱོང་བྱེད་ཕྱོགས་སྐོར་གྱི་བཅའ་ཁྲིམས་ཀྱི་གཏན་འབེབས་ལྟར་ན། ཞིང་སྤྱོད་ས་ཆ་སྤྱོད་དབང་ནི་འགན་གཙང་སྤྲོད་བྱེད་མཁན་དང་འགན་གཙང་ལེན་མཁན་ཕྱོགས་ཀྱིས་འགན་གཙང་ལེན་གན་རྒྱ་བཞག་པ་བརྒྱུད་ནས་ཐོབ་རྒྱུ། ཁང་ས་བཀོལ་སྤྱོད་བྱེད་དབང་དང་འཛུགས་སྐྲུན་ལ་མཁོ་བའི་ས་ཆ་སྤྱོད་དབང་ནི་ས་ཆ་བེད་སྤྱོད་བྱེད་མཁན་གྱིས་རེ་འདུན་ཞུ་བ་དང་། རྫོང་རིམ་པ་ཡན་གྱི་མི་དམངས་སྲིད་གཞུང་གིས་ཁྲིམས་ལྟར་ཆོག་མཆན་གནང་བ་བརྒྱུད་ནས་ཐོབ་རྒྱུ།

按照土地管理法的规定,农用地使用权通过发包方与承包方订立承包合同取得。宅基地使用权和建设用地使用权通过土地使用者申请,县级以上人民政府依法批准取得。

དཔེར་བརྗོད་ཁྲིམས་བཤད། ༠༢
以案说法 02

མནའ་མར་སོང་བའི་བུད་མེད་ཀྱི་ས་ཆ་སྤྱོད་དབང་ཇི་ལྟར་ཐག་གཅོད་བྱ་དགོས།

出嫁女的土地使用权该如何处分

【གྱོད་དོན་གྱི་གནས་ཚུལ་ངོ་སྤྲོད།】ཅིན་ཆེ་ག་མོ་ནི་ཞང་ག་གེ་མོའི་སྲི་བ་ག་

ག་མོའི་གྲོང་མི་ཡིན། 1986ལོར་གྲོང་ཁྱེར་གྱི་ཡུལ་མི་ལིའི་ཆེ་ག་མོ་དང་གཉེན་བསྒྲིགས་རྗེས། ཁྲིམ་ཐོ་གྲོང་ཁྱེར་དུ་སྤོས་མ་ཐུབ་མོད། འོན་ཀྱང་མོའི་འགན་འཁྲིའི་ས་ཞིང་ནི་1987ལོར་གྲོང་ཚོའི་རུ་འཛུགས་ཀྱིས་ཕྱིར་འཐེན་བྱས་པ་ཡིན། ཙེན་ཆེ་ག་མོའི་བྱིས་པའི་ཁྲིམ་ཐོ་ཡང་ཨ་མ་དང་ཆབས་ཅིག་སྡེ་བ་དེར་བཀོད་མོད། འོན་ཀྱང་འགན་འཁྲིའི་ས་ཞིང་ནི་དུས་ཡུན་རིང་པོར་བགོ་བཤའ་མ་བརྒྱབ། 1991ལོར་ལིའི་ཆེ་ག་མོ་ཤི་རྗེས། ཙེན་ཆེ་ག་མོ་མ་བུ་གཉིས་ཕྱིར་གྲོང་ཚོར་ལོག་ནས་བསྡད་པ་ཡིན་ལ། ཐེངས་མང་པོར་གྲོང་མི་ཨུ་ཡོན་ལྷན་ཁང་ལ་འགན་འཁྲིའི་ས་ཞིང་བགོ་བཤའ་བྱེད་དགོས་པའི་སྐད་ཆ་བཏོན་ཡང་ཁས་མ་བླངས། གྲོང་མི་ཨུ་ཡོན་ལྷན་ཁང་གིས་ཙེན་ཆེ་ག་མོ་མནའ་མར་སོང་བ་ནས་བཟུང་གྲོང་ཚོ་འདིའི་གྲོང་མི་མིན་པས་འགན་འཁྲིའི་ས་ཞིང་བགོ་མི་ཆོག་པར་འདོད།

【案情介绍】曾某某系某乡某村的村民。1986 年其与城市居民李某某结婚后,户口未能迁入市区,但其责任田于 1987 年被村组收回。曾某某孩子的户口也随母落到该村,但一直没有分责任田。1991 年李某某死后,曾某某母子回到村里居住,并多次向村委会要求分配责任田,遭到拒绝。村委会认为曾某某在出嫁之后就不再是该村村民,不能分给责任田。

【རྩོད་དོན་དཔེ་མཚོན་དབྱེ་ཞིབ།】རྩོད་དོན་འདི་ནི་སྲིད་འཛིན་རྩོད་གཞིའི་རྩོད་དོན་ཞིག་རེད། ཞུ་གཏུག་བྱེད་མཁན་ཙེན་ཆེ་ག་མོ་ནི་གྲོང་ཚོ་འདིའི་གྲོང་མི་ཡིན་པས། འགན་འཁྲིའི་ས་ཞིང་དང་བཟའ་འབྲུའི་དམིགས་ཞིང་། ཁང་ས་བཅས་ཀྱི་སྤྱོད་དབང་ཁྲིམས་ལྟར་ལོངས་སུ་སྤྱོད་རྒྱུ་ཡོད། གཏན་འབེབས་ལྟར་ན། གྲོང་མི་ཨུ་ཡོན་ལྷན་ཁང་གིས་ཙེན་ཆེ་ག་མོའི་ས་ཆ་སྤྱོད་དབང་ལ་གནོད་འཚེ་གཏོང་བའི་བྱ་སྤྱོད་སྤེལ་མཚམས་འཇོག་དགོས།

【案例评析】本案是一个行政纠纷案件,原告曾某某系该村村民,依法应享有责任田、口粮田、宅基地的使用权。根据规定,村委会应停止对曾某某的土地使用权的侵害行为。

ས་བཅད་གཉིས་པ། གྲོང་གསེབ་ཀྱི་ས་ཆ་བསྡུ་ལེན་གྱི་ཁ་གསབ་ལམ་ལུགས།

第二节　农村土地征收补偿制度

དང་པོ། ས་ཆ་བསྡུ་ལེན་གྱི་ཁ་གསབ་ལམ་ལུགས་ཀྱི་གོ་དོན་དང་གྲོང་གསེབ་ཀྱི་ས་ཆ་གཞུང་བསྡུའི་དོ་དམ།

一、征地补偿制度的概念和农村土地征收管理

ས་ཆ་བསྡུ་ལེན་གྱི་ཁ་གསབ་ཅེས་པ་ནི་རྒྱལ་ཁབ་ནས་སྤྱི་པའི་ཁེ་ཕན་གྱི་དགོས་མཁོའི་ཆེད་དུ། ཁྲིམས་ལྟར་ཞིང་པ་ཐུན་མོང་ལ་དབང་བའི་ས་ཆར་གཞུང་བསྡུའམ་བསྡུས་སྤྱོད་བྱས་པ་མ་ཟད། ས་ཆ་བསྡུ་ཡུལ་གྱི་དེ་སྔའི་སྤྱོད་སྒོ་ལྟར་གུན་གསབ་སྤྲོད་པ་ལ་ཟེར།

征地补偿是指国家为了公共利益的需要，依法对农民集体所有土地进行征收或征用，并按照被征地的原用途给予补偿。

ས་ཆ་བདག་སྐྱོང་བྱེད་སྟངས་སྐོར་གྱི་བཅའ་ཁྲིམས་ཀྱི་དོན་ཚན་སོ་གཅིག་པའི་གཏན་འབེབས་ལྟར་ན། རྒྱལ་ཁབ་ནས་བཟུང་སྤྱོད་བྱས་པའི་རྨོ་ཞིང་ལ་སྐྱིན་ཚབ་འཇལ་བའི་ལམ་ལུགས་ལག་ལེན་བསྟར་རྒྱུ། ཞིང་ལས་མིན་པའི་འཛུགས་སྐྲུན་བྱ་རྒྱུར་ཆོག་མཆན་ཐོབ་ནས་རྨོ་ཞིང་བཟུང་སྤྱོད་བྱེད་རིགས་ལ། “གང་ཙམ་བཟུང་སྤྱོད་བྱས་པ་དེ་ཙམ་གསར་སྤོལ་བྱ་རྒྱུ”ཡིན།

根据土地管理法第三十一条规定,国家实行占用耕地补偿制度。非农建设经批准占用耕地的,“占多少,垦多少”。

གཉིས་པ། གྲོང་གསེབ་ཀྱི་ས་ཆ་བསྡུ་སྤྱོད་ཀྱི་ཁ་གསབ་དངུལ།

二、农村土地征收的补偿费用

༡. ས་རིན་གྱི་སྐྱིན་ཚབ་ཀྱི་ཚད་གཞི་དང་རྩིས་རྒྱག་ཚུལ།

1. 土地补偿费的标准及计算

ས་ཆ་བདག་སྐྱོང་བྱེད་སྟངས་སྐོར་གྱི་བཅའ་ཁྲིམས་ཀྱི་དོན་ཚན་ཞེ་བདུན་པས། རྨོ་ཞིང་བསྡུས་པའི་སྐྱིན་ཚབ་ཀྱི་ཁོངས་སུ་ས་རིན་གྱི་སྐྱིན་ཚབ་དང་། བཀོད་སྒྲིག་ཁ་གསབ་

རོགས་དངུལ་དང་ས་ཆའི་ཐོག་ཆགས་པའི་དངོས་རིགས་དང་སྨྱུ་གུའི་རིགས་ཀྱི་སྙིན་ཚབ་བཅས་ཚུད་ཡོད་པ་གཏན་འབེབས་བྱས་ཡོད།

土地管理法第四十七条规定，征收耕地的补偿费用包括土地补偿费、安置补助费及地上附着物和青苗的补偿费。

༢. ས་རིན་གྱི་སྙིན་ཚབ་ཀྱི་གཏོགས་ཁོངས།

2. 土地补偿费的归属

ས་རིན་གྱི་སྙིན་ཚབ་ནི་གྲོང་གསེབ་ཀྱི་ཐུན་མོང་དཔལ་འབྱོར་རྩ་འཛུགས་ལ་དབང་ཞིང་། ས་ཆའི་ཐོག་ཆགས་པའི་དངོས་རིགས་དང་སྨྱུ་གུའི་རིགས་ཀྱི་སྙིན་ཚབ་ནི་ས་ཆའི་ཐོག་ཆགས་པའི་དངོས་རིགས་དང་སྨྱུ་གུའི་རིགས་ཀྱི་བདག་པོར་དབང་།

土地补偿费归农村集体经济组织所有；地上附着物及青苗补偿费归地上附着物及青苗的所有者所有。

དཔེར་བརྗོད་ཁྲིམས་བཤད།༠༣
以案说法 03

མག་པར་ཡོང་མཁན་ལ་ས་ཞིང་གསབ་དངུལ་བགོ་བཤའ་ཐོབ་བམ།

入赘女婿是否能分得土地补偿金

【གྱོད་དོན་གྱི་གནས་ཚུལ་ངོ་སྤྲོད།】1998ལོར་ཅང་ཆེ་གེ་མོ་མག་པར་ཡོང་ནས་ལིའུ་ཆེ་གེ་མོ་དང་གཉེན་སྒྲིག་བྱས། 1999ལོར་ཅང་ཆེ་གེ་མོས་རང་གི་ཁྱིམ་ཐོ་ལིའུ་ཚང་ཡོད་སའི་གྲོང་མིའི་ཚོ་ཆུང་དུ་སྤོས། 2003ལོར་གྲོང་མིའི་ཚོ་ཆུང་དེའི་ས་ཆ་ཁ་ཤས་རྒྱལ་ཁབ་ཀྱིས་བསྡུས་ལ། གྲོང་མི་འཐུས་མིའི་ཚོགས་ཆེན་གྱི་གྲོས་ཆོད་ལྟར། ཁྱིམ་ཐོ་སྔ་བ་འདིར་ཡོད་པའི་མི་ཀུན་ལ་ཆ་སྙོམས་ཀྱིས་ས་ཞིང་གསབ་དངུལ་བགོ་རྒྱུ་བྱས་མོད། གྲོང་མི་མང་ཆེ་བས་ཅང་

ཆེ་གེ་མོ་ལ་ས་ཞིང་གསབ་དངུལ་བགོ་རྒྱུར་མ་འཐད་པས། ཅང་ཆེ་གེ་མོས་ཁྲིམས་ཁང་ལ་གཏུགས་ཏེ་ས་ཞིང་གསབ་དངུལ་སྤྲོད་རེ་ཞུས།

【案情介绍】1998 年江某与刘某结婚，入赘刘家。1999 年江某将户籍迁入刘家所在的村民小组。2003 年该村民小组的部分土地被国家征收，经村民代表大会决定，户籍在该村的全体人员平均分配土地补偿金，大多数村民不同意江某分得土地补偿金。故而江某诉至法院，要求分得土地补偿金。

【གྱོད་དོན་དཔེ་མཚོན་དབྱེ་ཞིབ།】 གྱོད་གཞི་འདིའི་ནང་དུ། ཅང་ཆེ་གེ་མོ་ལིའུ་ཚང་ལ་མག་པར་སོང་བ་དང་། ཁྲིམ་ཐོ་ཡང་ལིའུ་ཚང་ཡོད་སའི་གྲོང་མིའི་ཚོ་ཆུང་དུ་སྤོས་པ་དེ་རང་རྒྱལ་གྱི་གཉེན་སྒྲིག་བཅའ་ཁྲིམས་ཀྱི་འབྲེལ་ཡོད་གཏན་འབེབས་དང་མཐུན་ལ། ལིའུ་ཚང་གི་གྲོང་མིའི་ཚོ་ཆུང་གི་གྲོང་མི་ཡིན་པས་ན། ཅང་ཆེ་གེ་མོ་ལ་ཚོ་ཆུང་དེའི་གྲོང་མི་དང་འདྲ་མཉམ་གྱི་དབང་ཆ་ལོངས་སུ་སྤྱོད་རྒྱུ་ཡོད་པ་མ་ཟད། དེ་མཚུངས་ཀྱི་འོས་འགན་འཁུར་རྒྱུ་ཡོད་པས། ལིའུ་ཆེ་གེ་མོའི་རེ་བར་རྒྱབ་སྐྱོར་བྱ་དགོས།

【案例评析】本案中，江某入赘刘家，将户籍迁入刘家所在的村民小组，符合我国婚姻法的有关规定。作为刘家村民小组村民，江某理应享受该小组村民同等的权利并承担相应的义务。刘某的请求应予支持。

ས་བཅད་གསུམ་པ། གྲོང་གསེབ་ཀྱི་ཁང་ས་དོ་དམ་ལམ་ལུགས།
第三节 农村宅基地管理制度

ཁང་ས་ནི་ཁང་པ་རྒྱག་བྱེད་དུ་སྤྱོད་པའི་ས་ཆ་ཡིན་ལ། དེའི་ཁོངས་སུ་ཁང་པ་རྒྱག་བྱེད་དུ་སྤྱོད་པའི་ས་ཆ་དང་དེའི་དགོས་ངེས་ཀྱི་ཟུར་གཏོགས་སྒྲིག་བཀོད་ལ་མཁོ་བའི་ས་ཆ་ཚུད་ཡོད།

宅基地就是住宅用地，包括住宅用地及其必要的附属设施用地。

དང་པོ། ཁང་སའི་སྤྱོད་དབང་དང་དེའི་སྐོར་གྱི་ཚོད་འཛིན།

一、宅基地的使用权及其限制

ཁང་ས་བཀོལ་སྤྱོད་བྱེད་པའི་དབང་ཆ་ཞེས་པ་ནི་གྲོང་གསེབ་ཀྱི་ཐུན་མོང་དཔལ་འབྱོར་རྩ་འཛུགས་ཀྱི་ཁོངས་མིས་ཁྲིམས་ལྟར་ཡོངས་སུ་སྤྱོད་པའི་ཞིང་པ་ཐུན་མོང་ལ་དབང་བའི་ས་ཆའི་སྟེང་སྒེར་གྱི་སྡོད་ཁང་འཛུགས་སྐྲུན་བྱེད་པའི་དབང་ཆ་ལ་ཟེར། དེའི་ཚོད་འཛིན་ལ་གཤམ་གྱི་ཕྱོགས་འགའ་འདུས་པ་སྟེ།

宅基地使用权指的是农村集体经济组织的成员依法享有的在农民集体所有的土地上建造个人住宅的权利。其限制包括以下几个方面:

༡. ཡང་བསྐྱར་རེ་ཞུ་བྱེད་པར་བཀག་སྡོམ། རང་རྒྱལ་གྱི་ས་ཆ་བདག་སྐྱོང་བྱེད་ཕྱོགས་སྐོར་གྱི་བཅའ་ཁྲིམས་ཀྱི་གཏན་འབེབས་ལྟར་ན། རང་གི་སྡོད་ཁང་ནང་བཤུག་གཏོང་བ་དང་བོགས་མར་གཏོང་རིགས་ཀྱིས་ཡང་བསྐྱར་ཁང་ས་ཡོང་རེ་ཞུ་མི་ཆོག

1. 对再申请的限制。根据我国土地管理法的规定,转让、出租住宅的,不得再申请宅基地。

༢. བཤུག་སྤྲོད་བྱ་ཡུལ་བྱེད་པོའི་ཐོབ་ཐང་བཀག་སྡོམ། ཁང་པ་དང་ཁང་སའི་སྤྱོད་དབང་ནི་ཐུན་མོང་དཔལ་འབྱོར་རྩ་འཛུགས་འདིའི་ནང་གི་སྡོད་ཁང་འཛུགས་སྐྲུན་བྱེད་པར་ཁང་ས་ཡོང་རེ་ཞུ་བའི་ཆ་རྐྱེན་དང་མཐུན་པའི་ཁོངས་མིར་བཤུག་སྤྲོད་བྱེད་དགོས།

2. 对被转让主体资格的限制。房屋及宅基地使用权应当转让给本集体经济组织内符合建房申请宅基地条件的成员。

༣. བཤུག་སྤྲོད་ཀོ་རིམ་བཀག་སྡོམ། ཁང་པ་དང་ཁང་སའི་སྤྱོད་དབང་གཞན་ལ་བཤུགས་རྗེས། ཁང་སའི་སྤྱོད་དབང་གི་བྱེད་པོར་འགྱུར་ལྡོག་བྱུང་བས། ཁྲིམས་ལྟར་བཤུག

སྤྱོད་ཀྱི་ཐོ་འགོད་འགྲོ་ལུགས་གཉེར་དགོས།

3. 对转让程序的限制。转让房屋及宅基地使用权后,宅基地使用权主体发生变化,应当依法办理转让登记手续。

༤. ཁང་སའི་རྒྱ་ཁྱོན་གྱི་བཀག་སྡོམ། གྲོང་གསེབ་ཀྱི་ཞིང་པ་དུད་ཚང་རེས་ཁང་ས་རེ་ལས་ཉར་མི་ཆོག་པ་མ་ཟད། དེའི་རྒྱ་ཁྱོན་ཡང་ཞིང་ཆེན་དང་། རང་སྐྱོང་ཁུལ། ཐད་སྐྱོང་གྲོང་ཁྱེར་བཅས་ཀྱིས་གཏན་ལ་ཕབ་པའི་ཚད་གཞི་ལས་བརྒལ་མི་ཆོག

4. 对宅基地面积的限制。农村村民一户只能拥有一处宅基地,其面积不得超过省、自治区、直辖市规定的标准。

གཉིས་པ། ཁང་སའི་སྤྱོད་དབང་ཐོབ་པའི་གོ་རིམ།

二、获取宅基地使用权的程序

གྲོང་གསེབ་ཀྱི་གྲོང་མིས་སྡོད་ཁང་བསྐྲུན་པར་ཁང་ས་བཀོལ་སྤྱོད་བྱེད་དགོས་ཚེ། ཐུན་མོང་དཔལ་འབྱོར་རྩ་འཛུགས་དེ་གར་རེ་ཞུ་ཕུལ་དགོས་པ་མ་ཟད། ཐུན་མོང་དཔལ་འབྱོར་རྩ་འཛུགས་དེ་གའམ་གྲོང་མིའི་ཚོ་ཆུང་དུ་བསྒྲགས་ཡིག་སྦྱར་དགོས། ཁྲིམ་བསྒྲགས་དུས་ཡུན་ལོན་རྗེས་བསམ་འཆར་མི་མཐུན་པ་མེད་པའི་རིགས། གྲོང་གསེབ་（གྲོང་རྡལ）ལ་སྙན་སེང་ཞུས་ནས་ཞིབ་བཤེར་གཏན་འབེབས་བྱས་རྗེས། རྫོང་（གྲོང་ཁྱེར）ལ་ཞིབ་མཚན་གནང་རྒྱུའི་སྙན་སེང་ཞུ་དགོས།

农村村民建住宅需要使用宅基地的,应向本集体经济组织提出申请,并在本集体经济组织或村民小组张榜公布。公布期满无异议的,报经乡(镇)审核后,报县(市)审批。

དཔེར་བརྗོད་ཁྲིམས་བཤད།༠༤

以案说法 04

བདག་དབང་ཡོད་མཁན་གྱིས་མ་འཐད་ན་ཉོ་ཚོང་གན་རྒྱར་བྱེད་ནུས་ལྡན་ཐུབ་མིན།

未经所有权人同意买卖合同能否生效

【གྱོད་དོན་གྱི་གནས་ཚུལ་ངོ་སྤྲོད།】2000ལོའི་ཟླ་4པར། སུའི་ཆེ་གེ་མོ་དང་མའོ་ཆེ་གེ་མོ། མའོ་ཆེ་ཆེ་གེ་མོ་གསུམ་གྱིས་བར་མིའི་བར་འདུམ་འོག་ཁང་པ་ཉོ་ཚོང་གི་གྲོས་ཆིངས་བཞག ས་ཞིང་བཀོལ་སྤྱོད་དབང་ཡིག་ནི་སུའི་ཆེ་གེ་མོའི་ཨ་ཕ་སུའི་ཆེ་ཆེ་གེ་མོ་ཡིན། གྲོས་ཆིངས་སྟེང་དུ་མིང་རྟགས་བཀོད་རྗེས་ཕྱོགས་གཉིས་ཀྱིས་དབང་དངུལ་རྩིས་སྤྲོད་བྱས། དེ་རྗེས་སུའི་ཆེ་ཆེ་གེ་མོས་ཁང་པ་སྟོང་པར་བཟོས་པ་དང་མའོ་ཆེ་གེ་མོ་དང་མའོ་ཆེ་ཆེ་གེ་མོ་ནང་དུ་སྤོས། 2000ལོའི་ཟླ་7པར། སུའི་ཆེ་ཆེ་གེ་མོས་སུའི་ཆེ་གེ་མོ་དང་མའོ་ཆེ་གེ་མོ། མའོ་ཆེ་ཆེ་གེ་མོས་རང་ཉིད་མི་འཐད་པའི་གནས་ཚུལ་འོག་རང་དགར་རང་གི་ཁང་པ་བཙོང་ནས་རང་གི་ཁྲིམས་མཐུན་ཁེ་དབང་ལ་གནོད་སྐྱོན་བཏང་བར་ཁ་གཡར་ནས་མི་གསུམ་ཀ་ཁྲིམས་ཁང་དུ་གཏུགས་ཤིང་། ཁྲིམས་ཁང་ལ་ཞུ་སྐྱོར་ཕྱི་མ་གསུམ་གྱིས་བཞག་པའི་ཁང་པ་ཉོ་ཚོང་གི་གྲོས་ཆིངས་རྩིས་མེད་གཏང་རྒྱུའི་རེ་ཞུ་བཏོན།

【案情介绍】2000 年 4 月，睢某与毛某、毛某某在中间人的说合下，签订了房屋买卖协议。土地使用证上是睢某之父睢某某的名字，协议签订后双方款证交清。随后睢某某腾空房屋，毛某、毛某某搬入。2000 年 7 月，睢某某以睢某、毛某、毛某某不经自己同意，擅自出卖自己房屋，严重侵害了自己的合法利益为由，将三人诉至法院，请求法院确认三被告所订立的买卖房屋协议无效。

【གྱོད་དོན་དཔེ་མཚོན་དབྱེ་ཞིབ།】མི་དམངས་ཁྲིམས་ཁང་གིས་ཞིབ་གཅོད་བྱས་པ་བརྒྱུད། ཞུ་སྐྱོར་ཕྱི་མ་སུའི་ཆེ་གེ་མོ་ཡིས་མའོ་ཆེ་གེ་མོ་དང་མའོ་ཆེ་ཆེ་གེ་མོ་དང་ཁང་པ་ཉོ་ཚོང་གི་གྲོས་ཆིངས་འཇོག་དུས། དེའི་ཐོབ་ཐང་ནི་ཞུ་སྐྱོར་སྔ་མའི་བུ་ཡིན་པ་དང་། སུའི་ཆེ་ཆེ་གེ་མོའི་ས་ཞིང་བཀོལ་སྤྱོད་དབང་ཡིག་ཡང་ཁྱེར་ཡོད་པས། མའོ་ཆེ་གེ་མོ་དང་མའོ་ཆེ་ཆེ་གེ་མོ་གཉིས་ལ་སྐྱོན་མེད། གྲོས་ཆིངས་འདི་བཞག་པའི་རྗེས་སུ་ཞུ་སྐྱོར་སྔ་མས་ཁང་པ་འདིར་ཕྱིར་ལོག་ནས་ཁོའི་དངོས་པོ་སྤོས་པ་དང་། སུའི་ཆེ་གེ་མོས་རང་གི་མིང་ཐོག་ནས

ཁང་པ་ཉོ་ཚོང་གི་གྲོས་ཆིངས་བཞག་པ་ཤེས་རྗེས་ཁས་མི་ལེན་པར་མ་བྱས་པས། ཞུ་སྐྱོར་སྡེ་མས་རང་གི་བྱ་སྤྱོད་ཀྱིས་ཞུ་སྐྱོར་ཕྱི་མ་སུའི་ཚེ་གི་མོའི་ངོ་ཚབ་བྱ་སྤྱོད་ལ་ཁས་བླངས་པ་ཡིན། དེའི་རྐྱེན་གྱིས། ཞུ་སྐྱོར་ཕྱི་མ་སུའི་ཚེ་གི་མོས་གན་རྒྱ་ཚབ་བཞག་བྱས་པའི་བྱ་སྤྱོད་ལ་རྩིས་འགྲོ་ཡོད་པར་ངོས་བཟུང་པའོ།། ཞུ་སྐྱོར་སྡེ་མས་གན་རྒྱ་རྩིས་འགྲོ་མེད་པར་ཁས་ལེན་བྱ་རྒྱུའི་རེ་ཞུ་ལ་ཁྲིམས་ཁང་གིས་རྒྱབ་སྐྱོར་མ་བྱས་པར་ཞུ་སྐྱོར་སྡེ་མའི་ཞུ་གཏུག་རེ་ཞུ་ཕྱིར་བསྐྱོགས་པ་རེད།

【案例评析】人民法院审理认为，被告睢某在与被告毛某、毛某某签订房屋买卖协议时，其身份为原告之子，又持睢某某的土地使用证，因此，毛某、毛某某无过失。在该协议签订后，原告曾回到该房屋将其物品搬走，即知道了睢某以其名义签订房屋买卖协议而不作否认表示。原告以自己的行为承认了被告睢某的代理行为，因此，被告睢某代订合同的行为应为有效。原告请求确认合同无效，法院不予支持，驳回了原告的诉讼请求。

ལེའུ་གསུམ་པ། གྲོང་གསེབ་ཀྱི་ཐོན་སྐྱེད་བདག་གཉེར་སྐོར་གྱི་བཅའ་ཁྲིམས་ལམ་ལུགས།

第三章 农村生产经营法律制度

ས་བཅད་དང་པོ། གྲོང་གསེབ་ཀྱི་གཞི་རྩའི་བདག་གཉེར་ལམ་ལུགས་རགས་བཤད།

第一节 农村基本经营制度概述

རང་རྒྱལ་གྱི་གྲོང་གསེབ་ཀྱི་གཞི་རྩའི་བདག་གཉེར་ལམ་ལུགས་ནི་ཁྱིམ་ཚང་གིས་འགན་གཙང་བླངས་ཏེ་བདག་གཉེར་བྱེད་པ་དེ་རྨང་གཞིར་བྱས་པ་དང་། གཅིག་སྒྱུར་དང་ཁ་འགྲེམ་གཉིས་ཟུང་དུ་འབྲེལ་བའི་རིམ་པ་གཉིས་ཀྱི་བདག་གཉེར་སྒྲིག་གཞི་ཡིན།

我国农村的基本经营制度是以家庭承包经营为基础,统分结合的双层经营体制。

དང་པོ། ཁྱིམ་ཚང་གིས་འགན་གཙང་ལེན་པའི་བདག་གཉེར་སྒྲིག་སྲོལ།

一、家庭承包经营体制

༡. ཁྱིམ་ཚང་གིས་འགན་གཙང་ལེན་པའི་བདག་གཉེར་སྒྲིག་སྲོལ་གྱི་རྩ་དོན།

1. 家庭承包经营体制的原则

ཁྱིམ་ཚང་གིས་འགན་གཙང་ལེན་པའི་བདག་གཉེར་གྱིས་གཤམ་གྱི་རྩ་དོན་དག་རྒྱུན་འཛིངས་བྱ་དགོས་ཏེ། ས་ཞིང་སོགས་གཞི་རྩའི་ཐོན་སྐྱེད་རྒྱུ་ཆའི་ཐུན་མོང་ལ་དབང་བའི་རྩ་དོན་རྒྱུན་འཛིང་བྱ་རྒྱུ་དང་། རྒྱལ་ཁབ་ཀྱི་བཅའ་ཁྲིམས་དང་སྲིད་ཇུས་ཀྱི་རྩ་དོན་དང་མཐུན་པ་སོགས་སོ།།

家庭承包经营坚持以下基本原则:坚持土地等基本生产资料的集

体所有原则;符合国家的法律、政策原则等。

༢. ཁྱིམ་ཚང་གིས་འགན་གཙང་བླངས་ནས་བདག་གཉེར་བྱེད་ཐབས།

2. 家庭承包经营的方式

རིགས་གསུམ་འདུས་ཏེ། མི་འབོར་ལྟར་འགན་གཙང་ལེན་པ་དང་། ངལ་རྩོལ་ནུས་ཤུགས་ལྟར་འགན་གཙང་ལེན་པ། མི་འབོར་དང་ངལ་རྩོལ་ནུས་ཤུགས་ཀྱི་བསྡུར་ཚད་ལྟར་འགན་གཙང་ལེན་པ་བཅས་སོ།།

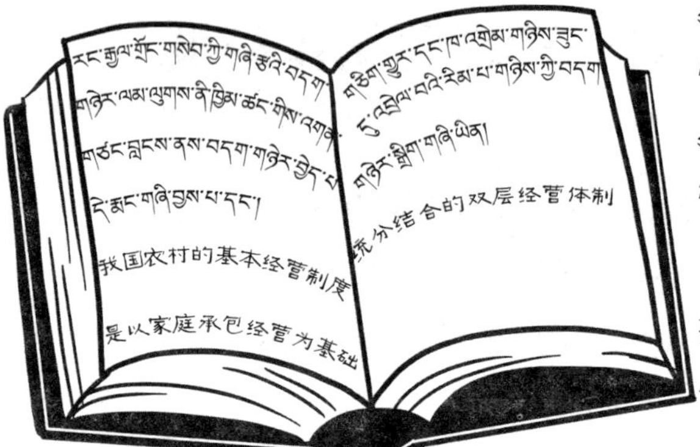

有三种:按人口承包;按劳动力承包;按“人劳比例”承包。

གཉིས་པ། བྱེད་སྟངས་གཞན་གྱིས་འགན་གཙང་ལེན་པ།

二、其他方式承包

༡. བྱེད་སྟངས་གཞན་གྱིས་འགན་གཙང་ལེན་པའི་གོ་དོན།

1. 其他方式承包的概念

བྱེད་སྟངས་གཞན་གྱིས་འགན་གཙང་ལེན་པ་ནི་ཁྱིམ་ཚང་གིས་འགན་གཙང་ལེན་པ་སྤུད། ཁྱིམ་ཚང་གིས་འགན་གཙང་ལེན་མི་འོས་པའི་རི་སྟོད་དང་། ལུང་སྟོད། ཛ་སྟོད། ཐང་སྟོད་སོགས་གྲོང་གསེབ་ཀྱི་ས་ཞིང་དག་འཛིན་འགུག་དང་འགྲིམས་འཚོང་། ཁྲིམ་བསྒྲགས་གྲོས་མོལ་བྱེད་པ་སོགས་ཀྱི་བྱེད་སྟངས་བརྒྱུད་ནས་འགན་གཙང་ལེན་པར་ཟེར།

其他方式承包,是指除家庭承包外,不宜采取家庭承包方式的荒山、荒沟、荒丘、荒滩等农村

土地,通过招标、拍卖、公开协商等方式的承包。

༢. བྱེད་སྟངས་གཞན་གྱིས་འགན་གཙང་ལེན་པའི་ཁྱད་ཆོས།

2. 其他方式承包的特点

འགན་ལེན་ཐབས་ཐབས་སྣ་མང་ཅན་དང་། འགན་ལེན་བྱེད་པོ་སྣ་མང་ཅན། འགན་ལེན་ས་ཞིང་དམིགས་བཙུགས་ཅན་བཅས་ཡིན།

承包形式多样化、承包主体多元化和承包土地特定化。

ས་བཅད་གཉིས་པ། གྲོང་གསེབ་ཀྱི་ས་ཆ་འགན་གཙང་བླངས་ནས་བདག་གཉེར་བྱེད་པའི་གན་རྒྱ།

第二节　农村土地承包经营合同

ས་ཆ་འགན་གཙང་ལེན་གྱི་གན་རྒྱ་ནི་ཞིང་པས་ས་ཆ་འགན་གཙང་ལེན་གྱིས་བདག་གཉེར་བྱེད་པའི་དབང་ཆ་ཐོབ་པའི་མཚོན་ཚུལ་གལ་ཆེན་ཞིག་ཡིན། འགན་གཙང་སྤྲོད་བྱེད་མཁན་གྱིས་འགན་གཙང་ལེན་མཁན་གྱི་ཕྱོགས་དང་ཡིག་ཐོག་གི་འགན་གཙང་ལེན་གྱི་གན་རྒྱ་འཇོག་དགོས།

土地承包合同是农民取得土地承包经营权的重要表现形式,发包方应与承包方签订书面承包合同。

དང་པོ། ས་ཆ་འགན་གཙང་བླངས་ནས་བདག་གཉེར་བྱེད་པའི་གན་རྒྱར་འཛོམས་དགོས་པའི་དོན་ཚན།

一、土地承包经营合同必备条款

གྲོང་གསེབ་ཀྱི་ས་ཆ་འགན་གཙང་ལེན་གྱི་གན་རྒྱར་གཤམ་གྱི་དོན་ཚན་འགའ་ཚང་དགོས་ཏེ། (༡) འགན་གཙང་སྤྲོད་བྱེད་མཁན་གྱི་ཕྱོགས་དང་འགན་གཙང་ལེན་མཁན་ཕྱོགས་ཀྱི་མིང་མཚན། འགན་གཙང་སྤྲོད་བྱེད་མཁན་ཕྱོགས་ཀྱི་འགན་འཁུར་པ་དང་འགན་གཙང་ལེན་མཁན་ཕྱོགས་ཀྱི་འཐུས་མིའི་རུས་མིང་དང་སྡོད་གནས། (༢) འགན་གཙང་བླངས་པའི་ས་ཆའི་མིང་དང་གནས་ཁུལ། རྒྱ་ཁྱོན། སྤུས་ཚད་རིམ་པ། (༣) འགན་གཙང་ལེན་གྱི་ཡུན་ཚད་དང་། འགོ་བཙམས་པ་དང་མཇུག་རྫོགས་པའི་དུས་ཚོད། (༤) ས་ཆ་

འགན་གཙང་གླངས་པའི་སྤྱོད་སྒོ། (༥) འགན་གཙང་སྤྲོད་བྱེད་མཁན་ཕྱོགས་དང་འགན་གཙང་ལེན་མཁན་ཕྱོགས་ཀྱི་དབང་ཆ་དང་འོས་འགན། (༦) ཆིངས་ཡིག་དང་འགལ་བའི་འགན་འཁྲི་བཅས་སོ།།

农村土地承包合同应具备以下条款:(1)发包方、承包方的名称,发包方负责人和承包方代表的姓名、住所;(2)承包土地的名称、坐落、面积、质量等级;(3)承包期限和起止日期;(4)承包土地的用途;(5)发包方和承包方的权利和义务;(6)违约责任。

གཉིས་པ། ས་ཆ་འགན་གཙང་གླངས་ནས་བདག་གཉེར་བྱེད་པའི་གན་རྒྱའི་ནུས་ཐོན་དང་བཅོས་བསྒྱུར། ཕྱིར་འཐེན།

二、土地承包经营合同的生效、变更和解除

རང་རྒྱལ་གྱི་ས་ཞིང་གཉེར་འགན་གཙང་ལེན་བྱེད་ཕྱོགས་སྐོར་གྱི་བཅའ་ཁྲིམས་ཀྱིས། འགན་གཙང་ལེན་གྱི་གན་རྒྱ་དེ་གན་རྒྱ་བཞག་པའི་ཉིན་མོ་ནས་བྱེད་ནུས་ཐོན་རྒྱུ། འགན་གཙང་ལེན་གྱི་གན་རྒྱར་ནུས་པ་ཐོན་རྗེས། འགན་གཙང་སྤྲོད་བྱེད་མཁན་ཕྱོགས་ཀྱིས་འགན་གཙང་ལེན་མཁན་ཕྱོགས་སམ་ཡང་ན་འགན་འཁུར་མཁན་སྒྱུར་པའི་རྐྱེན་གྱིས་བཅོས་བསྒྱུར་དང་ཕྱིར་འཐེན་བྱས་མི་ཆོག་ལ། ཐུན་མོང་དཔལ་འབྱོར་རྩ་འཛུགས་ཁ་འཐོར་དང་མཉམ་སྡེབ་བྱས་པའི་རྐྱེན་གྱིས་བཅོས་བསྒྱུར་དང་ཕྱིར་འཐེན་ཡང་བྱས་མི་ཆོག་པ་གཏན་འབེབས་བྱས་ཡོད།

我国农村土地承包法规定,承包合同自成立之日起生效。承包合同生效后,发包方不得因承办人或者负责人的变动而变更或者解除,也不得因集体经济组织的分立或者合并而变更或者解除。

གསུམ་པ། རྩིས་འགྲོ་མེད་པའི་ས་ཆ་འགན་གཙང་གླངས་ནས་བདག་གཉེར་བྱེད་པའི་གན་རྒྱ།

三、无效的土地承包经营合同

རྩིས་འགྲོ་མེད་པའི་གྲོང་གསེབ་ཀྱི་ས་ཆ་འགན་གཙང་གླངས་ནས་བདག་གཉེར་བྱེད་པའི་གན་རྒྱ་ཞེས་པ་ནི་ཁྲིམས་ནུས་མི་ལྡན་པའི་ས་ཆ་འགན་གཙང་གླངས་ནས་བདག་གཉེར་བྱེད་པའི་གན་རྒྱར་བསྟན། དེ་ལ་གཤམ་གྱི་རིགས་འགའ་ཡོད་དེ། (༡) འགན་

གཙང་སྤྲོད་བྱེད་མཁན་ནམ་འགན་གཙང་ལེན་མཁན་གྱིས་མགོ་སྐོར་དང་འཛིགས་སྐུལ་གྱི་ཐབས་ལམ་སྤྱད་དེ་བཞག་པའི་གན་རྒྱ། (༢) འགན་གཙང་སྤྲོད་བྱེད་མཁན་ནམ་འགན་གཙང་ལེན་མཁན་གྱིས་བསམ་ངན་གྱི་གྲོས་བྱས་ནས་བཞག་པའི་གན་རྒྱ། (༣) འགན་གཙང་སྤྲོད་བྱེད་མཁན་ནམ་འགན་གཙང་ལེན་མཁན་གྱིས་ཁྲིམས་མཐུན་གྱི་རྣམ་པས་ཁྲིམས་འགལ་གྱི་དམིགས་ཡུལ་སྦ་གསང་བྱས་ནས་བཞག་པའི་གན་རྒྱ། (༤) འགན་གཙང་སྤྲོད་བྱེད་མཁན་ནམ་འགན་གཙང་ལེན་མཁན་གྱིས་སྤྱིའི་ཁེ་ཕན་ལ་གནོད་པའི་གན་རྒྱ་བཞག་པའི་རིགས། (༥) འགན་གཙང་སྤྲོད་བྱེད་མཁན་ནམ་འགན་གཙང་ལེན་མཁན་གྱིས་བཅའ་ཁྲིམས་དང་སྲིད་འཛིན་ཁྲིམས་སྲོལ་གྱི་བཙན་ཤེར་རང་བཞིན་གྱི་གཏན་འབེབས་ལས་འགལ་བའི་གན་རྒྱ་བཞག་པའི་རིགས།

无效的农村土地承包经营合同是指不具备法律效力的土地承包经营合同。有以下几种:(1)发包人或承包人以欺诈、胁迫手段订立的;(2)发包人或承包人恶意串通订立的;(3)发包人或承包人以合法形式掩盖非法目的订立的;(4)发包人或承包人订立损害社会公共利益的;(5)发包人或承包人订立违反法律、行政法规的强制性规定的。

ས་བཅད་གསུམ་པ། ས་བོན་དང་ཞིང་ལུད་ཀྱི་དོ་དམ།
第三节　种子、肥料管理

དང་པོ། ས་བོན་གྱི་དོ་དམ།
一、种子管理

《ས་བོན་སྐོར་གྱི་ཀྲུང་ཧྭ་མི་དམངས་སྤྱི་མཐུན་རྒྱལ་ཁབ་ཀྱི་བཅའ་ཁྲིམས་》ཀྱི་དོན་

ཚན་གཉིས་པའི་ནང་། བཅའ་ཁྲིམས་འདིས་བརྗོད་པའི་ས་བོན་ཞེས་པ་ནི། ལོ་ཏོག་དང་ཤིང་ནགས་ཀྱི་འདེབས་འཛུགས་རྒྱུ་ཆའམ་ཡང་ན་སྐྱེ་འཕེལ་རྒྱུ་ཆར་བསྟན་པ་ཡིན་ཏེ། དེའི་ཁོངས་སུ་འབྲུ་རྡོག་དང་འབྲས་བུ། རྩ་བ། གཞུང་རྟ། ལྗང་བུ། སྨྱུ་གུ། ལོ་མ་སོགས་ཚུད་ཡོད་པ་གཏན་འབེབས་བྱས་ཡོད།

《中华人民共和国种子法》第二条规定:“本法所称种子,是指农作物和林木的种植材料或者繁殖材料,包括籽粒、果实和根、茎、苗、芽、叶等。”

༡. ས་བོན་ཐོན་སྐྱེད་ཀྱི་དོ་དམ་ལམ་ལུགས།

1. 种子生产管理制度

རང་རྒྱལ་གྱི་ས་བོན་སྐོར་གྱི་བཅའ་ཁྲིམས་ཀྱིས། ཞིང་ལས་ལོ་ཏོག་གཙོ་བོ་དང་ཤིང་ནགས་གཙོ་བོའི་ཚོང་ཟོག་ས་བོན་ཐོན་སྐྱེད་ལ་ཆོག་འཐུས་ལམ་ལུགས་ལག་ལེན་བསྟར་རྒྱུ་གཏན་འབེབས་བྱས་ཡོད།

我国种子法规定,主要农作物和主要林木的商品种子生产实行许可制度。

༢. ས་བོན་བདག་གཉེར་དོ་དམ་ལམ་ལུགས།

2. 种子经营管理制度

རང་རྒྱལ་གྱི་ས་བོན་སྐོར་གྱི་བཅའ་ཁྲིམས་ཀྱིས། ས་བོན་བདག་གཉེར་ཐད་ཆོག་འཐུས་ལམ་ལུགས་ལག་ལེན་བསྟར་རྒྱུ་གཏན་འབེབས་བྱས་ཡོད། ཞིང་པ་རང་ཉིད་ཀྱིས་སྐྱེ་འཕེལ་དང་བཀོལ་སྤྱོད་བྱེད་པའི་རྒྱུན་གཏན་གྱི་ས་བོན་ལ་ལྷག་མ་ཡོད་ན། ཁྲོམ་ཚོགས་ཚོང་རར་སོང་ནས་ཕྱིར་འཚོང་དང་བརྗེ་རེས་བྱས་ཆོག་པ་ལས། ས་བོན་བདག་གཉེར་བྱས་འཐུས་ལག་འཁྱེར་གཉེར་མི་དགོས།

我国种子法规定,种子经营实行许可制度。农民个人自繁、自用的常规种子有剩余的,可以在集贸市场上出售、串换,不需要办理种子经营许可证。

༣. ས་བོན་གྱི་སྤུས་ཚད་དོ་དམ་ལམ་ལུགས།

3. 种子质量管理制度

རང་རྒྱལ་གྱི་ས་བོན་སྐོར་གྱི་བཅའ་ཁྲིམས་ཀྱིས། ས་བོན་རྫུན་མ་དང་ས་བོན་ཞན་པ་ཐོན་སྐྱེད་དང་བདག་གཉེར་བྱས་མི་ཆོག་པ་མངོན་གསལ་དོད་པོས་གཏན་འབེབས་བྱས་ཡོད། ཞིང་ལས་དང་ནགས་ལས་སྲིད་འཛིན་གཙོ་སྐྱོང་སྡེ་ཁག་གིས་ས་བོན་གྱི་སྤུས་ཚད་ལ་ལྟ་སྐུལ་བྱེད་འགན་འཁུར་རྒྱུ།

我国种子法明确规定，禁止生产、经营假、劣种子。农业、林业行政主管部门负责对种子质量的监督。

གཉིས་པ། ཞིང་ལུད་དོ་དམ།

二、肥料管理

རང་རྒྱལ་གྱིས་སྐྱེ་ཁམས་ཁོར་ཡུག་སྲུང་སྐྱོབ་དང་མི་ཕྱུགས་ཀྱི་བདེ་འཇགས་ལ་འགན་སྲུང་ཡོང་བར་ཤུགས་སྣོན་བྱེད་ཆེད། ཞིང་ལུད་དོ་དམ་ལ་ཐོ་འགོད་དོ་དམ་གྱི་བྱ་ཐབས་སྤྱད་ཡོད་དེ། གཏན་འབེབས་ནི་གཤམ་ལྟར།

我国为了加强保护生态环境、保障人畜安全,对肥料的管理采取的是登记管理的办法。规定如下:

(གཅིག) ཞིང་ལུད་ཐོ་འགོད་ཀྱི་བདག་སྤྲོད་མི་བྱེད་པ་དང་བདག་སྤྲོད་བྱེད་མི་དགོས་པ།

(一)肥料登记的不予受理和免于受理

༡. ཐོན་སྐྱེད་བྱེད་མཁན་རྒྱལ་ཁབ་ཀྱི་བཀོལ་སྤྱོད་དབང་ཡིག་མེད་པའི་ཕྱི་རྒྱལ་གྱི་ཐོན་

རྫས་དང་། རྒྱལ་ཁབ་ཀྱི་འབྲེལ་ཡོད་བདེ་འཇགས་དང་འཕྲོད་བསྟེན། ཁོར་ཡུག་སྲུང་སྐྱོབ་སོགས་རྒྱལ་ཁབ་བམ་ལས་རིགས་ཀྱི་ཚད་གཞིའི་བླང་བྱ་དང་མི་མཐུན་པའི་ཐོན་རྫས་སོགས་གནས་ཚུལ་གཞན་དག་གི་ཞིང་ལུད་ཐོན་རྫས་ལ་མཚོན་ན། ཐོ་འགོད་རེ་ཞུར་བདག་སྐྱོང་མི་བྱེད།

1. 没有生产国使用证明的国外产品；不符合国家有关安全、卫生、环保等国家或行业标准要求的产品等其他情形的肥料产品，登记申请不予受理。

༢. ཞིང་སའི་ནང་དུ་ཡུན་རིང་བཀོལ་བ་དང་། རྒྱལ་ཁབ་བམ་ལས་རིགས་ཀྱི་ཚད་གཞི་ལྡན་པའི་ཐོན་རྫས་དག་ཐོ་འགོད་བྱེད་མི་དགོས་ཏེ། དཔེར་ན་ནུ་ཟེའི་སྦྱར་ཨན་དང་གཅིན་རྒྱུ། ཟེ་རྩིའི་སྦྱར་ཨན། ནུར་ཚད་མཐོ་བའི་འདྲེས་སྦྱོར་ལུད་སོགས་ལྟ་བུ།

2. 经农田长期使用，有国家或行业标准的产品免予登记：硫酸铵，尿素，硝酸铵，高浓度复合肥等。

(གཉིས) ཞིང་ལུད་ཀྱི་ཐོ་འགོད་དོ་དམ།

（二）肥料的登记管理

༡. ཞིང་ལུད་ཐོན་རྫས་ཀྱི་ཐུམ་སྒྲིལ་ཐོག་ཤོག་བྱང་དང་། གསལ་བཤད་ཡི་གེ། ཐོན་རྫས་ཀྱི་སྤུས་ཀར་ཞིབ་བཤེར་ཚད་ལོན་ལག་ཁྱེར་ཡོད་དགོས།

1. 肥料产品包装应有标签、说明书和产品质量检验合格证。

༢. ཐོ་འགོད་ལག་ཁྱེར་ཐོབ་པའི་ཞིང་ལུད་ཐོན་རྫས་རྣམས། ཐོ་འགོད་གོ་ཆོད་དུས་ཡུན་ནང་མི་དང་ཕྱུགས་རིགས། ལོ་ཏོག་གང་རུང་ལ་གནོད་པ་ཡོད་པར་ར་སྤྲོད་བྱས་པ་དང་། ཞིང་ལུད་ཐོ་འགོད་ཞིབ་དཔྱད་ཨུ་ལྷན་གྱིས་གྲོས་ཞིབ་བྱས་པ་བརྒྱུད། ཞིང་ལས་པུའུ་ནས་བཀོལ་སྤྱོད་ཚོད་འཛིན་བྱེད་པའམ་ཡང་ན་སྤྱོད་རིགས་གཏན་འགོག་བྱེད་པར་ཁྱབ་བསྒྲགས་བྱ་རྒྱུ།

2. 取得登记证的肥料产品，在登记有效期内证实对人、畜、作物有害，经肥料登记评审委员会审议，由农业部宣布限制使用或禁止使用。

དཔེར་བརྗེན་ཁྲིམས་བཤད། ༠༥
以案说法 05

ས་བོན་བདག་གཉེར་བྱེད་པའི་རྣམ་གྲངས་ཡོད་ཚད་ལ་ཆོག་མཆན་འགྲོ་ལུགས་སྒྲུབ་དགོས་སམ།

经营种子项目是否都需要办理许可

【གྲོད་དོན་གྱི་གནས་ཚུལ་ངོ་སྤྲོད།】2004ལོའི་ཟླ་8པའི་ཚེས་26ཉིན། རྫོང་ཀ་པའི་ཞིང་ནགས་ཅུའུ་ཡི་ཁྲིམས་སྲུང་རུ་ཆེན་ནས་མང་ཚོགས་ཀྱི་ཐེར་འདོན་གོང་ཞུ་འབྱོར་ཏེ། གྲོང་རྡལ་ག་གེ་མོའི་མཁོ་ཚོང་ཁང་གི་ཞིང་ལས་ཐོན་སྐྱེད་རྒྱུ་ཆ་ཚབ་བཙོང་ས་ཚོགས་སུ་ཐུམ་སྒྲིལ་ཆུང་བའི་པད་ཁའི་ས་བོན་བཙོང་གིན་འདུག་པའི་གནས་ཚུལ་ཞུས། ཁྲིམས་སྲུང་རུ་ཁག་གིས་ཡུལ་དངོས་ནས་བརྟག་དཔྱད་ཞིབ་བསྟུར་བྱས་པ་བརྒྱུད། ཞིང་ལས་ཐོན་སྐྱེད་རྒྱུ་ཆ་ཚབ་བཙོང་ས་ཚོགས་ཀྱི་ལས་གཉེར་ལག་རྟགས་ཀྱི་ལས་གཉེར་ཁྱབ་ཁོངས་ནི་ཞིང་སྨན་དང་རྫས་ལུད་ཚབ་འཚོང་ཡིན་པ་མ་ཟད། དོ་བདག་གིས་ཞིང་ལས་ལོ་ཏོག་གི་ས་བོན་ལས་གཉེར་གྱི་བཀའ་འཁྲོལ་དཔང་ཡིག་བླངས་མེད་པ་ཤེས་པས། རྫོང་ཀ་པའི་ཞིང་ནགས་ཅུའུ་ཡིས་པད་ཁའི་ས་བོན་བདག་གཉེར་བྱེད་མཚམས་འཇོག་པ་དང་། པད་ཁའི་ས་བོན་དང་ཁྲིམས་འགལ་གྱི་ཡོང་འབབ་གཞུང་བཞེས་གཏོང་བ། ཁྲིམས་འགལ་གྱི་ཡོང་འབབ་ཀྱི་ལྡབ་གཉིས་ཀྱི་དངུལ་ཆད་ཆབས་སྦྲགས་སུ་སྤྱོད་རྒྱུ་ཐག་བཅད།

【案情介绍】2004 年 8 月 26 日，A 县农林局执法大队接到群众举报，反映某镇供销社的农资代销点出售小包装油菜种子。执法大队经现场调查核实，农资代销点的营业执照的经营范围是农药、化肥代销，且当事人未取得农作物种子经营许可证。A 县农林局作出责令其停止经营油菜种子，没收油菜种子及违法所得，并处违法所得 1 倍罚款的决定。

【གྲོད་དོན་དཔེ་མཚོན་དབྱེ་ཞིབ།】 གྲོད་གཞི་འདིའི་ནང་དུ། ཞིང་ལས་ཐོན་སྐྱེད་རྒྱུ་ཆ་ཚབ་བཙོང་ས་ཚོགས་ཀྱིས་བདག་གཉེར་བྱས་པའི་པད་ཁའི་ས་བོན་ནི་ཚང་མ་ཐུམ་སྒྲིལ་ཆུང་བའི་ས་བོན་ཡིན་ལ། དེ་ནི་ཡང་བསྐྱར་ཐུམ་ཆུང་རྒྱག་མི་དགོས་པའི་ཐུམ་སྒྲིལ་ས་བོན་གྱི་རིགས་སུ་གཏོགས་པས། ས་བོན་གཉེར་སྐྱོང་བྱས་འཐུས་ལག་ཁྱེར་འགྲིམ་མི་དགོས། དེའི་རྐྱེན་གྱིས། ས་བོན་གྱི་བཅའ་ཁྲིམས་ཀྱི་དོན་ཚན་དྲུག་ཅུ་པའི་ལག་ཁྱེར་མེད་པར་ས་བོན་བདག་གཉེར་བྱེད་པའི་གཏན་འབེབས་ལྟར་ཆད་པ་གཅོད་མི་ཆོག རྫོང་ཀ་པའི་ཞིང་ནགས་ཅུའུ་ཡིས་ཆད་པ་བཅད་དོན་དེ་ནི་ནོར་འཁྲུལ་ཡིན། ཞིང་ལས་ཐོན་སྐྱེད་རྒྱུ་ཆ་ཚབ་བཙོང་

ས་ཚོགས་ནི་ཁྱབ་ཁོངས་ལས་བརྒལ་བའི་ལས་གཉེར་གྱི་ཁོངས་སུ་གཏོགས་པས། ཞིང་ནགས་ཅུའུ་ཡིས་གྱོད་དོན་དེ་བཟོ་ཚོང་སྡེ་ཁག་ལ་རྩིས་སྤྲོད་བྱས་ཏེ་ཐག་གཅོད་བྱེད་དུ་འཇུག་དགོས།

【案例评析】本案中，农资代销点经营的油菜种子都是小包装种子，属于不再分装的包装种子类型，不需要办理种子经营许可证。因此，不能根据种子法第六十条无证经营种子的规定来处罚。A 县农林局作出的处罚决定是错误的。农资代销点属超范围经营，农林局应将此案移交工商部门处理。

ས་བཅད་བཞི་པ། ཞིང་སྨན་དང་ཕྱུགས་སྨན་གྱི་དོ་དམ།
第四节　农药、兽药管理

དང་པོ། ཞིང་སྨན་དོ་དམ།
一、农药管理

ཞིང་སྨན་ཞེས་པ་ནི་ཞིང་ལས་དང་ནགས་ལས་ལ་གནོད་པའི་ནད་དང་། འབུ། རྩྭ་དང་དེ་མིན་གྱི་གནོད་ལྡན་སྐྱེ་དངོས་སྔོན་འགོག་དང་རྩ་མེད་དུ་གཏོང་བའམ་ཚོད་འཛིན་བྱེད་པ་དང་། དེ་བཞིན་དམིགས་ཡུལ་ཡོད་པའི་སྒོ་ནས་རྩི་ཤིང་དང་འབུ་སྲིན་འཚར་ལོངས་བྱུང་བའི་རྫས་འགྱུར་མཉམ་སྦྱོར་རམ་སྐྱེ་དངོས་དང་དེ་མིན་གྱི་རང་བྱུང་དངོས་རྫས་ལས་ཐོན་པའི་དངོས་རྫས་གཅིག་གམ་ཡང་ན་དངོས་རྫས་དུ་མར་སྙོམ་སྦྲིག་བྱེད་པའི་དངོས་པོ་བསྲེས་མ་དང་དེའི་སྦྱིབ་རྫས་ལ་གོ

农药，是指用于预防、消灭或者控制危害农业、林业的病、虫、草和其他有害生物，以及有目的地调节植物、昆虫生长的化学合成或者来源于生物、其他天然物质的一种物质或者几种物质的混合物及其制剂。

ཞིང་སྨན་བདག་གཉེར་བྱེད་ཆོག་པའི་བྱེད་པོ་ནི། (༡) མགོ་ཚོང་མཉམ་ལས་ཁང་གི་ཞིང་ལས་ཐོན་སྐྱེད་རྒྱུ་ཆ་གཉེར་སྐྱོང་སྡེ་ཚན། (༢) རྩི་ཤིང་སྲུང་སྐྱོབ་ས་ཚིགས།

(༣) ས་ཆུ་ཞིང་ལུད་ས་ཚིགས། (༤) ཞིང་ལས་དང་ནགས་ལས་ལག་རྩལ་ཁྱབ་གདལ་ལས་ཁུངས། (༥) ནགས་ཚལ་གྱི་ནད་སྲིན་འབུ་སྲིན་སྔོན་འགོག་ལས་ཁུངས། (༦) ཞིང་སྨན་ཐོན་སྐྱེད་ཁེ་ལས་བཅས་ཡིན།

可以从事农药经营的主体为:(1)供销合作社的农业生产资料经营单位;(2)植物保护站;(3)土壤肥料站;(4)农业、林业技术推广机构;(5)森林病虫害防治机构;(6)农药生产企业。

གཉིས་པ། ཕྱུགས་སྨན་དོ་དམ།

二、兽药管理

ཕྱུགས་སྨན་ཞེས་པ་ནི་སྲོག་ཆགས་ཀྱི་ནད་རིགས་སྔོན་འགོག་དང་སྨན་བཅོས། ནད་དཔྱད་བཅས་བྱེད་པའམ། ཡང་ན་དམིགས་ཡུལ་ཡོད་པའི་སྒོ་ནས་སྲོག་ཆགས་ཀྱི་ལུས་ཁམས་ཀྱི་ནུས་པར་སྙོམ་སྒྲིག་བྱེད་པའི་དངོས་རྫས་ལ་གོ (སྨན་རྫས་གཟན་ཆག་སྦྱོར་ཧྲ་འདུས།) དེའི་ཁོངས་སུ་གཙོ་བོ་དྭངས་ཁྲག་གྲུབ་རྫས་དང་རིམས་འགོག་སྨན་ཁབ། དུག་སྲིན་འགོག་སྨན། དུག་སེལ་སྨན་རྫས་སོགས་ཚུད་ཡོད།

兽药,是指用于预防、治疗、诊断动物疾病或者有目的地调节动物生理机能的物质(含药物饲料添加剂),主要包括血清制品、疫苗、抗生素、消毒剂等。

《ཕྱུགས་སྨན་དོ་དམ་སྲོལ་ཡིག་》ལས་ཕྱུགས་སྨན་བདག་གཉེར་བྱེད་པའི་ཁེ་ལས་ལ། བབ་མཚུངས་ཀྱི་ལག་རྩལ་མི་སྣ་དང་བཀར་འཛུག་སོགས་ཀྱི་ཆ་རྐྱེན་འཛོམས་དགོས་པ་

གཏན་འབེབས་བྱས་ཡོད།

《兽药管理条例》规定，经营兽药的企业，应当具备相应的技术人员、仓储等条件。

ས་བཅད་ལྔ་པ། ཞིང་ལས་འཕྲུལ་ཆས་དོ་དམ་དང་ཁྱབ་སྤེལ།
第五节 农业机械管理和推广

དང་པོ། ཞིང་ལས་འཕྲུལ་ཆས་དོ་དམ།
一、农业机械管理

ཞིང་ལས་འཕྲུལ་ཆས་ཀྱི་ཁོངས་སུ་ཞིང་སྤྱོད་སྟོབས་ཤུགས་འཕྲུལ་ཆས། ཞིང་ཁ་འཛུགས་སྐྲུན་འཕྲུལ་ཆས། ས་རྒྱུ་རྨོ་འདེབས་འཕྲུལ་ཆས། འདེབས་འཛུགས་དང་ལུད་རྒྱག་འཕྲུལ་ཆས། རྩི་ཤིང་སྲུང་སྐྱོང་འཕྲུལ་ཆས། ཞིང་ཆུ་འདྲེན་གཏོང་འཕྲུལ་ཆས། ལོ་ཏོག་བཞར་བསྡུ་འཕྲུལ་ཆས། ཞིང་ལས་ཐོན་རྫས་ལས་སྒྲོན་འཕྲུལ་ཆས། འབྲོག་ལས་འཕྲུལ་ཆས་དང་ཞིང་ལས་སྐྱེལ་འདྲེན་འཕྲུལ་ཆས་སོགས་ཚུད་ཡོད། ཞིང་ལས་འཕྲུལ་ཆས་སྤྱི་ཡངས་འཇུག་གི་ཁོངས་སུ་ད་དུང་ནགས་ལས་འཕྲུལ་ཆས་དང་། ཉ་ལས་འཕྲུལ་ཆས། དར་ཤིང་། སྦྲང་མ་གསོ་བ། བཟའ་བྱའི་ཤ་མོའི་རིགས་གསོ་སྐྱོང་ལ་སོགས་པའི་གྲོང་གསེབ་ཀྱི་ཞོར་ལས་འཕྲུལ་ཆས་བཅས་ཚུད་ཡོད།

农业机械包括农用动力机械、农田建设机械、土壤耕作机械、种植和施肥机械、植物保护机械、农田排灌机械、作物收获机械、农产品加工机械、畜牧业机械和农业运输机械等。广义的农业机械还包括林业机械、渔业机械和蚕桑、养蜂、食用菌类培植等农村副业机械。

༡. ཞིང་ལས་འཕྲུལ་ཆས་ཀྱི་བདག་གཉེར།

1. 农业机械的经营

ཞིང་ལས་འཕྲུལ་ཆས་བདག་གཉེར་བྱེད་པར་དམིགས་བསལ་གྱི་ཆོག་འཐུས་བརྒྱུད་དགོས། བདག་གཉེར་སྡེ་ཚན་གྱིས་སྤུས་ཚད་ཀྱི་འགག་སྒོ་ནན་སྲུང་བྱེད་དགོས་པ་དང་། ཁྲིན་ཚོང་ཐོ་འགོད་ལམ་ལུགས་འཛུགས་དགོས།

经营农业机械，要经特别许可。经营单位应当严把质量关，建立销售记录制度。

༢. ཞིང་ལས་འཕྲུལ་ཆས་ཀྱི་ཞིག་གསོ།

2. 农业机械的维修

ཞིང་ལས་འཕྲུལ་ཆས་ཞིག་གསོ་བྱེད་པའི་གཉེར་སྐྱོང་སྡེ་ཚན་ལ་དགོས་ངེས་ཀྱི་ཞིག་གསོའི་ར་བ་དང་། ཞིག་གསོའི་སྒྲིག་བཀོད། ལག་རྩལ་མི་སྣ་ཡོད་དགོས་པ་མ་ཟད། ཞིང་ལས་འཕྲུལ་ཆས་ཞིག་གསོའི་ལག་རྩལ་གྱི་ཚད་མཐུན་ལག་ཁྱེར་ཡང་ཡོད་དགོས་པ་དང་བཟོ་ཚོང་ཐོ་འགོད་འགྲོ་ལུགས་ཁྲིམས་ལྟར་སྒྲུབ་དགོས།

从事农业机械维修的经营单位应当有必要的维修场地、维修设施、技术人员,还要有农业机械维修技术合格证书,并依法办理工商登记手续。

གཉིས་པ། ཞིང་ལས་འཕྲུལ་ཆས་ཀྱི་ཁྱབ་སྤེལ།

二、农业机械推广

ཞིང་ལས་འཕྲུལ་ཆས་ཅན་གྱི་ལས་དོན་གཙོ་སྐྱོང་སྡེ་ཁག་གིས་ཉེན་མེད་ཐོན་སྐྱེད་དང་སྔོན་འགོག་གཙོར་འཛིན་གྱི་མཛད་ཕྱོགས་ལྟར། ཞིང་ལས་འཕྲུལ་ཆས་ཉེན་མེད་བཀོལ་སྤྱོད་ཀྱི་དྲིལ་བསྒྲགས་དང་། སློབ་གསོ། ངོ་དམ་བྱེད་ཤུགས་ཆེ་རུ་གཏོང་དགོས།

主管农业机械化工作的部门，应当按照安全生产、预防为主的方针，加强对农业机械安全使用的宣传、教育和管理。

ས་བཅད་དྲུག་པ། གྲོང་གསེབ་ཀྱི་སྲོག་ཆགས་དང་རྩི་ཤིང་ཞིབ་དཔྱད་དང་ནད་ཡམས་བརྟག་ཞིབ།

第六节　农村动植物检验检疫

དང་པོ། སྲོག་ཆགས་ཀྱི་རིམས་འགོག་དང་ནད་ཡམས་བརྟག་ཞིབ།

一、动物防疫检疫

སྲོག་ཆགས་ཀྱི་རིམས་འགོག་ཅེས་པ་ནི་སྲོག་ཆགས་ཀྱི་རིམས་ནད་སྔོན་འགོག་དང་ཚོད་འཛིན། མེད་པར་བཟོ་པ་དང་། སྲོག་ཆགས་དང་སྲོག་ཆགས་ཐོན་རྫས་ཀྱི་ནད་ཡམས་བརྟག་ཞིབ་ལ་ཟེར།

动物防疫，是指动物疫病的预防、控制、扑灭和动物、动物产品的检疫。

སྲོག་ཆགས་གསོ་ཚགས་ར་བ（གསོ་སྐྱེལ་གཞིས་ཁུལ）དང་ཟུར་དུ་འཛོག་ས། སྲོག་ཆགས་གསོད་བཤའ་ལས་སྒྲོན་བྱེད་ས། དེ་བཞིན་སྲོག་ཆགས་དང་སྲོག་ཆགས་ཐོན་རྫས་གནོད་མེད་ཅན་ཐག་གཅོད་བྱེད་ས་བཅས་ཚང་མ་སྲོག་ཆགས་ཀྱི་རིམས་འགོག་བླང་བྱ་དང་མཐུན་དགོས།

动物饲养场(养殖小区)和隔离场所，动物屠宰加工场所，以及动物和动物产品无害化处理场所，都应当符合动物防疫要求。

སྲོག་ཆགས་བཤའ་བ་དང་ཕྱིར་འཚོང་ངམ་ཡང་ན་དཔོར་འདྲེན་བཅས་བྱེད་པ་དང་། དེ་བཞིན་སྲོག་ཆགས་ཐོན་རྫས་ཕྱིར་འཚོང་དང་དཔོར་འདྲེན་མ་བྱས་སྔོན་ལ། ཟོག་བདག་གིས་ས་དེ་གའི་སྲོག་ཆགས་འཕྲོད་བསྟེན་ལྟ་སྐུལ་ལས་ཁུངས་ལ་ནད་ཡམས་བརྟག་ཞིབ་བྱེད་རེ་ཞུ་བྱེད་དགོས།

屠宰、出售或者运输动物以及出售或者运输动物产品前,货主应当向当地动物卫生监督机构申报检疫。

གཉིས་པ། རྩི་ཤིང་གི་ནད་ཡམས་བརྟག་ཞིབ།

二、植物检疫

རྩི་ཤིང་གི་ནད་ཡམས་བརྟག་ཞིབ་ཅེས་པ་ནི་ཁྲིམས་འཛུགས་ཀྱི་ཐབས་ལ་བརྟེན་ནས་རྩི་ཤིང་དང་དེའི་ཐོན་རྫས་འཕོར་རྒྱུག་གི་བརྒྱུད་རིམ་ཁྲོད་དུ་གནོད་ཡོད་སྐྱེ་དངོས་མཆེད་པར་སྔོན་འགོག་བྱེད་པའི་བྱ་ཐབས་ལ་གོ

植物检疫,是指以立法手段防止植物及其产品在流通过程中传播有害生物的措施。

རྩི་ཤིང་གི་ནད་ཡམས་བརྟག་ཞིབ་ཀྱི་ཁོངས་སུ་འབྲུ་རིགས་དང་སྲིང་བལ། སྣུམ། སོ་མ། དར། ཇ། མངར་ཆ། ཚལ། དུ་ཐ། ཤིང་ཏོག་(སིལ་སྐམ་ཕུད) དང་། སྨན་རྫས། མེ་ཏོག འཛོམ་རྩྭ། ལྗང་ལུད། ཚ་ཁུལ་གྱི་ལོ་ཏོག་སོགས་རྩི་ཤིང་དང་། ས་བོན་དང་རྡོག་གཟུགས་རྩ་བ། རྡོག་གཟུགས་སྡོང་རྐང་། ཟླུམ་སྡོང་། ཉ་ཁྲབ་འདྲ་བའི་སྡོང་པོ། མཐུད་སྦྱོར་ཡལ་ག མཐུད་གཞིའི་ཤིང་སྡོང་། ཚོད་ལྟའི་ཤེལ་སྦུག་ནང་གསོས་པའི་ལྗང་བུ། ཕྲ་ཕུང་གི་སྐྱེ་འཕེལ་གཟུགས་སོགས་སྐྱེ་འཕེལ་རྒྱུ་ཆ་དང་བཅས་པའི་རྩི་ཤིང་གི་ཆ་ཤས། དེ་བཞིན་གོང་གི་རྩི་ཤིང་ལས་ཐོན་པའི་ལས་སྒྲོན་མ་བྱས་པའམ་ཡང་ན་ལས་སྒྲོན་བྱས་ཡོད་ཀྱང་སྔར་བཞིན་རིམས་ནད་མཆེད་སྲིད་པའི་རྩི་ཤིང་ཐོན་རྫས་སོགས་ཚུད་ཡོད།

植物检疫范围包括粮、棉、油、麻、桑、茶、糖、菜、烟、果(干果除外)、药材、花卉、牧草、绿肥、热带作物等植物、植物的各部分,包括种子、块根、块茎、球茎、鳞茎、接穗、砧木、试管苗、细胞繁殖体等繁殖材料,以及来源于上述植物、未经加工或者虽经加工但仍有可能传播疫情的植物产品。

ས་བཅད་བདུན་པ། ཞིང་ལས་ཟས་རིགས་ཀྱི་བདེ་འཇགས་དོ་དམ།
第七节　农业食品安全管理

ཞིང་ལས་ཟས་རིགས་བདེ་འཇགས་ཞེས་པ་ནི་ཞིང་ལས་ཟས་རིགས་དུག་མེད་དང་གནོད་མེད་ཡིན་ལ། དགོས་ངེས་ཀྱི་འཚོ་བཅུད་ཚད་གཞི་དང་མཐུན་ཞིང་། མི་ལུས་ཀྱི་བདེ་ཐང་ལ་དོས་དྲག་དང་དོས་དྲག་འབྲིང་ཙམ་མམ་ཡང་ན་དལ་གཞིས་ཀྱི་གནོད་སྐྱོན་མི་ཐེབས་པར་གོ

农业食品安全,是指农业食品无毒、无害,符合应当有的营养要求,对人体健康不造成任何急性、亚急性或者慢性危害。

དང་པོ། ཞིང་ལས་ཟས་རིགས་ཐོན་སྐྱེད་བདག་གཉེར་དང་ཞིབ་དཔྱད།
一、农业食品生产经营和检验

ཞིང་ལས་ཟས་རིགས་ཐོན་སྐྱེད་བདག་གཉེར་བྱེད་པ་དེ་ཟས་རིགས་བདེ་འཇགས་ཀྱི་ཚད་གཞི་དང་མཐུན་དགོས་པ་མ་ཟད། གཤམ་གྱི་བླང་བྱ་དག་དང་མཐུན་དགོས་ཏེ།

农业食品生产经营应当符合食品安全标准,并符合下列要求:

(༡) གཙང་ཞིང་གྲལ་འགྲིག་པའི་ཐོན་སྐྱེད་བདག་གཉེར་བྱེད་ས་ཡོད་པ། (༢) བབ་མཐུན་གྱི་དུག་སེལ་སྒྲིག་ཆས་ཡོད་པ། (༣) ཐབ་ཆས་དང་གསོལ་ཆས། བཏུང་ཆས་དང་སྣོད་ཆས་སོགས་གནོད་མེད་ཡིན་པ་སོགས།

(1)具有整洁的生产经营场所;(2)具有相应的消毒设施;(3)炊具、餐具、饮具和盛放的容器,应当无害等。

ཞིང་ལས་ཟས་རིགས་ཀྱི་ཞིབ་དཔྱད་ནི་གཤམ་གྱི་བླང་བྱ་དག་དང་མཐུན་དགོས་ཏེ། (༡) ཟས་རིགས་ཞིབ་དཔྱད་ལས་ཁུངས་ཀྱིས་ཐོབ་ཐང་ངོས་འཛིན་ཐོབ་རྗེས་ད་གཟོད་ཟས་རིགས་ཞིབ་དཔྱད་ལས་སྒོ་གཉེར་ཆོག (༢) ཟས་རིགས་བདེ་འཇགས་ལྟ་སྐྱུལ་དོ་དམ་སྡེ་ཁག་གིས་ཟས་རིགས་ལ་བཤེར་སྲུངས་བྱས་མི་ཆོག

农业食品检验应当符合下列要求:(1)食品检验机构取得资质认定后,方可从事食品检验活动:(2)食品安全监督管理部门对食品不得实施免检等。

གཉིས་པ། ཞིང་ལས་ཟས་རིགས་བདེ་འཇགས་ལས་འཛོལ་ཐག་གཅོད།

二、农业食品安全事故处置

ཞིང་ལས་ཟས་རིགས་བདེ་འཇགས་ཀྱི་ལས་འཛོལ་བྱུང་ན་དུས་ཐོག་ཏུ་གཤམ་གྱི་བྱེད་ཐབས་སྤྱད་དགོས་ཏེ།

发生农业食品安全事故应及时采取以下措施:

༡. ཟས་རིགས་བདེ་འཇགས་ཀྱི་ལས་འཛོལ་བྱུང་བའི་སྡེ་ཚན་གྱིས་འཕྲལ་དུ་ཐག་བཅད་དེ་ལས་འཛོལ་ཚབས་ཆེ་རུ་མི་འགྲོ་རྒྱུ་བྱ་དགོས།

1. 发生食品安全事故的单位应当立即予以处置，防止事故扩大。

༢. ཟས་རིགས་བདེ་འཇགས་ཀྱི་ལས་འཛོལ་ལ་བརྟག་དཔྱད་བྱེད་སྐབས། ལས་འཛོལ་བྱུང་བའི་སྡེ་ཚན་གྱི་འགན་འཁྲི་རྩད་ཞིབ་མཐའ་གསལ་བྱེད་དགོས་པ་མ་ཟད། ད་དུང་ལྟ་སྐྱུལ་དོ་དམ་དང་ཁས་ལེན་དཔང་འདོན་བྱེད་འགན་ཁུར་མཁན་ལྟ་སྐྱུལ་དོ་དམ་སྡེ་ཁག་དང་། ར་སྤྲོད་ངོས་འཛིན་ལས་ཁུངས་ཀྱི་ལས་ཀ་བྱེད་མཁན་གྱི་འགན་ཤོར་དང་ལས་འཛོལ་ཤོར་བའི་གནས་ཚུལ་ལ་རྩད་ཞིབ་མཐའ་གསལ་བྱ་དགོས།

2. 调查食品安全事故,除了查明事故单位的责任,还应当查明负有监督管理和认证职责的监督管理部门、认证机构的工作人员失职、渎职情况。

ས་བཅད་བརྒྱད་པ། ཞིང་པའི་ཆེད་ལས་མཉམ་ལས་ཁང་དང་ཞང་གྲོང་ཁེ་ལས།

第八节　农民专业合作社与乡镇企业

དང་པོ། ཞིང་པའི་ཆེད་ལས་མཉམ་ལས་ཁང་།

一、农民专业合作社

ཞིང་པའི་ཆེད་ལས་མཉམ་ལས་ཁང་གིས་རང་གི་ཁོངས་མི་ཞབས་ཞུ་བྱ་ཡུལ་གཙོ་བོར་བྱས་ནས། ཞིང་ལས་ཐོན་སྐྱེད་རྒྱུ་ཆ་ཉོ་བསྒྲུ་དང་། ཞིང་ལས་ཐོན་རྫས་ཉོ་ཚོང་། ལས་སྒྱོན། སྐྱེལ་འདྲེན། གསོག་ཉར་བཅས་དང་། དེ་བཞིན་ཞིང་ལས་ཐོན་སྐྱེད་བདག་གཉེར་དང་འབྲེལ་ཡོད་ཀྱི་ལག་རྩལ་དང་ཆ་འཕྲིན་སོགས་ཀྱི་ཞབས་ཞུ་འདོན་སྤྲོད་བྱས་པ་ཡིན།

农民专业合作社以其成员为主要服务对象，提供农业生产资料的购买，农产品的销售、加工、运输、贮藏以及与农业生产经营有关的技术、信息等服务。

（གཅིག）ཞིང་པའི་ཆེད་ལས་མཉམ་ལས་ཁང་འཛུགས་པར་འཛོམ་དགོས་པའི་ཆ་རྐྱེན།

（一）设立农民专业合作社应当具备的条件

༡. བཅའ་ཁྲིམས་ཀྱི་གཏན་འབེབས་དང་མཐུན་པའི་ཁོངས་མི་ལྔ་ཡན་ཡོད་པ།

1. 有五名以上符合法律规定的成员；

༢. བཅའ་ཁྲིམས་ཀྱི་གཏན་འབེབས་དང་མཐུན་པའི་སྒྲིག་ཡིག་དང་། རྩ་འཛུགས་སྒྲིག

གཞི། མིང་དང་སྡོད་གནས་ཡོད་པ།

2. 有符合法律规定的章程、组织机构、名称和住所;

༣. སྒྲིག་ཡིག་གི་གཏན་འབེབས་དང་མཐུན་པའི་ཁོངས་མིས་མ་དངུལ་བཏང་རིགས་ཡོད་པ་བཅས་ཡིན།

3. 有符合章程规定的成员出资。

(གཉིས) ཞིང་པའི་ཆེད་ལས་མཉམ་ལས་ཁང་གི་རྩ་འཛུགས་ལས་ཁུངས་དང་འགན་ནུས།

(二)农民专业合作社的组织机构及职能

ཞིང་པའི་ཆེད་ལས་མཉམ་ལས་ཁང་གི་གཞི་ཁྱོན་མི་འདྲ་བ་དང་བདག་གཉེར་བྱེད་པའི་ནང་དོན་མི་འདྲ་བའི་དབང་གིས། བཙུགས་པའི་རྩ་འཛུགས་ལས་ཁུངས་ཀྱང་ཡོངས་སུ་མཚུངས་པ་མིན། ཞིང་པའི་ཆེད་ལས་མཉམ་ལས་ཁང་སྐོར་གྱི་བཅའ་ཁྲིམས་ཀྱིས་ལས་ཁུངས་ཁ་ཤས་འཛུགས་རྒྱུ་དེ་བཙན་ཤེད་རང་བཞིན་གྱི་གཏན་འབེབས་མིན་ལ། མཉམ་ལས་ཁང་གིས་རང་ཉིད་ཀྱི་དགོས་མཁོར་གཞིགས་ནས་ཐག་གཅོད་བྱེད་དགོས།

因为农民专业合作社的规模不同、经营内容不同,设立的组织机构也并不完全相同,农民专业合作社法对某些机构的设置不是强制性规定,而要由合作社自己根据需要决定。

(གསུམ) ཞིང་པའི་ཆེད་ལས་མཉམ་ལས་ཁང་གི་གཞུང་དོན་གྲོས་མོལ་བྱེད་སྲོལ།

(三)农民专业合作社的议事规则

ཞིང་པའི་ཆེད་ལས་མཉམ་ལས་ཁང་གི་ཁོངས་མིའི་ཚོགས་ཆེན་ནས་ཐག་བཅད་པའི་གྲོས་ཆོད་དེ་མང་ཕྱོགས་ཀྱིས་གྲོས་འཆམ་བྱུང་བའི་བརྟས་ཐག་གཅོད་ཐབས་སྤྱད་དགོས།

农民专业合作社成员大会作出的决议要采取相应多数通过的表决方法。

གཉིས་པ། ཤང་གྲོང་ཁེ་ལས།

二、乡镇企业

རྒྱལ་ཁབ་ཀྱིས་ཤང་གྲོང་ཁེ་ལས་འཕེལ་རྒྱས་ཀྱི་གནས་ཚུལ་ལ་གཞིགས་ནས། དུས་སྐབས་ངེས་ཅན་ཞིག་གི་ནང་ཤང་གྲོང་ཁེ་ལས་ཀྱི་དཔྱ་ཁྲལ་བསྡུར་ཚད་ངེས་ཅན་ཞིག་ཆག་ཡང་དུ་གཏོང་རྒྱུ།

国家根据乡镇企业发展的情况，在一定时期内对乡镇企业减征一定比例的税收。

གཤམ་གྱི་ཤང་གྲོང་ཁེ་ལས་འབྲིང་ཆུང་རིགས་ལ་གཟིགས་སྐྱོང་གི་ཡིད་རྟོན་དངུལ་བུན་ལག་བསྟར་བྱ་རྒྱུ།

下列中小型乡镇企业实行信贷优惠：

(༡) ཐུན་མོང་ལ་དབང་བའི་ལམ་ལུགས་ཀྱི་ཤང་གྲོང་ཁེ་ལས་གསར་སྐྲུན་ཐོག་མའི་དུས་སུ་གཉེར་སྐྱོང་བྱེད་པར་དངོས་གནས་དཀའ་ངལ་ཡོད་པའི་རིགས།

(1) 集体所有制乡镇企业开办初期经营确有困难的；

(༢) གྲངས་ཉུང་མི་རིགས་ས་ཁུལ་དང་མཐའ་མཚམས་ས་ཁུལ། དབུལ་པོངས་ས་ཁུལ་དུ་བཙུགས་པའི་རིགས།

(2) 设立在少数民族地区、边远地区和贫困地区的；

(༣) འབྲུ་རིགས་དང་། གཟན་ཆག ཤ་རིགས་བཅས་ལས་སྒྱོན་དང་། གསོག་ཉར། གཉེར་སྐྱོང་། དབོར་འདྲེན། ཕྱིར་འཚོང་བཅས་བྱེད་པའི་རིགས།

(3) 从事粮食、饲料、肉类的加工、贮存、运销经营的。

རྒྱལ་ཁབ་ཀྱིས་ཤང་གྲོང་ཁེ་ལས་ཀྱི་འཕེལ་རྒྱས་ལ་བསྐུལ་སྐྱོང་དང་འདེགས་སྐྱོར་བྱ་རྒྱུ། རྒྱལ་ཁབ་ཀྱི་འབྲེལ་ཡོད་དངུལ་རྩའི་ལས་ཁུངས་ཀྱིས་ཐོན་སྐྱེད་ཀྱི་མ་དངུལ་དཀོན་ཡང་འཕེལ་རྒྱས་འགྲོ་བའི་མདུན་ལམ་ཆེན་པོ་ཡོད་པའི་ཁེ་ལས་དག་ལ་གཟིགས་སྐྱོང་དངུལ་བུན་བཏང་ཆོག

国家鼓励和扶持乡镇企业发展。国家有关金融机构对生产资金困难且有发展前途的企业可以给予优惠贷款。

ལེའུ་བཞི་པ། གྲོང་གསེབ་ཀྱི་ཁོར་ཡུག་དང་ཐོན་ཁུངས་སྲུང་སྐྱོབ་བྱེད་པའི་བཅའ་ཁྲིམས་ལམ་ལུགས།

第四章　农村环境与资源保护法律制度

ས་བཅད་དང་པོ། གྲོང་གསེབ་ཀྱི་ཁོར་ཡུག་སྦགས་བཙོག་འགོག་བཅོས།

第一节　农村环境污染防治

རང་རྒྱལ་གྱི་ཁོར་ཡུག་སྲུང་སྐྱོབ་ཐད་ཀྱི་བཅའ་ཁྲིམས་ལ་གཙོ་བོ་རླུང་ཁམས་ཆེན་པོའི་ཁོར་ཡུག་བསྙད་སྐྱོན་བཅོས་སྐྱོང་བྱེད་པའི་བཅའ་ཁྲིམས་དང་། ཆུ་རྒྱུན་སྦག་བཙོག་འགོག་བཅོས་སྐོར་གྱི་བཅའ་ཁྲིམས། ཁོར་ཡུག་གི་གཅེར་སྒྲའི་གནོད་འཚེ་འགོག་བཅོས་སྐོར་གྱི་བཅའ་ཁྲིམས། སྲ་གཟུགས་བེད་མེད་དངོས་རྫའི་སྦགས་བཙོག་འགོག་སེལ་བྱེད་ཐབས་སྐོར་གྱི་བཅའ་ཁྲིམས། འཕྲོ་ནུས་ལྡན་པའི་སྦགས་བཙོག་འགོག་སེལ་བྱེད་ཐབས་སྐོར་གྱི་བཅའ་ཁྲིམས་སོགས་ཡོད།

我国环境保护方面的法律主要有:大气污染防治法、水污染防治法、环境噪声污染防治法、固体废弃物污染防治法、放射性污染防治法等。

དང་པོ། གྲོང་གསེབ་ཀྱི་རླུང་ཁམས་ཆེན་པོའི་སྦགས་བཙོག་འགོག་བཅོས།

一、农村大气污染防治

རང་རྒྱལ་གྱི་གྲོང་གསེབ་ཀྱི་རླུང་ཁམས་ཆེན་པོའི་སྦགས་བཙོག་ཡོང་ཁུངས་གཙོ་བོ་ནི་རྫ་

སོལ་འབར་བ་དང་། སོག་མ་བསྲེགས་པ། ཞིང་སྨན་དང་ཟས་ལུད་འབོར་ཆེན་སྤྱད་པ་དེ་ཡིན།

我国农村大气污染主要来源于燃煤、焚烧秸秆、农药化肥的大量使用。

(གཅིག) རྡོ་སོལ་དང་སོག་མ་མེར་བསྲེགས་པ་ལས་བཟོས་པའི་རླུང་ཁམས་ཆེན་པོའི་སྦགས་བཙོག་ལ་འགོག་བཅོས་བྱེད་པ།

（一）防治燃煤和焚烧秸秆造成的大气污染

༡. སོལ་དུད་འབར་བ་ལས་བཟོས་པའི་སྦགས་བཙོག་ལ་འགོག་བཅོས་བྱེད་པ།

1. 防治煤烟燃烧污染。

༢. སོག་མ་བསྲེགས་པ་ལས་བཟོས་པའི་སྦགས་བཙོག་ལ་འགོག་བཅོས་བྱེད་པ།

2. 防治秸秆焚烧污染。

(གཉིས) ཟས་ལུད་དང་ཞིང་སྨན་གྱིས་བཟོས་པའི་རླུང་ཁམས་ཆེན་པོའི་སྦགས་བཙོག་ལ་འགོག་བཅོས་བྱེད་པ།

（二）防治化肥和农药造成的大气污染

༡. ཟས་ལུད་ཀྱིས་བཟོས་པའི་རླུང་ཁམས་ཆེན་པོའི་སྦགས་བཙོག་ལ་འགོག་བཅོས་བྱེད་པ། གཙོ་བོ་ལུད་གཏོར་ཐབས་ལ་ལེགས་བཅོས་བྱེད་པ་དང་། ལུད་སྦྱོར་གྱི་ལག་རྩལ་ཁྱབ་སྤེལ་གཏོང་བ། སྐྱེ་ལྡན་ལུད་མང་དུ་རྒྱག་པ། མཚན་མེད་སྐྱེ་འཕེལ་བྱེད་ཐབས་སྤྱད་པ་སོགས་ཡིན།

1. 防治化肥造成的大气污染。主

要是改进施肥方法,推广配方施肥技术,增施有机肥,采取无性繁殖方法等。

༢. ཞིང་སྨན་གྱིས་བཟོས་པའི་རླུང་ཁམས་ཆེན་པོའི་སྦགས་བཙོག་ལ་འགོག་བཅོས་བྱེད་པ། ཞིང་སྨན་དོ་དམ་བྱེད་རྒྱུར་ཤུགས་སྣོན་རྒྱག་དགོས་པ་དང་། རིགས་གསར་པ་དང་ནུས་མཐོ། དུག་ཉུང་བའི་ཞིང་སྨན་སྣ་ཁ་གསར་སྤེལ་བྱེད་དགོས་པ། ཕྱོགས་བསྡུས་འགོག་བཅོས་ལག་རྩལ་ཁྱབ་གདལ་ཤུགས་ཆེན་གཏོང་དགོས།

2. 防治农药造成的大气污染。要加强对农药的管理，开发新型、高效、低毒的农药品种，大力推广综合防治技术。

གཉིས་པ། གྲོང་གསེབ་ཀྱི་ཆུའི་སྦགས་བཙོག་འགོག་སེལ།

二、农村水污染防治

རང་རྒྱལ་གྱི་གྲོང་གསེབ་ཀྱི་ཆུའི་སྦགས་བཙོག་ནི་གཙོ་བོ་ཉེ་བའི་ལོ་ཤས་རིང་ཚུལ་མིན་གྱིས་ཞིང་སྨན་འབོར་ཆེན་སྤྱོད་པ་དང་། ཞིགས་བསྡུས་ཞིབ་གཉེར་ཅན་གྱི་ཕྱུགས་དང་བྱ་རིགས་གསོ་སྐྱེལ་བྱེད་པ། ཤང་གྲོང་ཁེ་ལས་ཀྱིས་བཙོག་ཆུ་གཏོང་འབུད་བྱས་འཐུས་ཀྱི་ཚད་ལས་བརྒལ་བ་ལས་བྱུང་བ་ཡིན། དེར་ནུས་ལྡན་གྱིས་བཅོས་སྐྱོང་བྱེད་པའི་ཐབས་ལ་འདི་དག་ཡོད་དེ།

我国农村水污染主要是由近年来大量不当使用农药、集约化禽畜养殖和乡镇企业超标排放工业废水造成的。对其进行有效治理的措施有:

༡. ཞིང་སྨན་བེད་སྤྱོད་དང་། དབོར་འདྲེན། གསོག་ཉར་བཅས་བྱེད་པ་དང་། སྨན་དུས་ལས་ཡོལ་བའི་གོ་མི་ཆོད་པའི་ཞིང་སྨན་ཐག་གཅོད་བྱེད་པར། དོ་དམ་བྱེད་རྒྱུར་ཤུགས་སྣོན་རྒྱག་དགོས་ཏེ། ཆུའི་སྦགས་བཙོག་མི་ཡོང་བའི་སྔོན་འགོག་བྱེད་དགོས།

1. 使用、运输、存贮农药和处置过期失效农药，应当加强管理，防止造成水污染。

༢. སྒོ་ཕྱུགས་དང་ཁྱིམ་བྱ་གསོ་སྐྱེལ་ར་བ་དང་། གསོ་སྐྱེལ་བྱེད་གནས་ཆུང་གྲས་སུ་སྒོ་ཕྱུགས་དང་ཁྱིམ་བྱའི་བྲུན་ལུད་དང་། ཆུ་རྙོག་གི་ཕྱོགས་བསྡུས་བེད་སྤྱོད་དམ་ཡང་ན་ཉེན་མེད་ཅན་དུ་སྒྱུར་བའི་སྒྲིག་བཀོད་འཛུགས་དགོས།

2. 畜禽养殖场、养殖小区建设畜禽粪便、废水的综合利用或者无害化处理设施。

༣. ཞིང་ཁའི་ཆུ་ཡུར་དུ་བཟོ་ལས་ཀྱི་ཆུ་རྙོག་དང་གྲོང་ཁྱེར་དང་གྲོང་རྡལ་གྱི་བཙོག་ཆུ་གཏོང་འབུད་བྱེད་སྐབས། དེའི་སྨད་རྒྱུད་ཀྱི་ཐག་ཉེ་ཤོས་ཀྱི་ཞིང་ཆུ་ལེན་སའི་ཆུ་སྤུས་ནི་ཞིང་ཆུ་འདྲེན་པའི་ཆུའི་སྤུས་ཀའི་ཚད་གཞི་དང་མཐུན་པར་འགན་ལེན་བྱ་དགོས།

3. 向农田灌溉渠道排放工业废水和城镇污水，应当保证其下游最近的灌溉取水点的水质符合农田灌溉水质标准。

གསུམ་པ། གྲོང་གསེབ་ཀྱི་སྲ་གཟུགས་བེད་མེད་དངོས་རོའི་སྦགས་བཙོག་འགོག་སེལ།

三、农村固体废物污染防治

སྲ་གཟུགས་བེད་མེད་དངོས་རོ་ཞེས་པ་ནི་མིའི་རིགས་ཀྱིས་ཐོན་སྐྱེད་དང་འཚོ་བའི་ཁྲོད་དོར་བའི་སྲ་གཟུགས་དང་འདམ་དབྱིབས་ཀྱི་དངོས་པོར་བསྟན་པ་ཡིན། དེའི་ཁོངས་སུ་བཙོག་ཆུ་དང་རླངས་རོ་ལས་དབྱེ་འབྱེད་བྱས་པའི་སྲ་གཟུགས་རིལ་བུ་ཚུད་ཡོད། སྦགས་བཙོག་འདི་རིགས་ཀྱི་འགོག་བཅོས་བྱེད་ཐབས་ལ་གཙོ་བོ་འདི་དག་ཡོད་དེ།

固体废物，是指人类在生产和生活中丢弃的固体和泥状的物质，包括从废水、废气分离出来的固体颗粒。防治此种污染的主要措施有：

༡. གཤམ་གྱི་ས་ཁོངས་སུ་སྒོ་ཕྱུགས་དང་ཁྱིམ་བྱ་གསོ་སྐྱེལ་ར་བ་འཛུགས་མི་ཆོག་སྟེ། འཚོ་བའི་འཐུང་ཆུའི་ཆུ་འགོའི་སྲུང་སྐྱོང་ཁུལ། མཛེས་ལྗོངས་གྲགས་ཅན་གྱི་ས་ཁུལ། རང་བྱུང་སྲུང་སྐྱོབ་ཁུལ་གྱི་ལྟེ་བའི་ཁུལ་དང་དེ་བཞིན་ལྷོད་གཏོང་ཁུལ་སོགས།

1. 禁止在下列区域内建设畜禽养殖场：生活饮用水水源保护区、风景名胜区、自然保护区的核心区及缓冲区等。

༢. སྒོ་ཕྱུགས་དང་བྱིམ་བྱ་གསོ་སྐྱེལ་ར་བ་ཏུ་ངེས་པར་དུ་སྒོ་ཕྱུགས་དང་བྱིམ་བྱའི་སྙིགས་རོའི་གསོག་འཇོག་སྒྲིག་བཀོད་དང་གནས་ཡུལ་འཛུགས་དགོས་ཏེ། སྒོ་ཕྱུགས་དང་བྱིམ་བྱའི་སྙིགས་རོ་དང་དྲི་ངན་གྱིས་མཐའ་སྐོར་གྱི་ཁོར་ཡུག་ལ་སྦགས་བཙོག་དང་གནོད་སྐྱོན་བཟོ་རིགས་བཅས་ལ་སྔོན་འགོག་བྱེད་དགོས།

2. 畜禽养殖场必须设置畜禽废渣的储存设施和场所，防止畜禽废渣、恶臭气味等对周围环境造成污染和危害。

༣. ཐོན་སྐྱེད་སྡེ་ཚན་གྱིས་ཚུར་བསྡུས་བེད་སྤྱོད་བདེ་བ་དང་། ཐག་གཅོད་བྱེད་སླ་བའི་ཞིང་སྤྱོད་འཁྱིག་ཤོག་སྲབ་པོ་ཞིབ་འཇུག་དང་ཐོན་སྐྱེད་བྱེད་པར་བསྐུལ་མ་གཏོང་རྒྱུ། བེད་སྤྱོད་བྱེད་མཁན་གྱིས་དེ་ཚུར་བསྡུས་ནས་བེད་སྤྱོད་བྱེད་དགོས་ཏེ། ཁོར་ཡུག་ལ་སྦགས་བཙོག་བཟོ་པར་སྔོན་འགོག་བྱེད་དགོས།

3. 鼓励生产单位研究生产易回收利用、易处置的农用薄膜。使用者应当将其回收利用，防止其对环境造成污染。

དཔེར་བརྗོད་ཁྲིམས་བཤད།༠༦

以案说法 06

རང་དགར་རྩིས་འགོད་བསྒྱུར་བཅོས་བྱས་ཏེ་ཆུ་ལ་སྦགས་བཙོག་བཟོས་རིགས་ཀྱིས་འགན་འཁྲི་འཁུར་དགོས།

擅自更改设计造成水体污染需承担责任

【གྱོད་དོན་གྱི་གནས་ཚུལ་ངོ་སྤྲོད།】རྫས་འགྱུར་བཟོ་གྲྭ་ཀ་པའི་ཤར་ཕྱོགས་ནི་མཚོ་འགྲམ་ལ་ཐུག་ཡོད་པ་དང་། བཟོ་གྲྭའི་ཕྱི་རོལ་ནི་ཡུལ་སྐོར་ཆུ་བོ་ཡིན། ཉེ་འདབས་སུ་ཆུ་ཐོན་གསོ་སྐྱེལ་ར་བ་ཁ་པ་ཡོད། བཟོ་གྲྭ་ཀ་པས་བཟོ་གྲྭ་འཛུགས་པའི་སྐབས་སུ་རྩིས་འགོད་དང་འཆར་འགོད་ཀྱི་ནང་བྱ་ལྟར་ན་བཙོག་འབྱུང་མདོ་ཁ་གཅིག་མ་གཏོགས་རྒྱ་མཚོ་ཤར་མར་བཙོག་འབྱུང་བྱས་མི་ཆོག འོན་ཀྱང་བཟོ་གྲྭ་ཀ་པས་ཨར་ལས་བྱེད་སྐབས་བཙོག་འབྱུང་

མདོ་ཁ་གསུམ་བཀོད་སྒྲིག་བྱས་ནས། གཅིག་རྒྱ་མཚོ་ཤར་མར་གཏོང་པ་དང་། གཉིས་ནི་ཡུལ་སྐོར་ཆུ་བོར་གཏོང་པ་ཡིན།

གསོ་སྐྱེལ་ར་བ་ཁ་པའི་ཉ་རྫིང་མུའུ་200ཡི་ཉ་གསོ་སྤྱོད་ཆུ་ནི་ཆར་ཆུ་ཕུད། གཞན་ཚང་མ་ཡུལ་སྐོར་ཆུ་བོ་ལས་དྲངས་པ་ཡིན། ཟླ་གསུམ་པའི་ཟླ་འགོར། ཁ་པས་ཉིན་འགའི་ནང་དུ་ཉ་སོན་འབོར་ཆེན་ཤི་བ་མཐོང་བ་དང་གྱོང་གུན་བསྡོམས་པས་འབུམ་གཅིག་ལ་སླེབས་ཡོད་པས། ཁ་པས་མྱུར་དུ་ཁོར་ཡུག་སྲུང་སྐྱོང་སྡེ་ཁག་ལ་སྙན་སེང་ཞུས་ཤིང་། བརྟག་དཔྱད་བྱས་པ་བརྒྱུད། ཡུལ་སྐོར་ཆུ་བོ་དང་ཉ་རྫིང་ནང་གི་ཟེ་ཇང་ཕུན་གྱི་འདུས་ཚད་ནི་ཉ་ལས་ཚད་གཞིའི་ལྡབ་5ནས་7བར་ལས་བརྒལ་ཡོད།

ཁོར་ཡུག་སྲུང་སྐྱོང་སྡེ་ཁག་གིས་བཟོ་གྲྭ་ཀ་པར་སྒོར་5 000ཡི་དངུལ་ཆད་བཅད་པ་མ་ཟད། ད་དུང་བཟོ་གྲྭ་ཀ་པས་ཁ་པ་ཡི་གྱོང་གུན་ཚང་མར་སྐྱིན་ཚབ་སྤྲོད་དགོས་པའི་ཐག་བཅད།

【案情介绍】甲化工厂东临海滩，厂外是环乡河，附近有水产养殖场乙。甲厂建厂时按设计规划的要求只允许有一个排污口，往东海排污。甲厂在施工时却设置了三个排污口，一个排向东海，两个排向环乡河。

养殖场乙的200亩鱼塘的养鱼用水除雨水外，全部从环乡河中抽取。3月初，乙几天内发现鱼苗大量死亡，损失计10万元。乙立即向环保部门报告。经测定，环乡河及鱼塘中，硝基苯含量超过渔业标准5倍至7倍。

环保部门作出决定，对甲厂罚款5 000元，并要求甲厂赔偿乙的全部损失。

【གྱོད་དོན་དཔེ་མཚོན་དབྱེ་ཞིབ།】བཅའ་ཁྲིམས་ཀྱིས་ཉ་ལས་དང་ཆུ་གཟུགས་སོགས་ཆུ་སྤྱོད་སྲུང་སྐྱོང་ཁྱུལ་གལ་ཆེན་དུ་བཙུག་འབྱུད་མདོ་ཁ་གསར་འཛུགས་བྱས་མི་ཆོག་པ་གཏན་འབེབས་བྱས་ཡོད།

གྱོད་དོན་འདིའི་ནང་དུ། བཟོ་གྲྭ་ཀ་པས་རང་དགར་ཇུས་འགོད་ལ་བསྒྱུར་བཅོས་བྱས་

ཉེ་བཙོག་ཆུ་ཐད་ཀར་དུ་ནང་ཁུལ་ཆུ་བོའི་ནང་དུ་བཏང་ནས། དུག་ལྡན་དང་གནོད་ལྡན་དངོས་རྫས་ཀྱིས་ཆུ་གཟུགས་ལ་བཙོག་སྐྱོན་བཟོས་པ་རེད། བཟོ་གྲྭ་ཀ་པའི་གོང་གི་བྱ་སྤྱོད་ནི་བཅའ་ཁྲིམས་ཀྱི་གཏན་འབེབས་དང་རྩ་བ་ནས་འགལ་བས། བབ་མཐུན་གྱི་སྲིད་འཛིན་འགན་འཁྲི་དང་སྐྱིན་ཚབ་འཇལ་འགན་འཁུར་དགོས།

【案例评析】法律规定,渔业水体等重要用水保护区不得新建排污口。

在本案中,甲厂擅自改变设计,将废水直接排入内河,造成有毒有害物质污染水体。甲厂的上述行为已严重违反了法律的规定,因此应承担相应的行政责任及赔偿责任。

ས་བཅད་གཉིས་པ། གྲོང་གསེབ་ཀྱི་རང་བྱུང་ཐོན་ཁུངས་སྲུང་སྐྱོབ་བྱེད་པའི་བཅའ་ཁྲིམས་ལམ་ལུགས།

第二节　农村自然资源保护法律制度

རང་བྱུང་ཐོན་ཁུངས་སྲུང་སྐྱོབ་བྱེད་པའི་བཅའ་ཁྲིམས་ལམ་ལུགས་ནི་མི་རྣམས་ཀྱིས་རང་བྱུང་ཐོན་ཁུངས་གསར་སྤེལ་དང་། བེད་སྤྱོད། སྲུང་སྐྱོབ། དོ་དམ་བཅས་བྱེད་པའི་བརྒྱུད་རིམ་ཁྲོད་བྱུང་བའི་སྤྱི་ཚོགས་འབྲེལ་བ་སྣ་ཚོགས་ལ་ལེགས་སྒྲིག་བྱེད་པའི་བཅའ་ཁྲིམས་ལམ་ལུགས་ཀྱི་སྤྱི་མིང་ཡིན།

自然资源保护法律制度是调整人们在自然资源开发、利用、保护和管理过程中所产生的各种社会关系的法律制度的总称。

དང་པོ། གྲོང་གསེབ་ཀྱི་ས་ཞིང་ཐོན་ཁུངས་སྲུང་སྐྱོབ་བྱེད་པའི་བཅའ་ཁྲིམས་ལམ་ལུགས།

一、农村土地资源保护法律制度

（གཅིག） ས་ཆའི་སྤྱོད་སྒོའི་དོ་དམ་ལམ་ལུགས།

（一）土地用途管理制度

ས་ཆའི་སྤྱོད་སྒོའི་དོ་དམ་ལམ་ལུགས་ནི་རྒྱལ་ཁབ་ཀྱིས་ས་ཆ་བེད་སྤྱོད་ཀྱི་སྤྱིའི་འཆར་འགོད་བཟོ་པ་དང་། ས་ཆའི་སྤྱོད་སྒོ་གཏན་འབེབས་བྱས་ནས། ས་ཆ་ནི་ཞིང་སྤྱོད་ས་ཆ་དང་། འཛུགས་

སྐྱུན་ལ་མགོ་བའི་ས་ཆ། བེད་སྤྱོད་མ་བྱུང་བའི་ས་ཆ་བཅས་སུ་དབྱེ་ཞིང་། ཞིང་སྤྱོད་ས་ཆ་འཛུགས་སྐྲུན་ལ་མགོ་བའི་ས་ཆར་བསྒྱུར་པར་ཚོད་འཛིན་ནན་པོ་བྱས་ཏེ། འཛུགས་སྐྲུན་ལ་མགོ་བའི་ས་ཆའི་བསྡོམས་གྲངས་ཚོད་འཛིན་དང་། སོ་ཞིང་ལ་དམིགས་གསལ་གྱི་སྲུང་སྐྱོབ་བྱེད་པའི་ལམ་ལུགས་ཤིག་ཡིན།

土地用途管理制度是国家编制土地利用总体规划，规定土地用途，将土地分为农用地、建设用地和未利用地，严格限制农用地转为建设用地，控制建设用地总量，对耕地实行特殊保护的制度。

（གཉིས） སོ་ཞིང་སྲུང་སྐྱོང་གི་ཐབས་ཇུས་གཙོ་བོ།

（二）耕地保护的主要措施

༡. བཟུང་སྤྱོད་བྱས་པའི་སོ་ཞིང་ལ་སྐྱིན་ཚབ་འཇལ་བའི་ལམ་ལུགས། "གང་ཙམ་བཟུང་སྤྱོད་བྱས་པ་དེ་ཙམ་གསར་སྦྱོལ་བྱ་རྒྱུའི"་རྩ་དོན་ལྟར། སོ་ཞིང་བཟུང་སྤྱོད་བྱེད་པའི་སྡེ་ཚན་གྱིས་བཟུང་སྤྱོད་བྱས་པའི་སོ་ཞིང་གི་གཞི་ཁྱོན་དང་སྤུས་ཀ་དང་མཚུངས་པའི་སོ་ཞིང་ལ་གསར་སྦྱོལ་བྱེད་འགན་འཁུར་རྒྱུ།

1. 占用耕地补偿制度。按照“占多少，垦多少”的原则，由占用耕地的单位负责开垦与所占用耕地的数量和质量相当的耕地。

༢. སོ་ཞིང་གི་བསྡོམས་གྲངས་ཉུང་དུ་མི་འགྲོ་བའི་བྱེད་ཐབས་ལག་བསྟར་བྱ་དགོས།

2. 实行耕地总量不减少措施。

༣. གཞི་རྩའི་ས་ཞིང་སྲུང་སྐྱོང་ལམ་ལུགས།

3. 基本农田保护制度。

༤. ས་ཆ་གྲོན་ཆུང་བྱེད་པ་དང་། སྔོ་ཞིང་བེད་མེད་དུ་བཞག་པ་དང་རེངས་པོར་ལུས་སུ་བཅུག་མི་ཆོག

4. 节约使用土地，禁止闲置、荒芜耕地。

༥. གསར་སྤེལ་བེད་སྤྱོད་བྱས་མེད་པའི་ས་ཆ་ལུགས་མཐུན་ངང་གསར་སྤེལ་བྱེད་པར་བསྔགས་སྐུལ་བྱ་རྒྱུ།

5. 鼓励合理开发未开发利用的土地。

༦. ས་ཆ་ལེགས་སྒྲིག་བྱེད་པར་སྐུལ་འདེད་བཏང་ནས། ས་ཆར་གཏོར་སྐྱོན་དང་སྦགས་བཙོག་ཐེབས་པར་སྔོན་འགོག་དང་། སྔོ་ཞིང་གི་སྤུས་ཚད་མཐོ་རུ་གཏོང་དགོས།

6. 鼓励土地整理,防止土地破坏和污染,提高耕地质量。

གཉིས་པ། ཆུའི་ཐོན་ཁུངས་སྲུང་སྐྱོང་དང་ས་ཆུ་སྲུང་འཛིན་གྱི་བཅའ་ཁྲིམས་ལམ་ལུགས།

二、水资源保护和水土保持法律制度

རང་རྒྱལ་གྱི་སྐམ་སའི་ཆུའི་ཐོན་ཁུངས་ཀྱི་སྤྱི་འབོར་ཕུན་སུམ་ཚོགས་པ་ཡིན་མོད། འོན་ཀྱང་མི་རེའི་ཆ་སྙོམས་ཀྱི་གྲངས་ཚད་ཉུང་པ་མ་ཟད། དུས་དང་བར་སྟོང་གི་ཁྱབ་ཚུལ་ཐོག་ཏུ་ཅང་སྙོམས་པོ་མིན་པས། ཆུའི་ཐོན་ཁུངས་ལྟོས་བཅས་ཀྱིས་དཀོན་ཞིང་། ཞོད་ཐན་གྱི་གནོད་སྐྱོན་མང་བའི་རྒྱལ་ཁབ་ཅིག་ཡིན།

我国陆地水资源总量丰富,但人均量少,且在时空分布上极不均匀,是水资源相对短缺和水、旱灾害频繁的国家。

(གཅིག) ཆུའི་ཐོན་ཁུངས་སྲུང་སྐྱོང་དང་དོ་དམ་བྱེད་ཐབས།

（一）水资源保护管理措施

༡. བཅུད་ཆུའི་ཆུ་འགོའི་སྲུང་སྐྱོབ་ཁུལ་འཛུགས་པ། བཅུད་ཆུའི་ཆུ་འགོའི་སྲུང་སྐྱོབ་ཁུལ་དུ་བཙོག་འབུད་མདོ་ཁ་འཛུགས་རིགས་

གཏན་འགོག་བྱ་དགོས།

1. 建立饮用水水源保护区。禁止在饮用水水源保护区内设置排污口。

༢. ཆུ་ལེན་ཆོག་འཐུས་བྱེད་ཐབས། ཆུ་ལེན་ཆོག་འཐུས་ལག་ཁྱེར་གྱི་ལམ་ལུགས་ནི་ས་འོག་གམ་ཡང་ན་གཙང་པོ་དང་མཚོ་ནས་ཐད་ཀར་ཆུ་བླངས་པའི་སྤྱོད་མཁན་ཁོ་ནར་སྤྱད་པ་ཡིན།

2. 取水许可措施。取水许可证制度只限于直接从地下或江河湖泊取水的用户。

༣. ཆུའི་ཐོན་ཁུངས་ཀྱི་གྲོན་དངུལ་བསྡུ་བ། དེའི་ནང་དུ་ཁྱིམ་ཚང་གི་འཚོ་བ་དང་། ཐོར་གསོ་དང་སྡོམ་གསོ་བྱས་པའི་སྒོ་ཕྱུགས་དང་བྱ་རིགས་ཀྱི་འཐུང་ཆུ་ཉུང་ཙམ་ལེན་པ་ཚུད་མེད།

3. 征收水资源费。不包括家庭生活和零星散养、圈养禽畜饮用少量取水。

༤. ཆུ་སྤྱོད་པར་རིན་བསྡུ་བ་བཅས་སོ།།

4. 用水收费。

（གཉིས） ས་ཆུ་སྲུང་འཛིན་གྱི་བཅའ་ཁྲིམས་ལམ་ལུགས།

（二）水土保持法律制度

༡. ས་ཆུ་སྲུང་འཛིན་གྱི་འཆར་འགོད་ལམ་ལུགས།

1. 水土保持规划制度。

༢. གཙོ་གནད་དུ་བཟུང་བའི་ས་ཆུ་ཤོར་སྐྱོན་འགོག་བཅོས་ས་ཁུལ་དབྱེ་མཚམས་བཅད་པའི་ལམ་ལུགས།

2. 划定水土流失重点防治区制度。

༣. ས་ཆུ་ཤོར་ཚུལ་ལ་ལྟ་ཞིབ་ཚད་ལེན་དང་ཡོངས་བསྒྲགས་བྱེད་པའི་ལམ་ལུགས།

3. 水土流失监测和公告制度。

༤. ས་ཆུ་ཤོར་བ་བཅོས་སྐྱོང་བྱེད་པའི་སྲིད་འཛིན་ལག་བསྟར་ཚབ་མའི་ལམ་ལུགས།

4. 水土流失治理的行政代执行制度。

（གསུམ） ས་ཆུ་སྲུང་འཛིན་བྱ་ཐབས་ཀྱི་འབྲེལ་ཡོད་གཏན་འབེབས།

（三）水土保持措施的相关规定

༡. གཏན་འགོག་རང་བཞིན་གྱི་བྱ་ཐབས། ནགས་གཏོར་ས་སློག་དང་རི་བསྲེགས་ས་སློག རི་གཟར་པོ་དང་ཐན་སྐྱོན་ཕྱུང་བའི་ས་ཁུལ་དུ་ལ་མ་རྐོ་བ་དང་སྡོང་རྩ་འབལ་རིགས་སོགས་གཏན་འགོག་བྱེད་དགོས་པ་དང་། གཟར་ཚད་ལ་25ཡན་ཡིན་པའི་རི་ཞིང་དུ་གསལ་སློལ་བྱས་ནས་ལོ་ཏོག་འདེབས་པར་གཏན་འགོག་བྱེད་དགོས། གས་རྡིབ་དང་རི་ཉིལ་བའི་ཉེན་ཁ་ཡོད་ཁུལ་དང་། འདམ་རྡོའི་ཆུ་རུད་འབྱུང་སླ་བའི་ས་ཁུལ་བཅས་ནས་ས་དང་བྱེ་མ་རྐོ་བ་དང་། རྡོ་འདོན་པ་སོགས་ས་ཆུ་ཤོར་རྐྱེན་བཟོ་སྲིད་པའི་བྱེད་སྒོ་སྤྱོལ་རིགས་གཏན་འགོག་བྱེད་དགོས། ཐང་སྟོད་རྩྭ་ཐང་དང་། ཐང་སྟོད་ཕྱེད་ཙམ་གྱི་རྩྭ་ཐང་། བྱེ་འགྱུར་ས་ཁུལ་དུ་སྡོང་ཕྲན་དང་སྨན་རྫས། དེ་བཞིན་བྱེ་འཛགས་རྩི་ཤིང་གཞན་དག་བཅད་རིགས་གཏན་འགོག་བྱེད་དགོས། རྩྭ་ཐང་སློལ་བ་དང་རྩྭ་ཐང་གི་སྲུང་ཤུན་ལ་གཏོར་བརླག་བཏང་རིགས་གཏན་འགོག་བྱེད་དགོས་པ་བཅས་སོ།།

1. 禁止性措施。禁止毁林开荒、烧山开荒和在陡坡、干旱地区铲草皮、挖树根；禁止在 25° 以上陡坡地开垦种植农作物。禁止在崩塌、滑坡危险区和泥石流易发区从事取土、挖砂、采石等可能造成水土流失的活动。禁止在荒漠草原、半荒漠草原和沙化地区砍挖灌木、药材及其他固沙植物，禁止开垦草原和破坏草原植被。

༢. གསར་སྤེལ་དང་འཛུགས་སྐྲུན་བྱེད་སྒོའི་དོ་དམ་བྱེད་ཐབས། གཙོད་འབྲིག་ལ་ཚོད་འཛིན་ནན་པོ་བྱེད་དགོས་པ་མ་ཟད། ཤིང་བཅད་རྗེས་དུས་ཐོག་ཏུ་ནགས་ཚལ་གསར་སྐྲུན་བྱེད་དགོས།

2. 开发建设活动的管理措施。严格控制采伐,并在采伐后及时更新造林。

གསུམ་པ། ནགས་ཚལ་ཐོན་ཁུངས་སྲུང་སྐྱོབ་བྱེད་པའི་བཅའ་ཁྲིམས་ལམ་ལུགས།

三、森林资源保护法律制度

རང་རྒྱལ་གྱི་ནགས་ཚལ་ཐོན་ཁུངས་ནང་ནགས་ས་དང་དེ་བཞིན་ནགས་ཁུལ་ནང་གི་རི་སྐྱེས་རྩི་ཤིང་དང་སྲོག་ཆགས་ཚུད་ཡོད།

我国森林资源包括林地以及林区内野生的植物和动物。

(གཅིག) ནགས་དབང་སྐོར་གྱི་གཏན་འབེབས།

(一)关于林权的规定

ནགས་དབང་ལ་ནགས་ཚལ་བདག་དབང་ཡང་ཟེར། རང་རྒྱལ་གྱི་ནགས་ཚལ་སྐོར་གྱི་བཅའ་ཁྲིམས་ཀྱིས་ནགས་དབང་དེ་རྒྱལ་ཁབ་ཀྱི་ནགས་ཚལ་བདག་དབང་དང་། ཐུན་མོང་གི་ནགས་ཚལ་བདག་དབང་། ལས་ཁུངས་དང་ཚོགས་པའི་ནགས་ཚལ་བདག་དབང་། སྤྱི་དམངས་སྒེར་གྱི་ནགས་ཚལ་བདག་དབང་བཅས་སུ་ཕྱེ་ཡོད། བཅའ་ཁྲིམས་ཀྱིས་གཏན་འབེབས་བྱས་པའི་ཐུན་མོང་ལ་དབང་བ་ཕུད། ནགས་ཚལ་ཐོན་ཁུངས་ནི་སྤྱི་དམངས་ཡོངས་ལ་དབང་བ་ཡིན།

林权,又称森林所有权。我国森林法把林权分为国家林权、集体林权、机关团体林权和公民个人林权。除法律规定属于集体所有的以外,森林资源属于全民所有。

(གཉིས) ནགས་ཚལ་སྲུང་སྐྱོབ་ལམ་ལུགས།

(二)森林保护制度

༡. ནགས་ལས་ཀྱི་ཐེབས་རྩའི་ལམ་ལུགས་འཛུགས་པ།

1. 建立林业基金制度。

༢. རི་རྒྱ་བསྡམས་ནས་ནགས་ཚལ་སྐྱོང་བའི་ལམ་ལུགས་འཛུགས་པ།

2. 建立封山育林制度。

༣. མང་ཚོགས་ཀྱིས་ཤིང་ནགས་སྲུང་བའི་ལམ་ལུགས་འཛུགས་པ།

3. 建立群众护林制度。

༤. ནགས་ཚལ་མེ་ཐོན་གྱི་ལམ་ལུགས་འཛུགས་པ།

4. 建立森林防火制度。

༥. ནགས་ཚལ་གྱི་ནད་སྐྱོན་འབུ་སྐྱོན་འགོག་བཅོས་བྱེད་པའི་ལམ་ལུགས་འཛུགས་པ།

5. 建立森林病虫害防治制度。

༦. ཞིང་བསྒྱུར་ནགས་གསོའི་ལམ་ལུགས་ལག་བསྟར་བྱེད་པ།

6. 实行退耕还林制度。

བཞི་པ། རྩྭ་ཐང་གི་ཐོན་ཁུངས་སྲུང་སྐྱོབ་བྱེད་པའི་བཅའ་ཁྲིམས་ལམ་ལུགས།

四、草原资源保护法律制度

རྩྭ་ཐང་གི་ཐོན་ཁུངས་ནི་གསར་སྒྱུར་བྱས་ཆོག་པའི་ཐོན་ཁུངས་རིགས་ཤིག་ཡིན་ལ། ཕྱུགས་ལས་འཕེལ་རྒྱས་ཀྱི་རྨང་གཞི་ཡིན། གལ་ཏེ་ལུགས་མཐུན་གྱི་སྒོ་ནས་བེད་སྤྱོད་བྱས་ན། མིའི་རིགས་ཀྱིས་རྒྱུན་མཐུད་དང་བེད་སྤྱོད་བྱེད་པར་འདོན་སྤྲོད་བྱས་ཆོག

草原资源是一种可更新资源,是发展畜牧业的基础。只要合理利用,就可以供人类永续利用。

（གཅིག） རྩྭ་ཐང་གི་དབང་བཏོངས་ཐད་ཀྱི་འབྲེལ་ཡོད་གཏན་འབེབས།

（一）草原权属相关规定

རང་རྒྱལ་གྱི་རྩྭ་ཐང་སྐོར་གྱི་བཅའ་ཁྲིམས་ཀྱིས་བདག་དབང་ཁག་གཉིས་གཏན་འབེབས་བྱས་ཡོད་དེ། རྒྱལ་ཁབ་ལ་དབང་བ་དང་ཐུན་མོང་ལ་དབང་བ་གཉིས་ཡིན། ཐུན་མོང་ལ་དབང་བའི་རྩྭ་ཐང་ནི་ཐུན་མོང་དཔལ་འབྱོར་རྩ་འཛུགས་དེའི་ནང་གི་ཁྱིམ་ཚང་ངམ་ཡང་ན་ཁྱིམ་དུད་མཉམ་འབྲེལ་གྱིས་འགན་གཙང་བླངས་ཆོག

我国草原法规定了两种所有权,即国家所有和集体所有。集体所有的草原可以由集体经济组织内的家庭或者联户承包。

（གཉིས） རྩྭ་ཐང་གི་ཐོན་ཁུངས་སྲུང་སྐྱོབ་ལམ་ལུགས།

（二）草原资源保护制度

༡. རྩྭ་ཐང་གི་ཡོངས་བཤེར་དང་རྩྭ་ཐང་གི་འཕེལ་རྒྱས་འཆར་འགོད་ཀྱི་ལམ་ལུགས། རྩྭ་ཐང་སྲུང་སྐྱོབ་དང་། འཛུགས་སྐྲུན། ལུགས་མཐུན་གྱིས་བེད་སྤྱོད་བྱ་རྒྱུར་ཤུགས་སྣོན་བརྒྱབ་སྟེ། རྩྭ་ཐང་གི་ཕྱུགས་རིགས་འཚོ་ནུས་མཐོར་འདེགས་གཏོང་དགོས།

1. 草原普查与草原发展规划制度。加强对草原的保护、建设和合理利用,提高草原的载畜能力。

༢. རྩྭ་ཐང་གི་ཁོར་ཡུག་སྲུང་སྐྱོབ་དང་ལེགས་བཅོས་བྱེད་པའི་ལམ་ལུགས། རྒྱལ་ཁབ་ཀྱིས་རྩྭ་ཐང་གི་སྐྱེ་ཁམས་ཁོར་ཡུག་ལ་སྲུང་སྐྱོབ་བྱས་ཏེ་བཙོག་འགྱུར་འགོག་སེལ་བྱ་རྒྱུ།

2. 保护和改善草原环境制度。国家保护草原的生态环境,防治污染。

༣. རྩྭ་ཐང་གཏོར་བཤིག་ལ་སྔོན་འགོག་བྱེད་པའི་ལམ་ལུགས། རྩྭ་ཐང་གི་སྔོ་ཁེབས་ལ་སྲུང་སྐྱོབ་ནན་པོ་བྱེད་པ་དང་། གསར་སྤོལ་དང་གཏོར་སྐྱོན་བཏང་རིགས་གཏན་འགོག་བྱ་རྒྱུ།

3. 防止草原破坏制度。严格保护草原植被，禁止开垦和破坏。

༤. ལུགས་མཐུན་སྒོས་རྩྭ་ཐང་སྤྱད་དེ་སྒོ་ཕྱུགས་འཚོ་བའི་ལམ་ལུགས། ལུགས་མཐུན་སྒོས་རྩྭ་ཐང་བེད་སྤྱོད་བྱས་ཏེ། ཚད་བརྒལ་གྱིས་སྒོ་ཕྱུགས་འཚོ་བར་སྔོན་འགོག་བྱེད་དགོས།

4. 合理使用草原放牧制度。合理使用草原，防止过量放牧。

༥. རྩྭ་ཐང་གི་གནོད་འཚེ་སྔོན་འགོག་བྱེད་པའི་ལམ་ལུགས། རྩྭ་ཐང་གི་ཨ་བྲ་དང་འབུའི་གནོད་འཚེ་ལ་འགོག་བཅོས་བྱེད་པ་དང་། ཨ་བྲ་དང་འབུ་འཛིན་པའི་ཕན་ལྡན་འདབ་ཆགས་དང་རི་དྭགས་ལ་སྲུང་སྐྱོབ་བྱེད་དགོས།

5. 防止草原灾害制度。防治草原鼠虫害,保护捕食鼠虫的益鸟益兽。

ལྔ་པ། ཉ་ལས་ཐོན་ཁུངས་སྲུང་སྐྱོབ་བྱེད་པའི་བཅའ་ཁྲིམས་ལམ་ལུགས།

五、渔业资源保护法律制度

རང་རྒྱལ་གྱིས་ཉ་ལས་ཐོན་ཁུངས་སྐྱེ་འཕེལ་སྲུང་སྐྱོབ་རིན་དོད་བསྡུས་རིགས་ལམ་ལུགས་ལག་བསྟར་བྱས་པ་ཡིན་ལ། ཉ་ལས་ཆུ་ཁོངས་ལ་གཅིག་གྱུར་གྱིས་འཆར་འགོད་བྱེད་པ་དང་། ཁེ་རག་པའི་སྡེ་ཚན་དང་མི་སྒེར་ལ་ཉ་ལས་ཐོན་ཁུངས་སྐྱེ་འཕེལ་སྲུང་སྐྱོབ་རིན་དོད་བསྡུས་ཏེ། ཉ་ལས་ཐོན་ཁུངས་སྐྱེ་འཕེལ་དང་སྲུང་སྐྱོབ་བྱེད་པར་ཆེད་དུ་སྤྱོད་པ་ཡིན། དུས་མཚུངས་སུ་ཉ་ལས་ཐོན་ཁུངས་ལ་གནོད་བཤིག་ཚབས་ཆེན་གཏོང་བའི་འཛིན་འདོན་བྱེད་ཐབས་དང་ཉ་འཛིན་ཡོ་བྱད་བེད་སྤྱོད་ཁ་ཤས་ལ་གཏན་འགོག་བྱས་པ་ཡིན་ཏེ། དེའི་ནང་དུ་འབར་མདེལ་གྱིས་འཛིན་པ་དང་དུག་གིས་འཛིན་པ། གློག་གིས་འཛིན་རིགས་བཅས་ལ་གཏན་འགོག་བྱེད་པ་དང་། དཔལ་འབྱོར་རིན་ཐང་གལ་ཆེན་ལྡན་པའི་ཆུ་སྐྱེས་སྲོག་ཆགས་ཀྱི་གསོན་རིགས་འཛིན་རྒྱུར་གཏན་འགོག་བྱེད་པ་སོགས་ཚུད་ཡོད།

我国实行渔业资源增殖保护费制度，对渔业水域统一规划，向受益的单位和个人征收渔业资源增殖保护费，专门用于增殖和保护渔业资源。同时禁止某些严重破坏渔业资源的捕捞方法和渔具的使用，包括禁止炸鱼、毒鱼、电鱼; 禁止捕捞有重要经济价值的水生动物苗种等。

དྲུག་པ། གཏེར་ཁའི་ཐོན་ཁུངས་སྲུང་སྐྱོང་བྱེད་ཐུགས་སྙོར་གྱི་བཅའ་ཁྲིམས།

六、矿产资源保护法

གཏེར་ཁའི་ཐོན་ཁུངས་ཞེས་པ་ནི་ཆ་རྐྱེན་ངེས་ཅན་ཞིག་གི་འོག་མིའི་རིགས་ཀྱིས་ཐོན་

སྐྱིད་དང་འཚོ་བར་སྤྱོད་ཆོག་པའི་གཏེར་ཁ་འབེལ་བའི་དངོས་པོ་སྣ་ཚོགས་ལ་ཟེར་བ་ཡིན། སྤྱིར་བཏང་དུ་འབར་རྫས་གཏེར་ཁ་དང་། ལྕགས་རིགས་གཏེར་ཁ། ལྕགས་རིགས་མིན་པའི་གཏེར་ཁ། ས་འོག་ཚ་ནུས་སོགས་སུ་དབྱེ་ཆོག

矿产资源是指在一定条件下可以被人类用于生产和生活的各种矿物质富集物，一般可分为燃料矿产、金属矿产、非金属矿产和地下热能等。

(གཅིག) གཏེར་ཁའི་ཐོན་ཁུངས་བདག་གོང་ཀྱི་འབྲེལ་ཡོད་གཏན་འབེབས།

（一）矿产资源权属的相关规定

༡. བདག་དབང་། རང་རྒྱལ་གྱི་གཏེར་ཁའི་ཐོན་ཁུངས་ལ་ཁེར་རྐྱང་གི་བདག་དབང་ལམ་ལུགས་ལག་བསྟར་བྱས་པ་ཡིན་ཏེ། གཏེར་ཁའི་ཐོན་ཁུངས་རྒྱལ་ཁབ་ལ་དབང་བ་དེ་ཡིན།

1. 所有权。我国的矿产资源实行单一的所有权制度，即矿产资源属于国家所有。

༢. གཏེར་ཁ་རྟོག་འཚོལ་གྱི་དབང་ཆ། གཏེར་ཁའི་ཐོན་ཁུངས་ཀྱི་གཏེར་ཁ་རྟོག་འཚོལ་གྱི་དབང་ཆ་ཞེས་པ་ནི་ཁྲིམས་ལྟར་ཐོབ་པའི་གཏེར་ཁ་རྟད་ཞིབ་ཆོག་འཐུས་ལག་ཁྱེར་གྱིས་གཏན་འཁེལ་བྱས་པའི་ཁྱབ་ཁོངས་ནང་གཏེར་ཁའི་ཐོན་ཁུངས་རྟད་ཞིབ་བྱེད་པའི་དབང་ཆ་ལ་ཟེར།

2. 探矿权。矿产资源探矿权是指在依法取得的勘查许可证规定的范围内勘查矿产资源的权利。

༣. གཏེར་འདོན་བྱེད་དབང་། གཏེར་འདོན་བྱེད་དབང་ཞེས་པ་ནི་ཁྲིམས་ལྟར་ཐོབ་པའི་གཏེར་འདོན་བྱས་འཐུས་ཀྱི་འཁྲོལ་འཛིན་གྱིས་གཏན་འབེབས་བྱས་པའི་ཁྱབ་ཁོངས་ནང་ཐོན་ཁུངས་རྟོག་འདོན་དང་། རྟོག་འདོན་བྱས་པའི་གཏེར་ཁའི་ཐོན་རྫས་ཐོབ་པའི་དབང་ཆ་ལ་ཟེར།

3. 采矿权。采矿权是指在依法取得的采矿许可证规定的范围内开采资源和获得所开采的矿产品的权利。

（གཉིས） གཏེར་ཁའི་ཐོན་ཁུངས་ཀྱི་སྲུང་སྐྱོབ་ལམ་ལུགས།

（二）矿产资源的保护制度

༡. གཏེར་ཁའི་ཐོན་ཁུངས་རྟད་ཞིབ་དང་ཐོ་འགོད་བྱེད་པའི་ལམ་ལུགས།

1. 矿产资源勘查登记制度。

༢. གཏེར་འདོན་ཆོག་འཐུས་ཀྱི་འཁྲོལ་འཛིན་ལམ་ལུགས།

2. 采矿许可证制度。

༣. གཏེར་ཁའི་ཐོན་ཁུངས་བསྡུས་ནས་སྐྱིན་ཚབ་འཇལ་བའི་ལམ་ལུགས།

3. 征收矿产资源补偿费制度。

དཔེར་བརྗེད་ཁྲིམས་བཤད། ༠༧

以案说法 07

གཏེར་ཁའི་ཐོན་ཁུངས་ནི་རྒྱལ་ཁབ་ལ་དབང་བས་གྲོང་མི་ཨུ་ཡོན་ལྷན་ཁང་ལ་འགན་གཙང་སྤྲད་པ་དང་ཐག་གཅོད་བྱེད་པའི་དབང་ཆ་མེད།

矿产资源属于国家所有，村委会无权发包处分

【སྒྲིད་དོན་གྱི་གནས་ཚུལ་ངོ་སྤྲོད།】1999ལོར། ཡུལ་མི་ཀྲང་ཆེ་གེ་མོ་དང་གྲོང་མི་ཨུ་ཡོན་ལྷན་ཁང་དེ་གཞི་བར་བྱེ་དོང་འགན་གཙང་ལེན་གྱི་གྲོས་ཆིངས་བཞག་པ་ཡིན་ཏེ། ཀྲང་ཆེ་གེ་མོས་གྲོང་ཚོ་འདིའི་ནུབ་ཕྱོགས་ཀྱི་བྱེ་དོང་མུའུ8འགན་གཙང་བླངས་ནས་བྱེ་མ་བདག་གཉེར་བྱེད་པ་དང་། ཐེངས་གཅིག་ལ་འགན་གཙང་ལེན་གྱི་གྲོན་དངུལ་སྒོར་འབུམ་གཅིག་གཙང་སྤྲད་བྱེད་དགོས་པ་ཕྱོགས་གཉིས་ཀྱིས་ཁ་དན་བཞག 2002ལོའི་ཟླ་9པར། གྲོང་ཁྱེར་གྱི་རྒྱལ་ཁབ་ས་ཆ་ཐོན་ཁུངས་ཅུས་ཀྱིས་ཀྲང་ཆེ་གེ་མོས་གཏེར་འདོན་ཆོག་འཐུས་ཀྱི་འཁྲོལ་འཛིན་མེད་པའི་གནས་ཚུལ་འོག་ཁྲིམས་འགལ་གྱིས་བྱེ་མ་བཏོན་པར་ཁ་གཡར་ནས། དེར་ཁྲིམས་མཐུན་མིན་པའི་ཐོབ་ཆ་སྒོར་ཁྲི་

5བསྒྲུ་ལེན་བདའ་འདེད་གཏོང་པ་དང་། སྒོར་ཁྲི་2ཡི་དངུལ་ཆད་གཅོད་པའི་སྲིད་འཛིན་ཐོག་གི་ཆད་པ་བཅད། ཀྲང་ཚེ་གེ་མོས་གྲོང་མི་ཨུ་ཡོན་ལྷན་ཁང་འདི་ཞུ་སྐྱོར་ཕྱི་མར་བྱས་ནས་ཁྲིམས་ཁང་དུ་གཏུགས་ཤིང་། དངུལ་ཆད་འདི་གྲོང་མི་ཨུ་ཡོན་ལྷན་ཁང་གིས་འཁུར་དགོས་པར་ངོས་བཟུང་ནས། ཁྲིམས་ཁང་ལ་གྲོང་མི་ཨུ་ཡོན་ལྷན་ཁང་དེས་འགན་གཙང་ལེན་གྱི་གྲོན་དངུལ་ཁྲི་10ཕྱིར་སྤྲོད་དགོས་པ་མ་ཟད། རྣམ་གྲངས་སོ་སོའི་གྱོང་གུན་སྒོར་ཁྲི་8ཙམ་གྱི་སྒྲིན་ཚབ་སྤྲོད་དགོས་པའི་དཔྱད་མཚམས་འཛོག་རེ་བཏོན།

【案情介绍】1999 年,村民张某与该村委会签订沙坑承包协议,双方约定:由张某承包该村西口沙坑 8 亩,经营沙子,并一次性交清承包费 10 万元。2002 年 9 月,市国土资源局以张某未取得采矿许可证非法采砂为由,对其处以追缴非法所得 5 万元,罚款 2 万元的行政处罚。张某遂以该村委会为被告向法院提起诉讼,认为该罚款应由村委会承担,请求法院判令村委会返还承包费 10 万元,并赔偿各项损失 8 万元。

【གྱོད་དོན་དཔེ་མཚོན་དབྱེ་ཞིབ།】གཏེར་ཁའི་ཐོན་ཁུངས་ནི་ཁྲིམས་ལྟར་རྒྱལ་ཁབ་ལ་དབང་བ་དང་། གྲོང་མི་ཨུ་ཡོན་ལྷན་ཁང་ལ་འགན་གཙང་སྤྲད་པའི་ཐོབ་ཐང་མེད་པས་གྲོས་ཆིངས་འདི་ནུས་མེད་ཡིན། ཞུ་སྐྱོར་སྔ་མ་དང་ཕྱི་མ་གཉིས་ཀྱིས་གྲོས་ཆིངས་འཛོག་དུས་གཏེར་ཁའི་ཐོན་ཁུངས་ནི་རྒྱལ་ཁབ་ལ་དབང་བ་དེ་ཤེས་དགོས། ཡིན་ནའང་སྔར་བཞིན་ཁྲིམས་འགལ་གྱིས་གྲོས་ཆིངས་བཞག་པ་ཡིན་པས། རང་ངོས་ཐད་ཕྱོགས་གཉིས་ཀར་ནོར་འཁྲུལ་ཡོད། དེར་བརྟེན་རང་སོ་སོའི་གྱོང་གུན་ནི་རང་རང་གིས་འཁུར་དགོས། ཞི་སྐྱོར་ཕྱི་མས་གྲོས་ཆིངས་འདིའི་རྐྱེན་གྱིས་བླངས་པའི་འགན་གཙང་ལེན་གྱི་གྲོན་དངུལ་ནི་ཞུ་སྐྱོར་སྔ་མར་སྤྲོད་དགོས་པ་དང་། ཞུ་སྐྱོར་སྔ་མས་བཏོན་པའི་བདག་གཉེར་གྱི་རྐྱེན་གྱིས་བྱུང་བའི་གྱོང་གུན་དང་ཞུ་སྐྱོར་ཕྱི་མས་བཏོན་པའི་ས་ཆའི་ཐོག་མའི་རྣམ་པ་སླར་གསོ་བྱེད་པའི་གྱོང་གུན་ནི་རང་སོ་སོས་འཁུར་དགོས།

【案例评析】矿产资源依法属于国家所有,村委会不具有发包资格,该协议应属无效。原、被告在签订该协议时应当知道矿产资源属于国家所有,但仍违法签订该协议,其主观上均有过错,各自损失应各自承担。被告因该协议取得的承包费应当返还给原告。原告提出的因经营而遭受的损失及被告提出的恢复土地原貌的损失分别由各自承担。

ལེའུ་ལྔ་པ། གྲོང་གསེབ་ཀྱི་དངུལ་རྩའི་ལམ་ལུགས།
第五章 农村金融制度

ས་བཅད་དང་པོ། གྲོང་གསེབ་ཀྱི་དངུལ་རྩའི་སྒྲིག་གཞི།
第一节 农村金融机构

མིག་སྔར་རང་རྒྱལ་གྱི་གྲོང་གསེབ་ཀྱི་དངུལ་རྩའི་སྒྲིག་གཞིའི་ཁོངས་སུ་དངུལ་ཁང་སྒྲིག་གཞི་དང་དངུལ་ཁང་མིན་པའི་སྒྲིག་གཞི་རིགས་གཉིས་འདུས་ཡོད། དེའི་ནང་དུ་ཚུང་དཔེར་འོས་པའི་གྲོང་གསེབ་ཀྱི་དངུལ་རྩའི་སྒྲིག་གཞི་ནི་གཤམ་ལྟར་ཡིན་ཏེ།

目前我国农村金融机构包括银行机构和非银行机构两种。其中比较典型的农村金融机构如下：

༡. ཀྲུང་གོ་ཞིང་ལས་འཕེལ་རྒྱས་དངུལ་ཁང་། ཀྲུང་གོ་ཞིང་ལས་འཕེལ་རྒྱས་དངུལ་ཁང་ནི་རྒྱལ་ཁབ་ལ་དབང་བའི་ཞིང་ལས་སྲིད་ཇུས་རང་བཞིན་གྱི་དངུལ་ཁང་ཡིན་ལ། རྒྱལ་སྲིད་སྤྱི་ཁྱབ་ཁང་གིས་ཐད་ཀར་དུ་འགོ་ཁྲིད་བྱས་པ་ཡིན།

1. 中国农业发展银行。中国农业发展银行是国有农业政策性银行，直属国务院领导。

༢. གྲོང་གསེབ་ཀྱི་ཡིད་རྟོན་མཉམ་ལས་ཁང་། གྲོང་གསེབ་ཀྱི་ཡིད་རྟོན་མཉམ་ལས་ཁང་ཞེས་པ་ནི་ཀྲུང་གོ་མི་དམངས་དངུལ་ཁང་གིས་ཆོག་མཆན་གནང་ནས་བཙུགས་པ་དང་། ཧྲེ་ཡོན་གྱིས་མ་རྐང་བཞག་ནས་གྲུབ་པ། དམངས་གཙོའི་དོ་དམ་ལག་བསྟར་བྱེད་པ་དང་། ཧྲེ་ཡོན་ལ་དངུལ་རྩའི་ཞབས་ཞུ་མགོ་འདོན་བྱེད་པ་གཙོར་བྱས་པའི་དངུལ་ཁང་མིན་པའི་

དངུལ་རྩའི་སྒྲིག་གཞིར་ཟེར།

2. 农村信用合作社。农村信用合作社,是指经中国人民银行批准设立、由社员入股组成、实行民主管理、主要为社员提供金融服务的非银行金融机构。

ས་བཅད་གཉིས་པ། གྲོང་གསེབ་ཀྱི་གྲངས་ཉུང་ཡིད་རྟོན་དངུལ་བུན།
第二节　农村小额信用贷款

གྲངས་ཉུང་ཡིད་རྟོན་དངུལ་བུན་ཞེས་པ་ནི་མི་སྒེར་རམ་ཡང་ན་ཁྱིམ་ཚང་སྲོག་ཤིང་དུ་བྱས་པའི་གཉེར་སྐྱོང་རིགས་ཀྱི་དངུལ་བུན་ལ་བསྟན་པ་ཡིན། དེའི་ཞབས་ཞུ་ཡུལ་གཙོ་བོ་ནི་རྒྱ་ཆེའི་བཟོ་ཚོང་སྒེར་གཉེར་དུད་ཚང་དང་། བཟོ་ཁང་ཆུང་གྲས། ལས་བདག་ཆུང་གྲས་ཡིན། དངུལ་བུན་གྱི་དངུལ་གྲངས་ནི་སྤྱིར་བཏང་དུ་འབུམ་གཅིག་མན་དང་སྒོར་1 000ཡན་ཡིན།

小额信用贷款,是指以个人或家庭为核心的经营类贷款,具主要的服务对象为广大工商个体户、小作坊、小业主。贷款的金额一般为10 万元以下,1 000 元以上。

གྲོང་གསེབ་ཀྱི་གྲངས་ཉུང་ཡིད་རྟོན་དངུལ་བུན་ནི། ཡིན་རྟོན་ཁང་གིས་ཞིང་དུད་ཀྱི་མཚན་སྙན་དེ་འགན་ལེན་དུ་བྱས་ནས། ཞིབ་བཤེར་གཏན་ཁེལ་བྱས་པའི་གྲངས་ཚད་དང་དུས་ཚད་ནང་འགྲེམ་གཏོང་བྱས་པའི་གྲངས་ཉུང་ཡིད་རྟོན་དངུལ་བུན་དེ་ཡིན།

农村小额信用贷款是信用社以农户的信誉为保证,在核定的额度和期限内发放的小额信用贷款。

གྲོང་གསེབ་ཀྱི་གྲངས་ཉུང་ཡིད་རྟོན་དངུལ་བུན་གྱི་སྤྱོད་སྒོ་དང་བཀོད་སྒྲིག་གོ་རིམ་

ནི་གཤམ་གསལ་ལྟར་ཡིན་ཏེ། (༡) འདེབས་འཛུགས་ལས་རིགས་དང་གསོ་སྐྱོལ་ལས་རིགས་སོགས་ཞིང་ལས་ཐོན་སྐྱེད་ཀྱི་འགྲོ་གྲོན་དངུལ་བུན། (༢) ཞིང་ལས་ཐོན་སྐྱེད་ལ་ཞབས་འདེགས་ཞུ་བའི་ཁེར་རྐྱང་དང་སྒེར་གཉེར་དཔལ་འབྱོར་གྱི་དངུལ་བུན། (༣) ཞིང་ལས་འཕྲུལ་ཆས་དང་ཡོ་བྱད་ཀྱི་དངུལ་བུན། (༤) ཞིང་ནང་ཆུ་བེད་ཆུང་གྲས་ཀྱི་གཞི་རྩའི་འཛུགས་སྐྲུན་གྱི་དངུལ་བུན།

农村小额信用贷款的用途及安排次序如下:(1)种植业、养殖业等农业生产费用贷款;(2)为农业生产服务的个体私营经济贷款;(3)农机具贷款;(4)小型农田水利基本建设贷款。

ཞིང་དུད་ཀྱི་མ་དངུལ་དང་ཡིད་རྟོན་གྱི་དཔྱད་བསྡུར་གཏན་འབེབས་ནི་རིམ་པ་གསུམ་ལ་དབྱེ་ཡོད་དེ། ཕུལ་བྱུང་། ཅུང་བཟང་། སྤྱིར་བཏང་བཅས་ཡིན། རིམ་པ་འདི་གསུམ་པོས་ཡིད་རྟོན་དངུལ་བུན་གཏོང་ཚད་མི་འདྲ་བ་སོ་སོར་གཏན་འབེབས་བྱས་ཡོད།

农户资信评定分为三个等级,即优秀、较好、一般。这三个等级分别规定了不同信贷额度。

དཔེར་བརྟེན་ཁྲིམས་བཤད། ༠༨

以案说法 08

ཡིད་རྟོན་ཁང་གིས་ད་དུང་བཅོལ་དངུལ་འཛིན་ལྟར་དངུལ་སྤྲོད་བྱེད་དགོས་སམ།

信用社是否还应兑付存款

【གྱོད་དོན་གྱི་གནས་ཚུལ་ངོ་སྤྲོད】2004ལོའི་ཟླ་1ཚེས་25ཉིན། ལྷའུ་ཆེ་གེ་མོས་ཡིད་རྟོན་ཁང་ཞིག་ནས་མི་དམངས་ཤོག་སྒོར་ཁྲི་4བཅོལ་བ་དང་། དུས་བཅད་ལོ་གཅིག་ཡིན། 2005ལོའི་ཟླ་1ཚེས25ཉིན་བཅོལ་དུས་ཚང་བ་དང་། ལོ་སྐྱེད་ནི་2.574%ཡིན། ཡིད་རྟོན་ཁང་གི་གསོག་དངུལ་ཚབ་སྒྲུབ་མཁན་ཧྲང་ཆེ་གེ་མོས་ལག་འགྲིམ་བྱས་རྗེས་ཧྲིལ་བཅོལ་ཧྲིལ་ལེན་གྱི་དུས་བཅད་ཉར་འཛིན་ཞིག་ཁོ་ལ་སྤྲད། 2004ལོའི་ཟླ་2པའི་ཟླ་མཇུག་ཏུ། ལྷའུ་ཆེ་གེ་མོས་ཧྲང་ཆེ་གེ་མོའི་ལག་ནས་ལག་དངུལ་སྒོར་40020བླངས། 2004ལོའི་ཟླ་5པར། ཧྲང་ཆེ་གེ་མོ་གསོག་དངུལ་ལས་སྒོའི་གནད་དོན་གྱིས་ལས་མཚམས་འཇོག་ཏུ་བཅུག་པ་མ་ཟད། གྱོད་དོན་ཁུར་ནས་ཕྱིར་བྲོས་སོང་། 2005ལོའི་ཟླ་1པར། བཅོལ་དངུལ་གྱི་དུས་སྒོ་གཙང་རྗེས། ལྷའུ་ཆེ་གེ་མོས་ཉར་འཛིན་བཟུང་ནས་ཡིད་རྟོན་ཁང་དུ་དངུལ་ལེན་སྐབས།

ཡིད་རྟོན་ཁང་གིས་བཅོལ་དངུལ་དེ་ཧྲང་ཆེ་གེ་མོས་སྔོན་ཚུད་ནས་བླངས་ཟིན་པར་ཁ་གཡར་ནས་དངུལ་མ་སྤྲད་པ་མ་ཟད། བཙན་གྱིས་ཉར་འཛིན་ཐོག་ཏུ“ཕན་མི་ཐོགས”ཞེས་པའི་ཐམ་ག་བརྒྱབ། དེའི་རྐྱེན་གྱིས་ཝུའུ་ཆེ་གེ་མོས་ཁྲིམས་ཁང་ལ་གཏུགས་ཏེ། ཡིད་རྟོན་ཁང་གིས་ཁོ་ལ་བཅོལ་དངུལ་ཁྲི་4དང་ལོ་སྐྱེད་སྤྲོད་རེ་བརྟོན།

【案情介绍】2004 年 1 月 25 日，吴某在某信用社存入人民币 4 万元，定期一年，2005 年 1 月 25 日到期，年息 2.574%。信用社储蓄代办员方某经办后出具了整存整取定期存单一张。2004 年 2 月底，吴某在方某手中拿走现金 40 020 元。2004 年 5 月，方某因储蓄业务问题被停职，并负案外逃。2005 年 1 月，存款到期后，吴某持该存单到信用社取款时，信用社以该存款已从方某手中提前支取为由拒付，并强行在存单上加盖了“作废”的印章。吴某因此诉至法院，要求信用社兑付存款 4 万元及利息。

【གྲོད་དོན་དཔེ་མཚོན་དབྱེ་ཞིབ།】གྲོད་དོན་འདིའི་ནང་དུ། ཡིད་རྟོན་ཁང་གིས་སྔར་བཞིན་ཝུའུ་ཆེ་གེ་མོ་ལ་བཅོལ་དངུལ་དང་ལོ་སྐྱེད་སྤྲོད་དགོས། དེའི་རྒྱུ་མཚན་གཤམ་ལྟར་ཡིན་ཏེ། གཅིག ཝུའུ་ཆེ་གེ་མོས་ཡིད་རྟོན་ཁང་དུ་དུས་བཅད་ལོ་གཅིག་ཡིན་པའི་བཅོལ་དངུལ་ཁྲི་4བཅོལ་ཞིང་། ཡིད་རྟོན་ཁང་གིས་དུས་བཅད་ཉར་འཛིན་བརྟོན་པ་དང་། ཉར་འཛིན་གྱི་བདེན་མིན་ལ་ཐེ་ཚོམ་མ་སྐྱེས་པའི་རྐྱེན་གྱིས། ཉར་འཛིན་དེ་ནི་ནུས་ལྡན་གྱི་དངོས་དཔང་ངོ་མ་ཡིན་པར་ངོས་འཛིན་བྱ་དགོས། གཉིས། ཡིད་རྟོན་ཁང་གིས་ཧྲང་ཆེ་གེ་མོས་ཝུའུ་ཆེ་གེ་མོ་ལ་ལག་དངུལ་སྒོར་40020སྤྲད་པ་དེ་འཛིན་ལྟར་བཅོལ་དངུལ་སྤྲོད་པའི་ལས་འགན་བྱ་སྤྱོད་ཡིན་པའི་དཔང་རྟགས་འདོན་མི་ཐུབ་སྟེ། ཧྲང་ཆེ་གེ་མོ་དང་དངུལ་བཅོལ་མཁན་ཝུའུ་ཆེ་གེ་མོ་བར་གྱི་གསོག་དངུལ་གན་རྒྱའི་འབྲེལ་བ་མཚམས་བཞག་པར་ར་སྤྲོད་བྱེད་མི་ཐུབ་པའི་རྐྱེན་གྱིས། ཝུའུ་ཆེ་གེ་མོ་དང་ཡིད་རྟོན་ཁང་བར་གྱི་བཅོལ་དངུལ་གྱི་འབྲེལ་བ་ནི་སྔར་བཞིན་གནས་ཡོད། དེའི་རྐྱེན་གྱིས་ཡིད་རྟོན་ཁང་གིས་བཅོལ་དངུལ་འཛིན་ལྟར་དངུལ་སྤྲོད་བྱེད་འགན་འཁུར་དགོས། གསུམ། ཝུའུ་ཆེ་གེ་མོས་ཧྲང་ཆེ་གེ་མོའི་ལག་ནས་དངུལ་སྒོར་40020བླངས་པའི་བྱ་སྤྱོད་དེ་གལ་ཏེ་ཚུལ་མིན་ཁེ་ཐོབ་ཡིན་ན། གྲོད་གཞི་འདིའི་ཉར་འཛིན་ཚོད་གླེང་དང་མི་མཐུན་པའི་བཅའ་ཁྲིམས་ཀྱི་འབྲེལ་བ་གཞན་ཞིག

ཡིན་པས། དེའི་ཐད་ལ་ཡིད་རྟོན་ཁང་ལ་དགོངས་འཆར་གཞན་ཡོད་ཚག་མེད། འོན་ཀྱང་གྱོད་གཞི་འདིའི་ཉར་འཛིན་ཟྟོད་གཞིའི་འདྲི་ཞིབ་ལ་ཤུགས་རྐྱེན་ཐེབས་མི་འོས།

【案例评析】在本案中，信用社仍然需要兑付吴某的存款及利息，理由如下：其一，吴某在信用社存入 4 万元一年期定期存款，信用社出具定期存单，信用社对存单的真实性不持异议，故该存单应认定是真实有效的凭证。其二，信用社不能提供证据证实方某给付吴某的 40 020 元现金是兑付存款的职务行为，即不能证实其与存款人吴某之间的储蓄存款合同关系已终止，故吴某和信用社之间的存款关系仍然存在，信用社应当承担兑付存款的义务。其三，吴某从方某手中拿取的 40 020 元现金的行为如属不当得利，则是与本案存单纠纷不同的另一法律关系，信用社可另行主张，但不应影响本案存单纠纷的审理。

ས་བཅད་གསུམ་པ། སྲིད་ཇུས་རང་བཞིན་གྱི་ཞིང་ལས་འགན་བཅོལ་ལམ་ལུགས།

第三节　政策性农业保险制度

སྲིད་ཇུས་རང་བཞིན་གྱི་ཞིང་ལས་འགན་བཅོལ་ནི་ཉེན་འགོག་འགན་ལེན་ཀུང་སིས་ཚོང་ར་ཅན་གྱི་གཉེར་སྐྱོང་བྱེད་པར་བརྟེན་ནས། སྲིད་གཞུང་གིས་འགན་བཅོལ་གྲོན་དངུལ་དང་གསབ་དངུལ་སོགས་སྲིད་ཇུས་ཐོག་གི་རོགས་སྐྱོར་བརྒྱུད་དེ། འདེབས་འཛུགས་ལས་རིགས་དང་གསོ་སྐྱེལ་ལས་རིགས་ཀྱི་རང་བྱུང་གནོད་འཚེ་དང་བསམ་ཡུལ་ལས་འདས་པའི་ལས་འཛོལ་གྱི་རྐྱེན་གྱིས་བྱུང་བའི་དཔལ་འབྱོར་གྱོང་གུན་ལ་མགོ་སྲོད་

བྱས་པའི་ཐད་ཀར་གྱིས་དངོས་པོར་གྱུར་པའི་མ་གནས་ཀྱི་འགན་བཅོལ་ཡིན།

政策性农业保险是以保险公司市场化经营为依托，政府通过保费补贴等政策扶持，对种植业、养殖业因遭受自然灾害和意外事故造成的经济损失提供的直接物化成本保险。

ཞིང་ལས་ནི་རྒྱལ་ཁབ་ཀྱི་འཐབ་ཇུས་བདེ་འཇགས་དང་འབྲེལ་བ་ཡོད་ལ། དེའི་འགན་བཅོལ་ལམ་ལུགས་ལ་གཞན་བརྟེན་རང་བཞིན་ལྡན་པས། སྤྱི་ཚོགས་ཀྱི་སྤྱི་པའི་སྡེ་ཁག་སྟེ་སྲིད་གཞུང་ཁོ་ན་བརྒྱུད་ནས་ཉེན་འགོག་འགན་ལེན་གྲོན་དངུལ་དམའ་ཤོས་འོག་གི་འགན་བཅོལ་འདོན་སྤྲོད་བྱེད་དགོས།

农业涉及国家战略安全，其保险制度具有寄生性，只能通过社会的公共部门——政府来提供低保费下的保险供给。

ས་བཅད་བཞི་པ། གྲོང་གསེབ་ཀྱི་དམངས་ཁྲོད་ཀྱི་བུ་ལོན་གཏོང་ལེན་ལམ་ལུགས།

第四节　农村民间借贷制度

དམངས་ཁྲོད་ཀྱི་བུ་ལོན་གཏོང་ལེན་ཞེས་པ་ནི་སྤྱི་དམངས་བར་དང་། སྤྱི་དམངས་དང་ཁྲིམས་མིའི་བར། སྤྱི་དམངས་དང་རྩ་འཛུགས་གཞན་པའི་བར་གྱི་བུ་ལོན་གཏོང་ལེན་ལ་བསྟན་པ་ཡིན། འོན་ཀྱང་སྐྱེད་ཀའི་ཚད་ནི་ཀྲུང་གོ་མི་དམངས་དངུལ་ཁང་གིས་གཏན་འབེབས་བྱས་པའི་འབྲེལ་ཡོད་སྐྱེད་ཀའི་ཚད་ལས་བརྒལ་མི་རུང་། དམངས་ཁྲོད་ཀྱི་བུ་ལོན་གཏོང་ལེན་ནི་དམངས་ཁྲོད་ཀྱི་མི་སྒེར་གྱི་བུ་ལོན་གཏོང་ལེན་དང་། སྤྱི་དམངས་དང་དངུལ་རྩའི་ཁེ་ལས་བར་གྱི་བུ་ལོན་གཏོང་ལེན་གཉིས་སུ་དབྱེ་ཡོད།

民间借贷是指公民之间、公民与法人之间、公民与

其他组织之间的借贷,但利率不得超过中国人民银行规定的相关利率。民间借贷分为民间个人借贷和公民与金融企业之间的借贷。

(གཅིག) དམངས་ཁྲོད་ཀྱི་བུ་ལོན་གཏོང་ལེན་གྱི་སྐྱེད་ཀའི་ཚད་ཀྱི་ལམ་ལུགས།

（一）民间借贷的利率制度

དམངས་ཁྲོད་ཀྱི་བུ་ལོན་གཏོང་ལེན་གྱི་ཁ་དན་བཞག་པའི་སྐྱེད་ཀའི་ཚད་མཐོ་ཤོས་ནི་དངུལ་ཁང་གི་དུས་གཅིག་རིགས་གཅིག་གི་དངུལ་བུན་གྱི་སྐྱེད་ཀའི་ཚད་ཀྱི་ལྡབ་བཞི་ལས་བརྒལ་མི་རུང་། དངུལ་ཁང་གི་དུས་གཅིག་རིགས་གཅིག་གི་དངུལ་བུན་གྱི་སྐྱེད་ཀའི་ཚད་ཀྱི་ལྡབ་བཞི་ལས་བརྒལ་ན་སྐྱེད་ལྕིའི་བུ་ལོན་གྱི་ཁོངས་སུ་གཏོགས་ལ། སྐྱེས་ལྕིའི་བུ་ལོན་གྱི་ཆ་ཤས་ནི་བཅའ་ཁྲིམས་ཀྱིས་སྲུང་སྐྱོབ་མི་བྱེད།

民间借贷的约定利率最高不得超过银行同期同类贷款利率的 4 倍。超过银行同期同类贷款利率 4 倍的,属于高利贷,而高利贷的部分是不受法律保护的。

(གཉིས) དམངས་ཁྲོད་དངུལ་བུན་གྱི་སྐྱེད་ཀའི་ལམ་ལུགས།

（二）民间贷款的利息制度

ཁྲིམས་ལུགས་ཀྱིས་དམངས་ཁྲོད་དངུལ་བུན་གྱི་སྐྱེད་ཀར་བཙན་ཤེད་ཀྱི་བླང་བྱ་བཏོན་མེད། རིན་དོད་ཡོད་པའམ་མེད་པ་ནི་ཕྱོགས་གཉིས་ཀ་ནས་ཁ་དན་བཞག་ཆོག

法律对民间借贷的利息并无强制要求，有偿或无偿可以由双方约定。

(གསུམ) ལྡབ་བཞི་ལས་བརྒལ་བའི་སྐྱེད་ཀ་ཕྱིར་སློག་ལམ་ལུགས།

（三）超四倍利息返还制度

ཕྱོགས་གཉིས་ཀ་ནས་ཁ་དན་བཞག་པའི་སྐྱེད་ཀ་ནི་ལྡབ་བཞི་ལས་བརྒལ་བ་དང་། ལག་བསྟར་བྱས་ཚར་རྗེས། དངུལ་བུན་གཡར་མཁན་གྱིས་སླར་ཡང་ཞུ་སྐྱོར་བྱས་ཏེ། ལྡབ་བཞི་བརྒལ་བའི་ཆ་དེ་ཕྱིར་སློག་དགོས་པའི་བླང་བྱ་བཏོན་ན་ཕྱིར་སློག་དགོས།

双方约定利率超过 4 倍,在履行完毕后,借款人又起诉,要求对超过 4 倍部分予以返还的,应当予以返还。

ལེའུ་དྲུག་པ། གྲོང་ཁྱེར་དང་གྲོང་གསེབ་ཀྱི་དཔལ་འབྱོར་སྤྱི་ཚོགས་འཕེལ་རྒྱས་གཞི་གཅིག་ཅན་གྱི་ལམ་ལུགས།

第六章　城乡经济社会发展一体化制度

ས་བཅད་དང་པོ། གྲོང་ཁྱེར་དང་གྲོང་གསེབ་ཀྱི་འཆར་འགོད་གཞི་གཅིག་ཅན་གཅིག་གྱུར་གྱིས་འཆར་འགོད་བྱེད་པ།

第一节　统筹城乡规划一体化

དང་པོ། གྲོང་ཁྱེར་དང་གྲོང་གསེབ་ཀྱི་འཆར་འགོད་གཞི་གཅིག་ཅན་གཅིག་གྱུར་གྱིས་འཆར་འགོད་བྱེད་པའི་དོ་དམ་རྩ་དོན།

一、统筹城乡规划一体化管理原则

༡. ཁྲིམས་ལུགས་ཅན་དུ་འགྱུར་བའི་རྩ་དོན། ཁྲིམས་ལྟར་སྲིད་འཛིན་བྱེད་པ་དང་། ཁྲིམས་ལུགས་ཅན་གྱི་སྤྱོལ་ལམ་དུ་འཇུག་པ་མངོན་འགྱུར་བྱེད་དགོས།

1. 法制化原则。实现依法行政，纳入法制化的轨道。

༢. གོ་རིམ་ཅན་དུ་འགྱུར་བའི་རྩ་དོན། སྲིད་སྐྱོང་བརྒྱུད་རིམ་ཁྲོད་ཀྱི་འགན་དབང་གང་བྱུང་དུ་སྤྱོད་པ་དང་། དབང་ཚད་ལས་བརྒལ་ནས་ཞིབ་མཆན་སྤྲོད་པ། ཞྭག་ནས་སྐྱབ་པ་ལ་སོགས་པའི་ཁྲིམས་

འགལ་གྱི་བྱ་སྤྱོད་བྱུང་བར་སྔོན་འགོག་བྱེད་དགོས།

2. 程序化原则。防止施政过程中的滥用职权、越权审批和暗箱操作等违法行为产生。

༣. མཐུན་སྒྲོར་བྱེད་པའི་རྩ་དོན། ལས་བགོས་མཉམ་སྦྲེལ་དང་། མཐུན་སྒྲོར་རམ་འདེགས། རང་འགན་རང་ཁུར་མངོན་འགྱུར་བྱེད་དགོས།

3. 协调的原则。实现分工合作，协调配合，各负其责。

༤. ཁྲིམས་བསྲུགས་བྱེད་པའི་རྩ་དོན། གྲོང་ཁྱེར་དང་གྲོང་གསེབ་ཀྱི་འཆར་འགོད་ཀྱི་ལག་བསྟར་དང་དོ་དམ་ལ་སྲིད་དོན་ཁྲིམས་བསྲུགས་བྱེད་དགོས།

4. 公开原则。城乡规划实施管理实行政务公开。

༥. ཚན་རིག་གི་རྩ་དོན། ཐུབ་ཚོད་ཀྱིས་སྒྲུབ་པ་དང་། ཡུལ་བབ་དང་བསྟུན་ཏེ། ཚན་རིག་རྩོད་སྒྲུབ་ཀྱི་སྒོ་ནས་གྲོང་ཁྱེར་དང་གྲོང་གསེབ་ཀྱི་འཆར་འགོད་ཀྱི་ལག་བསྟར་དང་དོ་དམ་གྱི་བྱ་བ་སྤེལ་དགོས།

5. 科学原则。量力而行，因地制宜，科学辩证地进行城乡规划实施管理工作。

གཉིས་པ། གྲོང་ཁྱེར་དང་གྲོང་གསེབ་ཀྱི་འཆར་འགོད་གཞི་གཅིག་ཅན་གཅིག་གྱུར་གྱིས་འཆར་འགོད་བྱེད་པའི་ལག་བསྟར་བྱེད་ཐབས།

二、统筹城乡规划一体化实施方法

༡. སྲིད་འཛིན་བྱེད་ཐབས། རེ་ཞུ་དང་འདྲི་དཔྱོད། ཞིབ་བཅད། འཆར་འགོད་ཀྱི་ཆ་རྐྱེན་བཏོན་པ། གོང་གི་ཆོག་མཆན་ཞུ་བ། བསྐྱར་ཞིབ། འཆར་འགོད་ཆོག་འཐུས་ལག་ཁྱེར་དཔྱད་སྤྲོད་སོགས་ཀྱི་གོ་རིམ་དང་བྱེད་ཐབས་རབ་དང་རིམ་པ་བརྒྱུད་ནས་སྲིད་འཛིན་བཀའ་འཁྲོལ་གྱི་དོ་དམ་འགན་ནུས་ལག་བསྟར་བྱེད་དགོས།

1. 行政方法。通过申请、审查、核定、提出规划条件、报批、复核、核发规划许可证等一系列程序和手段来实施行政许可的管理职能。

༢. ཁྲིམས་སྐྱོང་བྱེད་ཐབས། གྲོང་ཁྱེར་དང་གྲོང་གསེབ་ཀྱི་འཆར་འགོད་གཙོ་སྐྱོང་སྡེ་

ཁག་གིས་གྲོང་ཁྱེར་དང་གྲོང་གསེབ་ཀྱི་འཆར་འགོད་ལག་བསྟར་དང་དོ་དམ་བྱེད་པའི་བརྒྱུད་རིམ་ཁྲོད། ངེས་པར་དུ་ཁྲིམས་བཟོས་ཕྱིན་ངེས་པར་དུ་བརྩི་སྲུང་བྱེད་དགོས་པ་དང་། ཁྲིམས་འཛིན་དུས་ངེས་པར་དུ་གཟབ་ནན་བྱེད་དགོས་པ། ཁྲིམས་ལྟར་བྱ་བ་སྒྲུབ་དགོས་པ། ཁྲིམས་དང་འགལ་མི་རུང་བ་བཅས་བྱེད་དགོས།

2. 法治方法。城乡规划主管部门在城乡规划实施管理的过程中，必须有法必依，严格执法，依法办事，不得违法。

༣. ཚན་རིག་ལག་རྩལ་གྱི་བྱེད་ཐབས། དེང་རབས་ཀྱི་སྔོན་ཐོན་ཚན་རིག་བྱེད་ཐབས་དང་། སྔོན་ཐོན་ལག་རྩལ། སྔོན་ཐོན་སྒྲིག་ཆས་བཀོལ་ཏེ་འཆར་འགོད་ཀྱི་དོ་དམ་ལས་ཀར་ཤུགས་སྣོན་རྒྱག་དགོས།

3. 科学技术方法。采用当代的先进科学方法、先进技术、先进设备来加强规划管理工作。

༤. སྤྱི་ཚོགས་ཀྱིས་ལྟ་སྐུལ་དོ་དམ་བྱེད་པའི་བྱ་ཐབས། གྲོང་ཁྱེར་དང་གྲོང་གསེབ་འཆར་འགོད་སྐོར་གྱི་བཅའ་ཁྲིམས་ཀྱིས་གྲོང་ཁྱེར་དང་གྲོང་གསེབ་འཆར་འགོད་གཏན་འབེབས་བྱེད་པའི་བརྒྱུད་རིམ་ཁྲོད་ཀྱི་སྤྱི་དམངས་ཀྱིས་ཞེ་ཞུགས་བྱེད་པར་གཏན་འབེབས་གསལ་པོ་བྱས་ཡོད་དེ། ལས་ཁུངས་གང་ཞིག་དང་མི་སྒེར་སུ་ཞིག་ཡིན་རུང་གྲོང་ཁྱེར་དང་གྲོང་གསེབ་ཀྱི་འཆར་འགོད་དང་འགལ་བའི་འཛུགས་སྐྲུན་བྱེད་སྐོར་འདྲི་རྩོག་དང་ཐེར་འདོན་གོང་ཞུ་བྱས་པའི་དབང་ཆ་ཡོད།

4. 社会监管方法。城乡规划法对城乡规划制定过程中的公众参与作了明确规定，任何单位和个人有权查询、举报违反城乡规划的建设活动。

༥. དཔལ་འབྱོར་གྱི་བྱེད་ཐབས། རིན་གོང་དང་ཁྲལ་འབབ། བྱ་དགའི་དངུལ། དངུལ་ཆད་གཅོད་པ་སོགས་ཀྱི་དཔལ་འབྱོར་བྱེད་ཐབས་སྤྱད་དེ། ཕྱི་རོལ་ཡུལ་གྱི་དཔལ་འབྱོར་ཆོས་ཉིད་ཀྱི་བླང་བྱ་ལྟར་དོ་དམ་བྱེད་དགོས། འདི་ནི་སྲིད་འཛིན་དོ་དམ་བྱེད་ཐབས་ཀྱི་ཁ་གསབ་ཡིན།

5. 经济方法。运用价格、税收、奖金、罚款等经济手段，按照客观经济规律的要求来进行管理，这是对行政管理方法的补充。

དཔེར་བརྗོད་ཁྲིམས་བཤད། ༠༩
以案说法 09

གྲོང་ཁྱེར་དང་གྲོང་གསེབ་ཀྱི་འཆར་འགོད་ལ་གཅིག་གྱུར་གྱིས་འཆར་འགོད་བྱས་ནས། ཁྲིག་འགལ་བཟོ་སྐྲུན་མེད་པར་བཟོ་དགོས།

统筹城乡规划,取缔违章建筑

【སྐྱོད་དོན་གྱི་གནས་ཚུལ་ངོ་སྤྲོད།】ལྱུའོ་ཆེ་གེ་མོས་2006ལོར་རྫོང་གྲོང་ཁྱེར་གྱི་གྲོང་སྡེའི་ཚོང་རའི་ཉེ་འཁོར་དུ་ཁང་པ་ཐོག་བརྩེགས་གཉིས་ཅན་ཞིག་ཉོས། 2009ལོར། ལྱུའོ་ཆེ་གེ་མོས་རང་དགར་སྔོན་གྱི་ཁང་པའི་ཐོག་ལ་ཐོག་བརྩེགས་གསར་པ་ཞིག་བསྐྲུན་རྗེས། རྫོང་གྲོང་ཁྱེར་དོ་དམ་རུ་ཆེན་གྱིས་ཤེས་རྟོགས་བྱུང་སྟེ་ལྱུའོ་ཆེ་གེ་མོར་དངུལ་ཆད་སྒོར་ཁྲི་2ཡི་སྲིད་འཛིན་ཆད་པ་བཅད། ལྱུའོ་ཆེ་གེ་མོས་དངུལ་ཆད་གོང་ལ་སྤྲད་རྗེས། མུ་མཐུད་དུ་ཐོག་བརྩེགས་གསར་པ་（ཐོག་བརྩེགས་བཞི་པ）བསྐྲུན་པ་ཡིན། ལོ་དེའི་ཟླ་12པ། རྫོང་ཡོངས་ཀྱིས་ཁྲིམས་འགལ་གྱི་ཁྲིག་འགལ་བཟོ་སྐྲུན་ཆེད་དོན་བཅོས་སྒྲིག་དང་གཙང་བཤེར་ལས་ཀ་སྤེལ་ནས། འབྲེལ་ཡོད་སྡེ་ཁག་གིས་ལྱུའོ་ཆེ་གེ་མོའི་ཐོག་བརྩེགས་གཉིས་ཀྱི་ཁྲིག་འགལ་བཟོ་སྐྲུན་བཙན་བཤིག་བྱས། ལྱུའོ་ཆེ་གེ་མོ་ནི་བློར་མ་བབས་ནས། ཁྲིམས་འཛིན་ལས་ཁུངས་ཀྱིས་ཁོའི་ཁྲིག་འགལ་བཟོ་བཀོད་ལ་དངུལ་ཆད་གཅོད་པའི་ཆད་པ་ཐེངས་གཅིག་བཅད་པས། སླར་ཡང་བཙན་བཤུག་བྱས་ན་མི་འོས་པར་ངོས་བཟུང་པ་ཡིན།

【案情介绍】刘某2006年在县城农贸市场附近购得一套房屋，上下两层。2009年，刘某擅自在原来的住房上建了一层（即第三层）后，被县城管大队发现，对刘某作出罚款2万元的行政处罚。刘某上交罚款后，继续建了一层（即第四层）。同年12月，全县开展非法违章建筑专项整治清理工作，相关部门对刘某的两层违章建筑进行强行拆除。刘某不服，认为执法机关对其违章建筑已经作过一次罚款处罚，不应再强行拆除。

【སྐྱོད་དོན་དཔེ་མཚོན་དབྱེ་ཞིབ།】སྐྱོད་གཞི་འདིའི་ནང་དུ། གྲོང་ཁྱེར་དོ་དམ་པས་ཁྲིག་འགལ་བཟོ་སྐྲུན་ལ་བཙན་ཤེད་ཀྱིས་བཤིག་གཏོར་བྱས་པ་ནི་ཁྲིམས་མཐུན་ལུགས་མཐུན་ཡིན། ཁྲིག་འགལ་བཟོ་སྐྲུན་ནི་དངུལ་ཆད་སྤྲད་རྗེས་ཁྲིམས་མཐུན་གྱི་གོ་གནས་

ཐབ་པ་ཞིག་མ་ཡིན་ཏེ། གྲོང་ཁྱེར་དོ་དམ་པས་དེར་དངུལ་ཆད་བཅད་པ་ནི་ཐེངས་དང་པོའི་ཆད་པ་གཙོད་ཐབས་ཁོ་ན་ཡིན་ལ། བཙན་ཤེད་ཀྱིས་བཤིག་གཏོར་བྱེད་པ་ནི་དེས་འོས་འགན་ལག་བསྟར་མ་བྱས་པའི་རྐྱེན་གྱིས་སྤྱད་པའི་བཙན་ཤེད་ཀྱི་བྱེད་ཐབས་ཡིན།

【案例评析】本案中城管对刘某违章建筑强行拆除有法有据。违章建筑不因交完罚款而获得合法地位，城管对其罚款只是第一次处罚措施，而强制拆除是因其不履行义务而采取的强制措施。

ས་བཅད་གཉིས་པ། གྲོང་ཁྱེར་དང་གྲོང་གསེབ་ཀྱི་ཐོན་ལས་འཕེལ་རྒྱས་གཞི་གཅིག་ཅན་དང་། རྨང་གཞིའི་འཛུགས་སྐྲུན་དང་སྤྱི་པའི་ཞབས་ཞུ་གཞི་གཅིག་ཅན་ལ་གཅིག་འགྱུར་གྱིས་འཆར་འགོད་བྱེད་པ།

第二节　统筹城乡产业发展一体化及基础建设和公共服务一体化

དང་པོ། གྲོང་ཁྱེར་དང་གྲོང་གསེབ་ཀྱི་ཐོན་ལས་འཕེལ་རྒྱས་གཞི་གཅིག་ཅན་ལ་གཅིག་གྱུར་གྱིས་འཆར་འགོད་བྱེད་པ།

一、统筹城乡产业发展一体化

དེ་ནི་རིམ་པ་སོ་སོའི་སྲིད་གཞུང་གིས་ངེས་པར་དུ་གྲོང་ཁྱེར་དང་གྲོང་གསེབ་ཀྱི་འབྲེལ་ཡོད་ཐོན་ལས་ལ་གཅིག་གྱུར་གྱིས་བསམ་གཞིགས་བཏང་ནས། གྲོང་ཁྱེར་དང་གྲོང་གསེབ་ཀྱི་ཐོན་ལས་བར་གྱི་འབྲེལ་བར་ཤུགས་སྣོན་བརྒྱབ་སྟེ། གྲོང་ཁྱེར་དང་གྲོང་གསེབ་ཀྱི་ཐོན་ལས་ཕན་ཚུན་མཉམ་འདྲེས་བྱུང་བར་མངོན་འགྱུར་བྱེད་དགོས།

它是指各级政府必须对城市和农村的相关产业统筹考虑,加强城乡产业之间的联系,实现城乡产业相互融合。

༡. གྲོང་ཁྱེར་དང་གྲོང་གསེབ་ཀྱི་ཐོན་ལས་མཉམ་འདྲེས་བྱུང་བར་སྐུལ་འདེད་བྱེད་པ་དང་། ཐོན་ལས་ཀྱི་གྲུབ་ཚུལ་དང་བར་སྟོང་གི་བཀོད་སྒྲིག་བྱེད་ཚུལ་ལེགས་སྒྱུར་བྱ་དགོས། ཐོན་ལས་མཉམ་འདྲེས་དང་འཕེལ་རྒྱས་བྱུང་བའི་གཙོ་གནད་ནི་ཐོན་ལས་འབྲེལ་ཐག་གསོ་སྐྱོང་དང་། ཐོན་ལས་འདུས་ཚོགས་ལ་སྐུལ་འདེད། གཞི་གཅིག་ཅན་ལ་

རམ་འདེགས་བཅས་བྱེད་པ་དེ་ཡིན།

1. 推进城乡产业融合，优化产业结构和空间布局。产业融合发展的关键在于培育产业链、促进产业集群、扶持一体化。

༡. བཟོ་ལས་ཅན་དང་གྲོང་ཁྱེར་ཅན་ཕན་ཚུན་ཟུང་འབྲེལ་ལ་མཐའ་འཁྱོངས་བྱས་ནས། ཐོན་ལས་འཕེལ་རྒྱས་ཀྱི་སྡེ་ཚན་ཆེན་པོ་བསྐྲུན་དགོས། གྲོང་ཁྱེར་ཅན་གྱིས་བཟོ་ལས་ཅན་ལ་ནུས་ལྡན་གྱི་རྨང་གཞིའི་སྒྲིག་བཀོད་དང་། ཚོང་རའི་དྲ་རྒྱ། རྩ་འཛུགས་མ་ལག་འདོན་སྤྲོད་བྱས་པ་ཡིན། བཟོ་ལས་ཅན་དང་གྲོང་ཁྱེར་ཅན་ཕན་ཚུན་འགུལ་རེས་བྱེད་པར་སྐུལ་འདེད་བྱས་ནས། དུས་འཁོར་གསར་པའི་ཐོན་ལས་འཕེལ་རྒྱས་ཀྱི་ནུས་ལྡན་གཞི་རྟེན་བསྐྲུན་དགོས།

2. 坚持工业化与城市化相结合，构建产业发展的大平台。城市化为工业化提供有效的基础设施、市场网络和组织体系。促进工业化与城市化互动，构筑新一轮产业发展的有效载体。

༣. ཞིང་ལོར་ཐོན་ཟས་བཟོ་སྐྱོན་ལས་རིགས་ལྟེ་གནད་དུ་བྱས་ཏེ་གྲོང་ཁྱེར་དང་གྲོང་གསེབ་ཀྱི་ཐོན་ལས་མཐུན་འགྲིག་ངང་གོང་དུ་འཕེལ་བར་སྐུལ་འདེད་བྱ་དགོས། ཞིང་ལོར་ཐོན་ཟས་བཟོ་སྐྱོན་ལས་རིགས་ནི་ཞིང་ལས་ཀྱི་ཐོན་ལས་གྲུབ་ཆ་ལེགས་སྒྲིག་ལ་སྐུལ་འདེད་གཏོང་བ་དང་། གྲོང་གསེབ་ཀྱི་ངལ་རྩོལ་ནུས་ཤུགས་ལྷག་མ་རྣམས་ཞིང་ལས་མིན་པའི་ཐོན་ལས་སུ་སྤོ་སྤྱོད་བྱེད་པར་སྐུལ་འདེད་གཏོང་བ། ཞིང་པའི་ཡོང་འབབ་ཇེ་མང་དུ་གཏོང་བ། གྲོང་ཁྱེར་དང་གྲོང་གསེབ་ཀྱི་ཐོན་ལས་མཉམ་འདྲེས་བྱས་ཚད་ཇེ་མགྱོགས་སུ་གཏོང་བ། ཞིང་ལས་བཟོ་ལས་ཅན་དང་དེང་རབས་ཅན་དུ་འགྱུར་བར་མངོན་འགྱུར་བྱེད་པ་སོགས་ཀྱི་ཐད་ལྟེ་བའི་ནུས་པ་ཐོན་ཡོད།

3. 以农副产品加工业为枢纽，推进城乡产业协调发展。农副产品加工业在促进农业产业结构调整，推动农村剩余劳动力向非农产业转移，增加农民收入，加快城乡产业融合，实现农业工业化、现代化等方面起着枢纽作用。

གཉིས་པ། གྲོང་ཁྱེར་དང་གྲོང་གསེབ་ཀྱི་རྨང་གཞིའི་འཛུགས་སྐྲུན་དང་སྤྱི་པའི་ཞབས་ཞུ་གཞི་གཅིག་ཅན་ལ་གཅིག་གྱུར་གྱིས་འཆར་འགོད་བྱེད་པ།

二、统筹城乡基础建设和公共服务一体化

༡. ནོར་སྲིད་ཀྱིས་གྲོང་གསེབ་ཀྱི་སྤྱི་པའི་བྱ་གཞག་ལ་འགན་སྲུང་བྱེད་པའི་ཚུ་ཚད་ཁྱོན་ཡོངས་ནས་ཇེ་མཐོར་གཏོང་དགོས།

1. 全面提高财政保障农村公共事业的水平。

གྲོང་གསེབ་ཀྱི་རྨང་གཞིའི་སྒྲིག་བཀོད་དང་སྤྱི་པའི་ཞབས་ཞུ་གཏོང་བའི་འགན་སྲུང་ལམ་སྲོལ་འཛུགས་སྐབས། གསོག་ཚད་ལེགས་སྒྲིག་འོས་འཚམ་བྱེད་པ་དང་འཕར་ཚད་གཙོ་གནད་དུ་འཛིན་པའི་རྩ་དོན་ལྟར། གཙོ་བོ་འཕར་ཚད་ལེགས་སྒྲིག་གི་ཐོག་འབད་བརྩོན་བྱས་ཏེ། ནོར་སྲིད་མ་དངུལ་བརྟན་པོའི་ངང་འཕར་སྐྱོན་ཡོང་བའི་གནས་བབ་རིམ་གྱིས་ཆགས་དགོས།

建立农村基础设施和公共服务投入保障机制，应按照存量适度调整、增量重点倾斜的原则，重点在增量调整上下功夫，逐步形成财政资金稳定增长格局。

༢. ཞིང་པའི་ཆེས་ཁ་ཚ་དགོས་གཏུག་གི་གྲོང་གསེབ་ཀྱི་གཞི་རྩའི་སྤྱི་པའི་ཞབས་ཞུ་དམིགས་བསལ་གྱིས་སྔོན་ལ་འཕེལ་རྒྱས་གཏོང་དགོས།

2. 优先发展农民最迫切需要的农村基本公共服务

ཞིང་པའི་ཐོན་སྐྱེད་དང་འཚོ་བར་ཐད་ཀར་དུ་འབྲེལ་བ་ཡོད་པའི་ས་ཞིང་ཆུ་བེད་གཙོར་བྱས་པའི་ཞིང་ལས་ཀྱི་རྨང་གཞིའི་སྒྲིག་བཀོད་དང་། གྲོང་གསེབ་ཀྱི་འཐུང་ཆུ། གྲོང་གསེབ་ཀྱི་གཞུང་ལམ། གྲོང་གསེབ་ཀྱི་ནུས་ཁུངས། གྲོང་གསེབ་ཀྱི་ཁོར་ཡུག་བཅོས་སྐྱོང་ལ་སོགས་པའི་རྨང་གཞིའི་སྒྲིག་བཀོད་གཙོ་གནད་དུ་བཟུང་ནས་རྒྱབ་སྐྱོར་བྱེད་དགོས་པ་དང་། སྤྱི་པའི་ནོར་སྲིད་ཀྱིས་གྲོང་གསེབ་ཀྱི་འོས་འགན་སློབ་གསོར་འགན་སྲུང་བྱེད་པའི་ཚུ་ཚད་ཇེ་མཐོར་གཏོང་རྒྱུ། ཞིང་པའི་སྨན་བཅོས་འགན་སྲུང་ཚུ་ཚད་ཇེ་མཐོར་གཏོང་རྒྱུ། གྲོང་གསེབ་ཀྱི་སྤྱི་

ཚོགས་རྒྱན་གསོའི་འགན་བཅོལ་ལམ་ལུགས་གསར་པ་འཛུགས་རྒྱུ། གྲོང་གསེབ་ཀྱི་སྤྱི་ཚོགས་རོགས་སྐྱོབ་ལམ་ལུགས་འཐུས་ཚང་དུ་གཏང་རྒྱུ་བཅས་སོ།།

重点支持与农民生产和生活直接相关的以农田水利为重点的农业基础设施、农村饮水、农村公路、农村能源、农村环境治理等基础设施。提高公共财政对农村义务教育的保障水平，提高农民医疗保障水平，建立农村新型社会养老保险制度，完善农村社会救助制度。

ས་བཅད་གསུམ་པ། གྲོང་ཁྱེར་དང་གྲོང་གསེབ་ཀྱི་ངལ་རྩོལ་ནུས་ཤུགས་དང་ལས་ཞུགས་གཞི་གཅིག་ཅན་ལ་གཅིག་སྒྱུར་གྱིས་འཆར་འགོད་བྱེད་པ།
第三节　统筹城乡劳动力就业一体化

༡. གྲོང་ཁྱེར་དང་གྲོང་གསེབ་ཀྱི་ལས་ཞུགས་ཚོད་ལྟའི་ལས་དོན་གྱི་མཛུབ་སྟོན་བསམ་འཆར་ལ་གཅིག་སྒྱུར་གྱིས་འཆར་འགོད་བྱེད་པ།

1. 统筹城乡就业试点工作指导意见

རྒྱལ་སྲིད་སྤྱི་ཁྱབ་ཁང་གིས་ཆ་རྐྱེན་ཡོད་པའི་ས་ཁུལ་སྒྲིག་འཛུགས་བྱས་ནས་ཚོད་ལྟ་བྱེད་དགོས་ཞེས་གསལ་པོར་བཏོན་ཡོད་པ་མ་ཟད། ད་དུང་གཤམ་གསལ་གྱི་བསམ་འཆར་བཏོན་ཡོད་དེ། གྲོང་ཁྱེར་དང་གྲོང་གསེབ་ཡོངས་སུ་ཁྱབ་པའི་ལས་རིགས་གསོ་སྦྱོང་མ་ལག་དང་། སྤྱི་པའི་ལས་ཞུགས་ཞབས་ཞུ་མ་ལག་འཛུགས་དགོས་པ་དང་། ངལ་རྩོལ་ལས་བཟོ་བཀལ་སྤྱོད་བྱེད་པའི་དོ་དམ་ལམ་ལུགས་དང་སྤྱི་ཚོགས་འགན་བཅོལ་ལམ་ལུགས་འཐུས་ཚང་དུ་གཏོང་དགོས་པ་བཅས་ཡིན།

国务院明确提出要组织有条件的地区进行试点，并提出以下意见：建立覆盖城乡的职业培训体系、公共就业服务体系；健全劳动用工管理制度，完善社会保险制度等。

༢. ལས་ཞུགས་སྐུལ་འདེད་བཅའ་ཁྲིམས་དང་ཤང་གི་ངལ་རྩོལ་པའི་ལས་ཞུགས།

2. 就业促进法与乡劳动力就业

ལས་ཞུགས་སྐུལ་འདེད་བཅའ་ཁྲིམས་སྤྱད་དེ་གྲོང་ཁྱེར་དང་གྲོང་གསེབ་ཀྱིས་ངལ་རྩོལ་ནུས་ཤུགས་ཀྱི་ལས་ཞུགས་ལ་གཅིག་གྱུར་གྱིས་འཆར་འགོད་བྱེད་པར་སྐུལ་འདེད་དང་འགན་སྲུང་བྱེད་པའི་བརྒྱུད་རིམ་ཁྲོད། སྲིད་གཞུང་གི་འགན་འཁྲི་ནི་འཐུས་ཚང་དུ་གཏོང་བ་བདུན་ལ་བསྡུས་ཆོག་སྟེ།

在运用就业促进法来促进和保障城乡统筹劳动力就业的过程中，政府的责任可以归纳为七个完善：

གཅིག་ནི་གྲོང་ཁྱེར་དང་གྲོང་གསེབ་ཡོངས་ལ་ཁྱབ་པའི་ལས་ཞུགས་ཞབས་ཞུའི་མ་ལག་འཐུས་ཚང་དུ་གཏོང་དགོས།

一是完善覆盖城乡的就业服务体系。

གཉིས་ནི་ངལ་རྩོལ་པ་ཡོངས་ལ་ཕྱོགས་པའི་ལས་རིགས་གསོ་སྦྱོང་ལམ་ལུགས་འཐུས་ཚང་དུ་གཏོང་དགོས། ངལ་རྩོལ་པའི་ཚེ་གང་ལས་རིགས་རྩལ་ནུས་སྦྱོང་བརྡར་མ་ལག་གཏན་ཁེལ་བྱེད་དགོས།

二是完善面向全体劳动者的职业培训制度。确立劳动者终身职业技能培训体系。

གསུམ་ནི་ལས་གཏོང་གྱིས་ལས་ཞུགས་ལ་སྐུལ་འདེད་གཏོང་བའི་ལམ་སྲོལ་འཐུས་ཚང་དུ་གཏོང་དགོས།

三是完善创业促进就业机制。

བཞི་ནི་དཀའ་ངལ་ཡོད་པའི་མང་ཚོགས་ཡོངས་ལ་ཁ་ཕྱོགས་པའི་ལས་ཞུགས་རོགས་སྐྱོར་ལམ་ལུགས་འཐུས་ཚང་དུ་གཏོང་དགོས།

四是完善面向所有困难群众的就业援助制度。

ལྔ་ནི་ངལ་རྩོལ་འབྲེལ་བའི་མཐུན་སྒྲོར་ལམ་སྲོལ་འཐུས་ཚང་དུ་གཏོང་དགོས་པ་དང་། ཁྲིམས་འགལ་གྱི་བྱ་སྤྱོད་ལ་རྩད་ཞིབ་ནན་མོ་བྱེད་དགོས།

五是完善劳动关系协调机制。严肃查处违法行为。

དྲུག་ནི་ཁེ་ལས་ཀྱི་ལས་བཟོ་པའི་གླ་ཕོགས་རྒྱུན་ལྡན་གྱི་འཕར་སྣོན་ལམ་སྲོལ་དང་གཏོང་སྤྲོད་འགན་སྲུང་ལམ་སྲོལ་འཐུས་ཚང་དུ་བཏང་ནས། ཞིང་པ་ལས་མིའི་གླ་ཕོགས་དམའ་དྲགས་པ་དང་ལས་མཐུན་གླ་མི་མཐུན་པའི་གནས་ཚུལ་སྒྱུར་དགོས།

六是完善企业职工工资正常增长机制和支付保障机制。改变农民工工资偏低、同工不同酬的状况。

བདུན་ནི་སྤྱི་ཚོགས་འགན་བཅོལ་ལམ་ལུགས་འཐུས་ཚང་དུ་གཏོང་དགོས་ཏེ། གཏེར་རི་དང་འཛུགས་སྐྲུན་ཁེ་ལས། བཟོ་སྐྲོན་བཟོ་སྐྲུན་ལས་རིགས། བཟའ་འཐུང་ལས་རིགས་ཚང་མ་ལས་རྨས་འགན་བཅོལ་གྱི་འགེབས་ཁོངས་ནང་བཙུག་དགོས་པ་བཅས་ཡིན།

七是完善社会保险制度。将矿山、建筑企业、加工制造业、餐饮业全部纳入工伤保险覆盖范围。

ལེའུ་བདུན་པ། གྲོང་གསེབ་ཀྱི་སློབ་གསོ་དང་སྨན་བཅོས། དམག་ཞབས་ལམ་ལུགས།

第七章 农村教育、医疗和兵役制度

ས་བཅད་དང་པོ། གྲོང་གསེབ་ཀྱི་འོས་འགན་སློབ་གསོ།

第一节 农村义务教育

འོས་འགན་སློབ་གསོ་ནི་བཅའ་ཁྲིམས་ནང་གསལ་གཏན་འབེབས་ལྟར། སློབ་ལོ་རན་པའི་བྱིས་པ་དང་གཞོན་ནུ་ལོ་ཚུང་རྣམས་ཀྱིས་ངེས་པར་དུ་དང་ལེན་བྱེད་དགོས་པ་དང་། རྒྱལ་ཁབ་དང་། སྤྱི་ཚོགས། ཁྱིམ་ཚང་གིས་ངེས་པར་ཏུ་ཁག་ཐེག་བྱེད་དགོས་པའི་རྒྱལ་དམངས་སློབ་གསོ་ཡིན།

义务教育是根据法律规定，适龄儿童和青少年都必须接受的，国家、社会、家庭必须予以保证的国民教育。

དང་པོ། འོས་འགན་སློབ་གསོའི་སྐོར་གྱི་བཅའ་ཁྲིམས་ནང་གསལ་སློབ་མའི་ཐད་ཀྱི་གཏན་འབེབས།

一、义务教育法对学生的规定

༡. ལོ་6ལོན་པའི་བྱིས་པ་ཡིན་ན་དེའི་ཕ་མའམ་ཡང་ན་ཁྲིམས་བཀོད་ཀྱི་ལྟ་སྐྱོང་བྱེད་མི་གཞན་དག་གིས་སློབ་གྲྭར་ཞུགས་སུ་བཅུག་སྟེ་འོས་འགན་སློབ་གསོ་དང་ལེན་བྱ་དགོས་པ་མ་ཟད། ལེགས་འགྲུབ་ཀྱང་བྱེད་དགོས།

1. 凡年满6周岁的儿童，

其父母或者其他法定监护人应当送其入学接受并完成义务教育。

༢. སློབ་ལོ་རན་པའི་བྱིས་པ་དང་ན་གཞོན་རྣམས་རྒྱུགས་སྤྲོད་མི་དགོས་པར་སློབ་གྲྭར་ཞུགས་རྒྱུ། ས་གནས་མི་དམངས་སྲིད་གཞུང་རིམ་པ་ཁག་གིས་སློབ་ལོ་རན་པའི་བྱིས་པ་དང་ན་གཞོན་རྣམས་ཐེམ་ཐོ་གནས་སའི་སློབ་གྲྭ་ཐག་ཉེ་སར་ཞུགས་པར་འགན་སྲུང་བྱེད་དགོས།

2. 适龄儿童、少年免试入学。地方各级人民政府应当保障适龄儿童、少年在户籍所在地学校就近入学。

གཉིས་པ། འོས་འགན་སློབ་གསོའི་སྐོར་གྱི་བཅའ་ཁྲིམས་ནང་གསལ་སློབ་གྲྭའི་ཐད་ཀྱི་གཏན་འབེབས།

二、义务教育法对学校的规定

༡. རྫོང་རིམ་པ་ཡན་གྱི་ས་གནས་མི་དམངས་སྲིད་གཞུང་གིས་སྲིད་འཛིན་ས་ཁོངས་དེའི་ནང་དུ་གནས་སྡོད་བྱས་པའི་སློབ་ལོ་རན་པའི་བྱིས་པ་དང་ན་གཞོན་གྱི་གྲངས་ཀ་དང་ཁྱབ་ཚུལ་སོགས་ཀྱི་རྒྱུ་རྐྱེན་ལ་གཞིགས་པ་དང་། རྒྱལ་ཁབ་ཀྱི་འབྲེལ་ཡོད་གཏན་འབེབས་ལྟར། སློབ་གྲྭ་འཛུགས་རྒྱུའི་འཆར་གཞི་གཏན་འབེབས་དང་ལེགས་སྒྲིག་བྱེད་དགོས།

1. 县级以上地方人民政府根据本行政区域内居住的适龄儿童、少年的数量和分布状况等因素，按照国家有关规定，制定、调整学校设置规划。

༢. སློབ་གྲྭ་འཛུགས་སྐྲུན་བྱེད་པ་དེ། རྒྱལ་ཁབ་ཀྱིས་གཏན་འབེབས་བྱས་པའི་སློབ་གཉེར་ཚད་གཞི་དང་མཐུན་དགོས་ཏེ། སློབ་གསོའི་སློབ་ཁྲིད་ཀྱི་དགོས་མཁོ་དང་མཐུན་དགོས་པ་དང་། རྒྱལ་ཁབ་ཀྱིས་གཏན་འབེབས་བྱས་པའི་གནས་ཡུལ་འདེམས་པའི་བླང་བྱ་དང་འཛུགས་སྐྲུན་གྱི་ཚད་གཞི་དང་མཐུན་དགོས་ཏེ། སློབ་མ་དང་དགེ་རྒན་ལས་བྱེད་པའི་བདེ་འཇགས་ལ་འགན་སྲུང་ཏན་ཏིག་བྱེད་དགོས།

2. 学校建设，应当符合国家规定的办学标准，适应教育教学需要；应当符合国家规定的选址要求和建设标准，确保学生和教职工安全。

༣. མི་དམངས་སྲིད་གཞུང་རིམ་པ་ཁག་དང་དེའི་འབྲེལ་ཡོད་སྡེ་ཁག་གིས་སློབ་གྲྭའི་

མཐའ་སྐོར་གྱི་སྒྲིག་ལམ་ཁྲིམས་ལུགས་སྲུང་སྐྱོང་བྱེད་དགོས་པ་དང་། སློབ་མ་དང་། དགེ་རྒན། སློབ་གྲྭའི་ཁྲིམས་མཐུན་ཁེ་དབང་ལ་སྲུང་སྐྱོང་བྱས་ཏེ་སློབ་གྲྭར་བདེ་འཇགས་ཀྱི་འགན་སྲུང་འདོན་སྤྲོད་བྱེད་དགོས།

3. 各级人民政府及其有关部门依法维护学校周边秩序,保护学生、教师、学校的合法权益,为学校提供安全保障。

༤. སློབ་གྲྭས་བདེ་འཇགས་ལམ་ལུགས་དང་མཁོ་བསྟུན་ལམ་སྲོལ་གསར་འཛུགས་དང་འཛུམས་ཚང་དུ་གཏོང་དགོས་ལ། སློབ་མར་བདེ་འཇགས་སྐོར་གྱི་སློབ་གསོ་གཏོང་བ་དང་། དོ་དམ་ལ་ཤུགས་སྣོན་རྒྱག་པ། མངོན་མེད་རྐྱེན་ངན་དུས་ཐོག་ཏུ་སེལ་བ་བཅས་བྱས་ཏེ་ལས་འཛོལ་མི་འབྱུང་བར་བྱེད་དགོས།

4. 学校应当建立、健全安全制度和应急机制,对学生进行安全教育,加强管理,及时消除隐患,预防事故发生。

གསུམ་པ། འོས་འགན་སློབ་གསོའི་སྐོར་གྱི་བཅའ་ཁྲིམས་ནང་གསལ་དགེ་རྒན་ཐད་ཀྱི་གཏན་འབེབས།

三、义务教育法对教师的规定

དགེ་རྒན་ལ་བཅའ་ཁྲིམས་ཀྱིས་གཏན་འབེབས་བྱས་པའི་ཁེ་དབང་ལོངས་སུ་སྤྱོད་རྒྱུ་ཡོད་པ་མ་ཟད། བཅའ་ཁྲིམས་ནང་གཏན་ལ་ཕབ་པའི་འོས་འགན་བསྒྲུབ་དགོས། རང་དཔེ་གཞན་སྟོན་བྱེད་དགོས་ལ། མི་དམངས་ཀྱི་སློབ་གསོའི་བྱ་གཞག་ལ་བློ་དཀར་སེམས་དཀར་བྱེད་དགོས།

教师不仅享有法律规定的权利,而且应当履行法律规定的义务,应当为人师表,忠诚于人民的教育事业。

དགེ་རྒན་ལ་རྒྱལ་ཁབ་ཀྱིས་གཏན་ལ་ཕབ་པའི་དགེ་རྒན་གྱི་ཐོབ་ཐང་ཐོབ་དགོས། རྒྱལ་ཁབ་ཀྱིས་གཅིག་གྱུར་གྱི་འོས་འགན་སློབ་གསོའི་དགེ་རྒན་གྱི་གོ་གནས་ལམ་ལུགས་འཛུགས་དགོས། དགེ་རྒན་གྱི་གོ་གནས་ལ་དམའ་རིམ་དང་འབྲིང་རིམ། མཐོ་རིམ་བཅས་རིམ་པ་གསུམ་དུ་ཕྱེ་ཡོད།

教师应当取得国家规定的教师资格。国家建立统一的义务教育教师职务制度。教师职务分为初级职务、中级职务和高级职务。

བཞི་པ། འོས་འགན་སློབ་གསོའི་གྲོན་དཔུལ་འགན་སྲུང་།

四、义务教育经费保障

རྒྱལ་སྲིད་སྤྱི་ཁྱབ་ཁང་དང་ས་གནས་མི་དམངས་སྲིད་གཞུང་རིམ་པ་ཁག་གིས་འོས་འགན་སློབ་གསོའི་གྲོན་དཔུལ་དེ་ནོར་སྲིད་སྔོན་རྩིས་ནང་བཅུག་སྟེ། དུས་ཐོག་ཏུ་འོས་འགན་སློབ་གསོའི་གྲོན་དཔུལ་འདང་ངེས་གཏོང་སྤྲོད་བྱས་ནས། སློབ་གྲྭའི་རྒྱུན་ལྡན་གྱི་འཁོར་རྒྱུག་དང་སློབ་གྲྭའི་ཁང་པའི་བདེ་འཇགས། དགེ་རྒན་དང་ལས་བཟོ་པའི་གླ་ཕོགས་གཏན་འབེབས་ལྟར་སྤྲོད་པ་བཅས་ལ་འགན་སྲུང་ཏན་ཏིག་བྱེད་དགོས།

国务院和地方各级人民政府将义务教育经费纳入财政预算，及时足额拨付义务教育经费，确保学校的正常运转和校舍安全，确保教职工工资按照规定发放。

དཔེར་བརྗོད་ཁྲིམས་བཤད། ༡༠

以案说法 10

བུ་མོའི་སློབ་གསོ་ཐོབ་དབང་ལ་བཅའ་ཁྲིམས་ཀྱིས་སྲུང་སྐྱོང་བྱེད་པ།

女童的受教育权受法律保护

【གྱོད་དོན་གྱི་གནས་ཚུལ་ངོ་སྤྲོད།】ཞའོ་ཧྥང་གི་ཁྱིམ་ནི་གྲོང་གསེབ་ཏུ་ཡོད་ལ། སྡེ་བའི་སློབ་ཆུང་དུ་ལོ་རིམ་ལྔ་པར་ཞུགས་བཞིན་ཡོད། ཉིན་ཞིག་ལ། ཨ་ཕས་བུ་མོ་སློབ་གྲྭར་སོང་ན་ནུས་པ་ཅི་ཡང་མེད་ཟེར་ནས་ཁོ་མོར་སློབ་མཚམས་བཞག་ནས་ཁྱིམ་དུ་ལས་རོགས་བྱེད་དུ་བཅུག

【案情介绍】小芳的家住在农村，在村里的小学上五年级。一天，爸爸说女孩读书没什么用，让她辍学帮家里干活。

【གྱོད་དོན་དཔེ་མཚོན་དབྱེ་ཞིབ།】《འོས་འགན་སློབ་གསོའི་སྐོར་གྱི་ཀྲུང་ཧྭ་མི་དམངས་སྤྱི་མཐུན་རྒྱལ་ཁབ་ཀྱི་བཅའ་ཁྲིམས་》ཀྱི་དོན་ཚན་ལྔ་པའི་ནང་དུ། ལོ་6ལོན་པའི་བྱིས་པ་ཡིན་ཕྱིན། ཕོ་མོ་དང་། མི་རིགས། རིགས་རྒྱུད་ཀྱི་དབྱེ་བ་མི་འབྱེད་པར་སློབ་གྲྭར་ཞུགས་ནས་གཏན་འབེབས་བྱས་པའི་ལོ་ཚད་ཀྱི་འོས་འགན་སློབ་གསོ་དང་ལེན་བྱེད་དགོས་པ་མ་ཟད། ད་དུང་བུ་མོར་མཐོང་ཆུང་བྱས་མི་ཆོག་པ་གཏན་འབེབས་བྱས་ཡོད། དེའི་རྐྱེན

གྱིས། ཞའོ་ཧྲང་གི་ཨ་ཕས་མོ་རང་བར་སྐབས་སུ་སློབ་མཚམས་འཇོག་ཏུ་བཅུག་པའི་བྱ་སྤྱོད་ནི་ཁྲིམས་འགལ་ཡིན། གལ་ཏེ་ཡོ་བསྒྱུར་མ་བྱས་ན་ས་གནས་དེ་གའི་སྲིད་གཞུང་གིས་ཁོ་ལ་སྐྱོན་བརྗོད་སློབ་གསོ་གཏོང་བ་མ་ཟད། ཞའོ་ཧྲང་ཕྱིར་སློབ་གྲྭར་བསྐྱལ་དགོས་པའི་བཀའ་ཕབ་རྒྱུ།

【案例评析】《中华人民共和国义务教育法》第五条规定,凡年满6周岁的儿童,不分性别、民族、种族,应当入学接受规定年限的义务教育,而且不能歧视女孩。因此,小芳的爸爸让小芳中途辍学的行为是违法的。如果不改正的话,当地政府应对他进行批评教育,并责令他送小芳返回学校上学。

ས་བཅད་གཉིས་པ། གྲོང་གསེབ་ཀྱི་སྨན་བཅོས་འཕྲོད་བསྟེན།
第二节　农村医疗卫生

གྲོང་གསེབ་ཀྱི་འཕྲོད་བསྟེན་སྒྲིག་སྲོལ་བསྒྱུར་བཅོས་ཟབ་ཏུ་གཏོང་བ་དང་། གྲོང་གསེབ་ཀྱི་འཕྲོད་བསྟེན་བྱ་བཞག་འཕེལ་རྒྱས་ལ་སྐུལ་འདེད་གཏོང་བ། གྲོང་གསེབ་ཀྱི་ཡུལ་མིའི་བདེ་ཐང་གོང་དུ་སྤེལ་བ་བཅས་ནི་རྒྱལ་དམངས་དཔལ་འབྱོར་དང་། སྤྱི་ཚོགས་འཕེལ་རྒྱས་ཀྱི་འཐབ་ཇུས་དམིགས་འབེན་གྱི་མངོན་འགྱུར་དང་ཐད་ཀར་འབྲེལ་བ་ཡོད།

深化农村卫生体制改革,促进农村卫生事业发展,增进农村居民健康,直接关系到国民经济和社会发展战略目标的实现。

༡. གྲོང་ཚོའི་སྨན་པ། རྒྱལ་ཁབ་ཀྱིས་གྲོང་ཚོའི་སྨན་པ་ལས་གཉེར་ཐོ་འགོད་ལམ་ལུགས་ལག་ལེན་དུ་བསྟར་རྒྱུ། གྲོང་ཚོའི་སྨན་བཅོས་འཕྲོད་བསྟེན་ལས་ཁུངས་ནང་ཞུགས་པའི་མི་སྣར་ལས་གཉེར་སྨན་པ་

དཀའ་བཅུ་པའི་ཐོབ་ཐང་དམ་ཡང་ན་ལས་གཉེར་སྨན་པའི་ལས་རོགས་པའི་ཐོབ་ཐང་ལྡན་དགོས།

1. 乡村医生。国家实行乡村医生执业注册制度。进入村医疗卫生机构的人员，应当具备执业医师资格或者执业助理医师资格。

༢. གྲོང་གསེབ་ཀྱི་སྨན་བཅོས་འཕྲོད་བསྟེན་ལས་ཁུངས། རང་རྒྱལ་གྱི་བཅའ་ཁྲིམས་ཀྱི་གཏན་འབེབས་ལྟར་ན། སྨན་བཅོས་ལས་ཁུངས་ཀྱིས་ལས་གཉེར་བྱ་བར་ངེས་པར་ཏུ་ཐོ་འགོད་བྱེད་དགོས་པ་དང་། 《སྨན་བཅོས་འཕྲོད་བསྟེན་ལས་ཁུངས་ཀྱི་ལས་གཉེར་ཆོག་འཐུས་དཔང་ཡིག་》ལེན་དགོས།

2. 农村医疗卫生机构。我国法律规定，医疗机构执业，必须进行登记，领取《医疗机构执业许可证》。

ས་བཅད་གསུམ་པ། གྲོང་གསེབ་ཀྱི་དམག་ཞབས།
第三节　农村兵役

ཀྲུང་ཧྭ་མི་དམངས་སྤྱི་མཐུན་རྒྱལ་ཁབ་ཀྱིས་འོས་འགན་དམག་མི་དང་དང་བླངས་དམག་མི་ཟུང་འབྲེལ་དང་། ཡུལ་དམག་དང་གྲ་སྒྲིག་དམག་ཞབས་ཟུང་འབྲེལ་བྱེད་པའི་དམག་ཞབས་ལམ་ལུགས་ལག་ལེན་དུ་བསྟར་རྒྱུ། ཀྲུང་ཧྭ་མི་དམངས་སྤྱི་མཐུན་རྒྱལ་ཁབ་ཀྱི་སྤྱི་དམངས་ནི། མི་རིགས་དང་། རིགས་རྒྱུད། ལས་རིགས། ཁྱིམ་རྒྱུད། ཆོས་ལུགས་དང་སོས། སློབ་གསོ་ཐོབ་ཚད་སོགས་ཀྱི་དབྱེ་བ་མི་འབྱེད་པར་ཚང་མར་རང་རྒྱལ་གྱི་དམག་ཞབས་བཅའ་ཁྲིམས་ཀྱི་གཏན་འབེབས་ལྟར་དམག་སྒུལ་དང་ལེན་བྱ་རྒྱུའི་འོས་འགན་ཡོད།

中华人民共和国实行义务兵与志愿兵相结合、民兵与预备役相结合的兵役制度。中华人民共和国公民，不分民族、种族、职业、家庭出身、宗教信仰和教育程度，都有义务依照我国兵役法的规定服兵役。

དང་པོ། དམག་མི་གསར་པ་བསྡུ་བ།
一、新兵的征集

རང་རྒྱལ་གྱི་དམག་ཞབས་ཞུ་ཕྱོགས་སྐོར་གྱི་བཅའ་ཁྲིམས་ཀྱི་གཏན་འབེབས་ལྟར་

ན། དམག་དཔུང་གི་དགོས་མཁོར་གཞིགས་ནས། ལོ་དེའི་ཟླ་12ཚེས་31ཉིན་གྱི་སྔོན་ལ་ལོ་17སོན་པ་དང་ལོ་18མ་លོན་པའི་སྤྱི་དམངས་བསྡུས་ནས་དངོས་ཞབས་ཞུས་ཆོག

我国兵役法规定,根据军队需要,可以征集当年12月31日以前年满17周岁未满18周岁的公民服现役。

གཉིས་པ། དམིག་མིའི་དངོས་ཞབས་དང་གྲ་སྒྲིག་དམག་ཞབས།

二、士兵的现役和预备役

༡. དམག་མིའི་དངོས་ཞབས།

1. 士兵现役

རང་རྒྱལ་གྱི་དམག་ཞབས་ཞུ་ཕྱོགས་སྐོར་གྱི་བཅའ་ཁྲིམས་ཀྱི་གཏན་འབེབས་ལྟར་ན། དམག་མིའི་ཁོངས་སུ་འོས་འགན་དམག་མི་དང་དང་བླངས་དམག་མི་གཉིས་འདུས་ཡོད། འོས་འགན་དམག་མིའི་དངོས་ཞབས་ཞུ་ཡུན་ནི་ལོ་གཉིས་ཡིན་པ་དང་། དང་བླངས་དམག་མིས་དུས་བགོས་དངོས་ཞབས་ཞུ་བའི་ལམ་ལུགས་ལག་བསྟར་བྱ་རྒྱུ།

我国兵役法规定,士兵包括义务兵和志愿兵。义务兵服现役的期限为两年。志愿兵实行分期服现役制度。

༢. དམག་མིའི་གྲ་སྒྲིག་དམག་ཞབས།

2. 士兵预备役

རང་རྒྱལ་གྱི་དམག་ཞབས་ཞུ་ཕྱོགས་སྐོར་གྱི་བཅའ་ཁྲིམས་ཀྱི་གཏན་འབེབས་ལྟར་ན། དམག་ཞབས་ཐོ་འགོད་བྱས་ནས་དམག་སྐུལ་དང་ལེན་བྱ་མཁན་གྱི་དམངས་རྣམས། དམག་ཁོངས་སུ་བསྡུས་ཏེ་དངོས་ཞབས་མ་ཞུས་པའི་རིགས། དམག་མིའི་གྲ་སྒྲིག

དམག་ཞབས་ཞུ་རྒྱུ། དམག་མི་གྲ་སྒྲིག་དམག་ཞབས་ཀྱི་ལོ་གྲངས་ནི་ལོ་18ནས་ལོ་35བར་ཡིན།

我国兵役法规定,经过兵役登记的应征公民,未被征集服现役的,服士兵预备役。士兵预备役的年龄为18岁至35岁。

གསུམ་པ། ཡུལ་དམག

三、民兵

ཡུལ་དམག་ནི་ཐོན་སྐྱེད་དང་མི་བྲལ་བའི་མང་ཚོགས་དྲག་ཆས་རྩ་འཛུགས་ཡིན་ལ། ཀྲུང་གོའི་མི་དམངས་བཅིངས་འགྲོལ་དམག་གི་ལས་རོགས་པ་དང་རྗེས་གྲབས་སྟོབས་ཤུགས་ཡིན། ཡུལ་དམག་གི་ལས་འགན་ནི་སྤྱི་ཚོགས་རིང་ལུགས་དེང་རབས་ཅན་དུ་འགྱུར་བའི་འཛུགས་སྐྲུན་ནང་ཧུར་བརྩོན་སྔོས་ཞུགས་པ་དང་། དམག་གྲབས་ཞབས་འདེགས་བྱེད་འགན་འཁུར་ཏེ་དུས་དང་རྣམ་པ་ཀུན་དུ་དམག་ནང་ཞུགས་པ་དང་དམག་འཁྲུག་ཏུ་ཞུགས་པ་དེ་ཡིན།

民兵是不脱离生产的群众武装组织,是中国人民解放军的助手和后备力量。民兵的任务是积极参加社会主义现代化建设,担负战备勤务,随时准备参军参战。

བཞི་པ། འོས་འགན་དམག་མིའི་དམག་ཁོངས་ནས་ཕྱིར་ལོག་པའི་བཀོད་སྒྲིག

四、义务兵的退役安置

འོས་འགན་དམག་མི་དངོས་ཞབས་ལས་བཀྲོལ་རྗེས། གང་ནས་ཡོང་པ་དེ་རུ་ལོག་པའི་རྩ་དོན་ལྟར། དེ་སྔའི་འཚོལ་སྡུད་བྱས་པའི་རྫོང་དང་། རང་སྐྱོང་རྫོང་། གྲོང་ཁྱེར། གྲོང་ཁྱེར་གྱི་ཐད་སྐྱོང་ཆུས་ཀྱི་མི་དམངས་སྲིད་གཞུང་གིས་རྩིས་ལྡངས་ཏེ་བཀོད་སྒྲིག་བྱ་རྒྱུ།

义务兵退出现役后，按照从哪里来、回哪里去的原则，由原征集的县、自治县、市、市辖区的人民政府接收安置:

(༡) གྲོང་གསེབ་ཏུ་གནས་སྡོད་བྱས་རིགས་རྣམས་ཤང་དང་། མི་རིགས་ཤང་། གྲོང་རྡལ་བཅས་ཀྱི་མི་དམངས་སྲིད་གཞུང་གིས་ཁོང་ཚོའི་ཐོན་སྐྱེད་དང་འཚོ་བར་བཀོད་སྒྲིག་འོས་འཚམ་བྱ་དགོས། ལས་ཁུངས་དང་། ཚོགས་པ། ཁེ་ལས་དང་བྱ་ལས་སྡེ་ཚན་གྱིས་དམག་ཁོངས་ནས་ཕྱིར་ལོག་པའི་དམག་མི་དམིགས་བསལ་གྱིས་སྔོན་ལ་བསྡུ་དགོས།

（1）家居农村的由乡、民族乡、镇的人民政府妥善安排他们的生产和生活。机关、团体、企事业单位应当优先录用退伍军人。

(༢) འོས་འགན་དམག་མི་དངོས་ཞབས་ལས་བཀོལ་ཐེས། རྒྱལ་ཁབ་ཀྱི་གཞུང་ཞབས་པ་དང་། མཐོ་རིམ་སློབ་གྲྭ། འབྲིང་རིམ་ཆེད་ལས་སློབ་གྲྭར་རྒྱུགས་ཐོ་འགོད་པ་རྣམས། འབྲེལ་ཡོད་གཏན་འབེབས་ལྟར་གཟིགས་སྐྱོང་བྱ་རྒྱུ།

（2）义务兵退出现役后,报考国家公务员、高等院校和中等专业学校,按照有关规定予以优待。

ལེའུ་བརྒྱད་པ། གྲོང་གསེབ་ཀྱི་སྤྱི་ཚོགས་འགན་སྲུང་ལམ་ལུགས།
第八章　农村社会保障制度

ས་བཅད་དང་པོ། གྲོང་གསེབ་ཀྱི་མ་མཐའི་འཚོ་བའི་འགན་སྲུང་ལམ་ལུགས།
第一节　农村最低生活保障制度

གྲོང་གསེབ་ཀྱི་ཡུལ་མིའི་མ་མཐའི་འཚོ་བའི་འགན་སྲུང་ནི་གྲོང་གསེབ་ཀྱི་ཁྱིམ་ཚང་གི་མི་རེའི་ཆ་སྙོམས་ཀྱི་ཡོང་འབབ་ཁ་གཙང་དེ་ས་གནས་དེ་གའི་མ་མཐའི་འཚོ་བའི་འགན་སྲུང་གི་ཚད་གཞི་ལས་དམའ་བའི་ཁྱིམ་ཚང་ལ། ས་གནས་དེ་གའི་མ་མཐའི་འཚོ་བའི་འགན་སྲུང་གི་ཚད་གཞི་ལྟར་སྐྱབ་རོགས་བྱེད་པའི་ལམ་ལུགས་ཡིན།

农村居民最低生活保障是对农村家庭人均纯收入低于当地最低生活保障标准的家庭,按当地最低生活保障标准给予救助的制度。

དང་པོ། གྲོང་གསེབ་ཀྱི་མ་མཐའི་འཚོ་བའི་འགན་སྲུང་བྱ་ཡུལ།
一、农村最低生活保障对象

གྲོང་གསེབ་ཀྱི་མ་མཐའི་འཚོ་བའི་འགན་སྲུང་བྱ་ཡུལ་ནི། ཁྱིམ་ཚང་གི་ལོ་རེའི་མི་རེའི་ཆ་སྙོམས་ཡོང་འབབ་ཁ་གཙང་དེ་ས་གནས་དེ་གའི་ཆེས་དམའ་བའི་འཚོ་བའི་འགན་སྲུང་གི་ཚད་གཞི་ལས་དམའ་བའི་གྲོང་གསེབ་ཀྱི་ཡུལ་མི་ཡིན་ཏེ། གཙོ་བོ་ནི་ནད་པ་དང་དབང་

པོ་སྐྱོན་ཅན། ན་རྒས་ལུས་ཞན། ངལ་རྩོལ་ནུས་པ་ཤོར་བ་བཅས་དང་དེ་བཞིན་འཚོ་གནས་ཀྱི་ཆ་རྐྱེན་ཞན་པ་སོགས་ཀྱི་རྒྱུ་རྐྱེན་གྱིས་བཟོས་པའི་རྒྱུན་དུ་འཚོ་བའི་ཐད་དཀའ་ངལ་ཡོད་པའི་གྲོང་གསེབ་ཀྱི་ཡུལ་མི་ཡིན།

农村最低生活保障对象是家庭年人均纯收入低于当地最低生活保障标准的农村居民,主要是因病残、年老体弱、丧失劳动能力以及生存条件恶劣等原因造成生活常年困难的农村居民。

གཉིས་པ། གྲོང་གསེབ་ཀྱི་མ་མཐའི་འཚོ་བའི་འགན་སྲུང་དོ་དམ།

二、农村最低生活保障管理

གྲོང་གསེབ་ཀྱི་མ་མཐའི་འཚོ་བའི་འགན་སྲུང་གི་དོ་དམ་ནི་ཚད་ལྡན་ནན་པོ་བཟོས་དགོས་ལ། གྲོང་གསེབ་ཀྱི་དོན་དངོས་ལ་གཞིགས་ཏེ། སྤྱོད་བདེ་བའི་བྱེད་ཐབས་ཀྱང་སྤྱོད་དགོས།

农村最低生活保障的管理既要严格规范,又要从农村实际出发,采取简便易行的方法。

(གཅིག) རེ་ཞུ་དང་ཞིབ་བཤེར་གཏན་འབེབས། ཞིབ་མཚན་གནང་བ།

(一)申请、审核和审批

གྲོང་གསེབ་ཀྱི་མ་མཐའི་འཚོ་བའི་འགན་སྲུང་ཐོབ་རེ་ཞུ་སྐབས། ཐོག་མར་བཏང་དུ་ཁྱིམ་བདག་རང་ཉིད་ཀྱིས་རེ་འདུན་ཞུ་བ་ཡིན་ལ། གྲོང་མི་ཨུ་ཡོན་ལྷན་ཁང་གིས་རེ་འདུན་ཞུ་མཁན་ལ་ཁྱིམ་ཚང་གི་དཔལ་འབྱོར་གནས་ཚུལ་བརྟག་དཔྱད་དང་དམངས་གཙོའི་གྲོས་བསྡུར་བྱས་རྗེས་ཐོག་མའི་བསམ་འཆར་འདོན་པ་མ་ཟད། གོང་རིམ་ལ་སྙན་སེང་ཞུ་དགོས་པ་དང་། རྫོང་དང་ཤང་སྲིད་གཞུང་གིས་ཞིབ་བཤེར་གཏན་འབེབས་དང་ཞིབ་མཚན་གནང་བ། ཞིབ་དཔྱད་བཅས་བྱས་རྗེས་ཞིབ་བཤེར་གཏན་འབེབས་དང་ཞིབ་མཚན་གནང་བའི་བསམ་འཆར་འདོན་རྒྱུ།

申请农村最低生活保障,一般由户主本人提出申请,村民委员会对申请人开展家庭经济状况调查、民主评议后提出初步意见并上报,县乡政府经过审核、审批、核查后提出审核、审批意见。

(གཉིས) དམངས་གཙོའི་སྤྱི་བསྒྲགས།

（二）民主公示

གྲོང་མི་ཨུ་ཡོན་ལྷན་ཁང་དང་། ཤང་ (གྲོང་རྡལ) མི་དམངས་སྲིད་གཞུང་། དེ་བཞིན་རྫོང་རིམ་པའི་མི་དམངས་སྲིད་གཞུང་གི་དམངས་སྲིད་སྡེ་ཁག་གིས་འབྲེལ་ཡོད་ཆ་འཕྲིན་དུས་ཐོག་ཏུ་སྤྱི་ཚོགས་ལ་སྤྱི་བསྒྲགས་བྱས་ནས་མང་ཚོགས་ཀྱི་ལྟ་སྐུལ་དང་ལེན་བྱ་དགོས། སྤྱི་བསྒྲགས་ཀྱི་ནང་དོན་གཙོ་བོ་ནི་མ་མཐའི་འཚོ་བའི་འགན་སྲུང་བྱ་ཡུལ་གྱི་རེ་ཞུའི་གནས་ཚུལ་དང་། མ་མཐའི་འཚོ་བའི་འགན་སྲུང་བྱ་ཡུལ་ལ་དམངས་གཙོའི་གྲོས་བསྡུར་བྱས་པའི་བསམ་འཆར་དང་། ཞིབ་བཤེར་གཏན་འབེབས་བྱེད་པ་དང་ཞིབ་བཤེར་ཆོག་མཆན་འགོད་པའི་བསམ་འཆར། དོན་དངོས་ཀྱི་འཚོ་སྐྱོན་ཆུ་ཚད་སོགས་ཀྱི་གནས་ཚུལ་ཡིན།

村民委员会、乡(镇)人民政府以及县级人民政府民政部门要及时向社会公布有关信息,接受群众监督。公示的内容重点为最低生活保障对象的申请情况和对最低生活保障对象的民主评议意见,审核、审批意见,实际补助水平等情况。

(གསུམ) མ་དངུལ་གཏོང་སྤྲོད།

（三）资金发放

མ་མཐའི་འཚོ་བའི་འགན་སྲུང་གྲོན་དངུལ་དེ་རྩ་དོན་ཐོག་རེ་འདུན་ཞུ་མཁན་གྱི་ཁྱིམ་ཚང་གི་ལོ་རེའི་མི་རེའི་ཆ་སྙོམས་ཡོང་འབབ་ཁེ་གཙང་དང་འགན་སྲུང་ཚད་གཞིའི་ཁྱད་གྲངས་ལྟར་གཏོང་སྤྲོད་བྱས་པ་ཡིན་ལ། རེ་འདུན་ཞུ་མཁན་གྱི་ཁྱིམ་ཚང་གི་ཡོང་འབབ་ལ་ཞིབ་བཤེར་བྱས་པའི་རྨང་གཞིའི་ཐོག དེའི་ཁྱིམ་ཚང་གི་དཀའ་ཁག་ཚད་གཞི་དང་རིགས་དབྱེ་ལྟར་རིམ་པ་ཕྱེ་ནས་གཏོང་སྤྲོད་བྱས་ནའང་ཆོག

最低生活保障金原则上按照申请人家庭年人均纯收入与保障标准的差额发放,也可以在核查申请人家庭收入的基础上,按照其家庭的困难程度和类别，分档发放。

（བཞི）འགུལ་རྣམ་དོ་དམ།

（四）动态管理

མི་དམངས་སྲིད་གཞུང་གིས་ཆ་རྐྱེན་དང་མཐུན་པའི་དཀའ་ངལ་ཡོད་པའི་ཁྱིམ་ཚང་དུས་ཐོག་ཏུ་འགན་སྲུང་གི་ཁྱབ་ཁོངས་ནང་འཇུག་དགོས་པ་མ་ཟད། དེའི་ཁྱིམ་ཚང་གི་དཔལ་འབྱོར་གནས་ཚུལ་གྱི་འགྱུར་ལྡོག་ལ་གཞིར་བཟུང་ནས། དུས་ཐོག་ཏུ་གོ་རིམ་ལྟར་མ་མཐའི་འཚོ་བའི་འགན་སྲུང་གྲོན་དངུལ་སྤྲོད་མཚམས་འཇོག་པ་དང་། ཉུང་སྤྲོད་བྱེད་པའམ་ཡང་ན་འཕར་འགྲིམ་གཏོང་བའི་འགྲོ་ལུགས་འགྲིམ་དགོས།

人民政府要及时将符合条件的困难群众纳入保障范围，并根据其家庭经济状况的变化，及时按程序办理停发、减发或增发最低生活保障金的手续。

ས་བཅད་གཉིས་པ། གྲོང་གསེབ་ཀྱི་མཉམ་ལས་སྨན་བཅོས་ལམ་ལུགས་གསར་པ།

第二节　新型农村合作医疗制度

རྣམ་པ་གསར་པའི་གྲོང་གསེབ་ཀྱི་མཉམ་ལས་སྨན་བཅོས་ཀྱི་བསྡུས་མིང་ལ་“གྲོང་གསེབ་ཀྱི་མཉམ་ལས་སྨན་བཅོས་ལམ་ལུགས་གསར་པ”ཡང་ཟེར།

新型农村合作医疗，简称“新农合”。

དང་པོ། “གྲོང་གསེབ་ཀྱི་མཉམ་ལས་སྨན་བཅོས་ལམ་ལུགས་གསར་པའི”ལམ་ལུགས་ཀྱི་དམིགས་ཡུལ་དང་སྒྲིག་འཛུགས་དོ་དམ།

一、“新农合”制度的目标和组织管理

གྲོང་གསེབ་ཀྱི་མཉམ་ལས་སྨན་

བཅོས་ལམ་ལུགས་གསར་པ་ནི་སྲིད་གཞུང་གིས་སྒྲིག་འཛུགས་དང་། སྣེ་ཁྲིད། རྒྱབ་སྐྱོར་བཅས་བྱེད་པ་དང་། ཞིང་པ་རྣམས་རང་མོས་ཀྱིས་ཞུགས་པ། མི་སྒེར་དང་། ཐུན་མོང་། སྲིད་གཞུང་གིས་ཕྱོགས་མང་པོ་ནས་མ་དངུལ་གྲབས་གསོག་བྱེད་པ་དང་། ནད་ཀྱི་མོར་གཅིག་གྱུར་འཆར་འགོད་གཙོ་བོར་བཟུང་བའི་ཞིང་པའི་སྨན་བཅོས་རོགས་རེས་མཉམ་ཕན་ལམ་ལུགས་ཡིན།

新型农村合作医疗制度是由政府组织、引导、支持,农民自愿参加,个人、集体和政府多方筹资,以大病统筹为主的农民医疗互助共济制度。

གྲོང་གསེབ་ཀྱི་མཉམ་ལས་སྨན་བཅོས་ལམ་ལུགས་གསར་པས་སྤྱིར་བཏང་དུ་རྫོང་（གྲོང་ཁྱེར）སྡེ་ཚན་བྱས་ཏེ་གཅིག་གྱུར་གྱིས་འཆར་འགོད་བྱས་པ་ཡིན། གྲོང་གསེབ་ཀྱི་མཉམ་ལས་སྨན་བཅོས་དོ་དམ་ཨུ་ཡོན་ལྷན་ཁང་གིས་འབྲེལ་ཡོད་ཚ་འཛུགས་དང་། མཐུན་འགྲིག དོ་དམ། མཛུབ་ཁྲིད་ཀྱི་ལས་ཀར་བྱེད་འགན་འཁུར་རྒྱུ།

新型农村合作医疗制度一般采取以县（市）为单位进行统筹。农村合作医疗管理委员会，负责有关组织、协调、管理和指导工作。

གཉིས་པ། “གྲོང་གསེབ་ཀྱི་མཉམ་ལས་སྨན་བཅོས་ལམ་ལུགས་གསར་པའི”མ་དངུལ་གྲབས་གསོག་ཚད་གཞི།

二、“新农合”筹资标准

གྲོང་གསེབ་ཀྱི་མཉམ་ལས་སྨན་བཅོས་ལམ་ལུགས་གསར་པས་མི་སྒེར་གྱིས་གྲོན་དངུལ་འཇལ་པ་དང་། ཐུན་མོང་གིས་རོགས་སྐྱོར་བྱེད་པ། སྲིད་གཞུང་གིས་རོགས་དངུལ་སྤྲོད་པ་ཟུང་དུ་འབྲེལ་བའི་མ་དངུལ་གྲབས་གསོག་ལམ་སྲོལ་ལག་ལེན་དུ་བསྟར་རྒྱུ།

新型农村合作医疗制度实行个人缴费、集体扶持和政府资助相结合的筹资机制。

ཞིང་པ་སྒེར་གྱི་ལོ་རེའི་དངུལ་འཇལ་བའི་ཚད་གཞི་ནི་སྒོར་10ལས་དམའ་མི་རུང་པ་དང་། དཔལ་འབྱོར་ཆ་རྐྱེན་བཟང་པའི་ས་ཁུལ་དུ་གྲོན་དངུལ་འཇལ་བའི་ཚད་གཞི་དེ་བབ་མཐུན་གྱིས་ཇེ་མཐོར་བཏང་ཆོག

农民个人每年的缴费标准不应低于 10 元,经济条件好的地区可相应提高缴费标准。

ས་གནས་ནོར་སྲིད་ཀྱིས་ལོ་རེར་གྲོང་གསེབ་ཀྱི་མཉམ་ལས་སྨན་བཅོས་གསར་པའི་ནང་ཞུགས་པའི་ཞིང་པར་སྤྲད་པའི་རོགས་དཔུལ་ནི་མི་རེའི་ཆ་སྙོམས་ལ་སྒོར་10ལས་དམའ་མི་རུང་།

地方财政每年对参加新型农村合作医疗的农民的资助不低于人均10元。

ས་བཅད་གསུམ་པ། གྲོང་གསེབ་ཀྱི་རྒན་གསོའི་འགན་བཅོལ་ལམ་ལུགས་གསར་པ།

第三节 新型农村养老保险制度

གྲོང་གསེབ་ཀྱི་རྒན་གསོའི་འགན་བཅོལ་ལམ་ལུགས་གསར་པས་མི་སྒེར་གྱིས་གྲོན་དཔུལ་འཇལ་བ་དང་། ཐུན་མོང་གིས་ཁ་གསབ་རོགས་རམ་བྱེད་པ། སྲིད་གཞུང་གིས་གསབ་དཔུལ་སྤྲོད་པ་བཅས་ཀྱི་ལས་མཐུད་ལག་བསྟར་བྱེད་པ་ཡིན། དེའི་ཁྲོད་དུ་ཀྲུང་དབྱང་ནོར་སྲིད་ཀྱིས་ས་གནས་ལ་ཁ་གསབ་རོགས་རམ་བྱེད་པ་མ་ཟད། ཞིང་པར་ཐད་ཀར་གྱིས་ཁ་གསབ་བྱེད་ངེས་ཡིན།

“新农保”采取个人缴费、集体补助和政府补贴相结合，其中中央财政对地方进行补助，并且会直接补贴到农民头上。

དང་པོ། གྲོང་གསེབ་ཀྱི་རྒན་གསོའི་འགན་བཅོལ་གསར་པའི་ཁྱབ་ཁོངས་དང་ཐེབས་རྩ་གྲུབས་གསོག་སྒྲིག་སྲོལ།

一、新型农村养老保险的范围和基金筹集规则

ལོ་16ལོན་པ་ (སློབ་གྲྭར་ཡོད་པའི་སློབ་མ་འདུས་མེད) དང་། གྲོང་ཁྱེར་དང་གྲོང་རྫལ་གྱི་ལས་བཟོ་པའི་གཞི་རྩའི་རྒན་གསོའི་འགན་བཅོལ་ནང་ཞུགས་མེད་པའི་གྲོང་གསེབ་ཀྱི་ཡུལ་མི་ལ་མཚོན་ན། ཁྱིམ་ཐོ་ཡོད་ས་ནས་རང་མོས་ཀྱིས་གྲོང་གསེབ་ཀྱི་རྒན་གསོའི་འགན་བཅོལ་གསར་པའི་ནང་ཞུགས་ཆོག གྲོང་གསེབ་ཀྱི་རྒན་གསོའི་འགན་བཅོལ་གསར་པའི་ཐེབས་རྩའི་གྲུབ་ཆར་གཞམ་གསལ་དག་ཡོད་དེ།

年满 16 周岁(不含在校学生)、未参加城镇职工基本养老保险的农村居民,可以在户籍地自愿参加新农保。新农保的基金构成有:

(གཅིག) སྒེར་གྱིས་གྲོན་དངུལ་འཇལ་བ།

(一)个人缴费

གྲོང་གསེབ་ཀྱི་རྒན་གསོའི་འགན་བཅོལ་གསར་པའི་ནང་ཞུགས་པའི་གྲོང་གསེབ་ཀྱི་ཡུལ་མི་རྣམས་ཀྱིས་གཏན་འབེབས་ལྟར་རྒན་གསོའི་འགན་བཅོལ་གྲོན་དངུལ་འཇལ་དགོས། གྲོན་དངུལ་འཇལ་རྒྱུའི་ཚད་གཞི་ནི་མིག་སྔར་རིམ་པ་ལྔར་ཕྱེ་ཡོད། འགན་བཅོལ་ནང་ཞུགས་མཁན་གྱིས་རང་ཚུགས་ཀྱིས་རིམ་པ་འདམས་ནས་དངུལ་འཇལ་ཆོག་ལ། འཇལ་མང་ཐོབ་མང་ཡིན།

参加新农保的农村居民应当按规定缴纳养老保险费。缴费标准目前设为五个档次，参保人自主选择档次缴费，多缴多得。

(གཉིས) ཐུན་མོང་གིས་ཁ་གསབ་རོགས་རམ་བྱེད་པ།

(二)集体补助

ཆ་རྐྱེན་ཡོད་པའི་གྲོང་ཚོའི་མཉམ་སྡེས་འགན་བཅོལ་ནང་ཞུགས་མཁན་གྱིས་གྲོན་དངུལ་འཇལ་བར་ཁ་གསབ་རོགས་རམ་བྱེད་དགོས། ཁ་གསབ་རོགས་རམ་གྱི་ཚད་གཞི་ནི་གྲོང་མི་ཨུ་ཡོན་ལྷན་ཁང་གིས་གྲོང་མིའི་གྲོས་ཚོགས་སྐོང་ཚོགས་བྱས་ནས་དམངས་གཙོའི་ཐོག་ནས་གཏན་འཁེལ་བྱེད་དགོས།

有条件的村集体应当对参保人缴费给予补助,补助标准由村民委员会召开村民会议民主确定。

(གསུམ) སྲིད་གཞུང་གིས་གསབ་དངུལ་སྤྲོད་པ།

(三)政府补贴

སྲིད་གཞུང་གིས་རྒན་གསོའི་འཚོ་དངུལ་ལེན་པའི་ཆ་རྐྱེན་དང་མཐུན་པའི་འགན་བཅོལ་ནང་ཞུགས་མཁན་ལ་གྲོང་གསེབ་ཀྱི་རྒན་གསོའི་འགན་བཅོལ་གསར་པའི་རྨང་གཞིའི་རྒན་གསོའི་འཚོ་དངུལ་གྲངས་ཚད་ཧྲིལ་སྤྲོད་བྱ་རྒྱུ། དེའི་ཁྲོད་དུ་ཀྲུང་དབྱང་ནོར་སྲིད་ཀྱིས་དབུས་ནུབ་ས་ཁུལ་ལ་ཀྲུང་དབྱང་གིས་གཏན་ཁེལ་བྱས་པའི་རྨང་གཞིའི་རྒན་

གསོའི་འཚོ་དངུལ་གྱི་ཚད་གཞི་ལྟར་གསབ་དངུལ་ཆད་ལུས་མེད་པར་སྤྲོད་རྒྱུ།

政府对符合领取条件的参保人全额支付新农保基础养老金，其中中央财政对中西部地区按中央确定的基础养老金标准给予全额补助。

ས་གནས་སྲིད་གཞུང་གིས་འགན་བཅོལ་ནང་ཞུགས་མཁན་གྱིས་གྲོན་དངུལ་འཇལ་པར་གསབ་དངུལ་སྤྲོད་དགོས་ལ། གསབ་དངུལ་སྤྲོད་རྒྱུའི་ཚད་གཞི་ནི་ས་ཆ་ཁག་གིས་ནོར་སྲིད་དང་དངུལ་འབབ་འཇལ་ཚུལ་མི་འདྲ་བར་གཞིགས་ནས་མི་འདྲ་རྒྱུ། གྲོང་གསེབ་ཀྱི་ཚབས་ཆེའི་དབང་པོ་སྐྱོན་ཅན་སོགས་གྲོན་དངུལ་འཇལ་རྒྱུའི་ཐད་དཀའ་ངལ་ཡོད་པའི་ཚོགས་སྤྱི་ལ། ས་གནས་སྲིད་གཞུང་གིས་དེར་འཇལ་ཚད་དམའ་ཤོས་ཡིན་པའི་རྒན་གསོའི་འགན་བཅོལ་གྲོན་དངུལ་ཆ་ཤས་སམ་ཡང་ན་ཆ་ཚང་ཚབ་འཇལ་བྱེད་དགོས།

地方政府应当对参保人缴费给予补贴,补贴标准各地依据不同财政及缴费情况有所不同。对农村重度残疾人等缴费困难群体,地方政府要为其代缴部分或全部最低标准的养老保险费。

གཉིས་པ། གྲོང་གསེབ་ཀྱི་རྒན་གསོའི་འགན་བཅོལ་གྲོན་དངུལ་གསར་པའི་ཐོབ་ཐང་དང་རྒན་གསོའི་འཚོ་དངུལ་ལེན་པའི་ཆ་རྐྱེན།

二、新型农村养老保险金的待遇和领取条件

（གཅིག）རྒན་གསོའི་འཚོ་དངུལ་གྱི་ཐོབ་ཐང་།

（一）养老金待遇

རྒན་གསོའི་འཚོ་དངུལ་གྱི་ཐོབ་ཐང་ནི་རྨང་གཞིའི་རྒན་གསོའི་འཚོ་དངུལ་དང་མི་སྒེར་གྱི་རྩིས་ཁྲའི་རྒན་གསོའི་འཚོ་དངུལ་ལས་གྲུབ་པ་ཡིན་ལ། ཚེ་གང་དུ་སྤྲོད་རྒྱུ།

养老金待遇由基础养老金和个人账户养老金组成，支付终身。

2015ལོར་རང་རྒྱལ་གྱིས་ཐེངས་དང་པོར་རྒྱལ་ཡོངས་ཀྱི་གྲོང་ཁྱེར་དང་གྲོང་གསེབ་ཀྱི་གྲོང་མིའི་རྒན་གསོའི་འགན་བཅོལ་གྱི་རྨང་གཞིའི་རྒན་གསོའི་འཚོ་དངུལ་གྱི་ཚད་གཞི་དམའ་ཤོས་མཐོ་རུ་གཏོང་རྒྱུ། རྒྱལ་སྲིད་སྤྱི་ཁྱབ་ཁང་ནས་ཆོག་མཆན་ཐོབ་པ་བརྒྱུད། རྒྱལ་ཡོངས་ཀྱི་གྲོང་ཁྱེར་དང་གྲོང་གསེབ་ཀྱི་གྲོང་མིའི་གཞི་རྩའི་རྒན་གསོའི་འགན་བཅོལ་གྱི་རྨང་གཞིའི་རྒན་གསོའི་འཚོ་དངུལ་གྱི་ཚད་གཞི་དམའ་ཤོས་དེ་མི་རེར་ཟླ་རེར་སྒོར་70 བར་མཐོ་རུ་བཏང་། 2014ལོའི་ཟླ་7པའི་ཚེས་1ཉིན་ནས་ལག་ལེན་བསྟར་རྒྱུ།

2015 年我国首次提高全国城乡居民养老保险基础养老金最低标准,经国务院批准,全国城乡居民基本养老保险基础养老金最低标准提高至每人每月 70 元,从 2014 年 7 月 1 日起施行。

མི་སྒེར་གྱི་རྩིས་ཁྲའི་རྒན་གསོའི་འཚོ་དངུལ་གྱི་ཟླ་རེའི་སྤྲོད་ཚད་ནི་མི་སྒེར་གྱི་རྩིས་ཁྲའི་གསོག་བཅོལ་དངུལ་གྲངས་ཡོད་ཚད་139ལ་བགོས་པ་དེ་ཡིན། (ད་སྤྱོད་གྲོང་ཁྱེར་དང་གྲོང་རྡལ་གྱི་ལས་བཟོ་པའི་གཞི་རྩའི་རྒན་གསོའི་འགན་བཅོལ་གྱི་མི་སྒེར་གྱི་རྩིས་ཁྲའི་རྒན་གསོའི་འཚོ་དངུལ་གྱི་རྩིས་སྤྲོད་རྟག་གྲངས་དང་འདྲ་མཚུངས་ཡིན།)

个人账户养老金的月计发标准为个人账户全部储存额除以 139(与现行城镇职工基本养老保险个人账户养老金计发系数相同)。

(གཉིས) རྒན་གསོའི་འཚོ་དངུལ་ལེན་པའི་ཆ་རྐྱེན།

(二)养老金的领取条件

རང་ལོ་60ཐེན་པ་དང་། གྲོང་ཁྱེར་དང་གྲོང་རྡལ་གྱི་ལས་བཟོ་པའི་གཞི་རྩའི་རྒན་གསོའི་འགན་བཅོལ་ཐོབ་ཐང་ལོངས་སྤྱོད་མ་བྱས་པའི་གྲོང་གསེབ་ཏུ་ཁྱིམ་ཐོ་ཡོད་པའི་རྒན་འཁོགས་ཀྱིས། ཟླ་རེར་བཞིན་རྒན་གསོའི་འཚོ་དངུལ་ལེན་ཆོག

年满 60 周岁、未享受城镇职工基本养老保险待遇的农村有户籍的老年人,可以按月领取养老金。

ས་བཅད་བཞི་པ། གྲོང་གསེབ་ཀྱི་ལྔ་སྐྱོང་འགན་གསོའི་ལམ་ལུགས།
第四节 农村五保供养制度

གྲོང་གསེབ་ཀྱི་ལྔ་སྐྱོང་འགན་གསོ་ཞེས་པ་ནི་《གྲོང་གསེབ་ཀྱི་ལྔ་སྐྱོང་འགན་གསོའི་ལས་ཀའི་སྒྲིག་ཡིག་》གི་གཏན་འབེབས་ལྟར། བཟའ་བྱ། གྱོན་གོས། སྡོད་ཁང་། སྨན་བཅོས། དུར་འཇུག་བཅས་ཀྱི་ཕྱོགས་ནས་གྲོང་མིའི་འཚོ་བར་ཐུགས་ཁུར་དང་དངོས་པོའི་རོགས་རམ་བྱེད་པར་ཟེར།

农村五保供养，是指依照《农村五保供养工作条例》规定，在吃、穿、住、医、葬方面给予村民的生活照顾和物质帮助。

དང་པོ། གྲོང་གསེབ་ཀྱི་ལྔ་སྐྱོང་འགན་གསོ་བྱ་ཡུལ་དང་རེ་ཞུའི་གོ་རིམ།
一、农村五保供养的对象及申请程序

（གཅིག） གྲོང་གསེབ་ཀྱི་ལྔ་སྐྱོང་འགན་གསོ་བྱ་ཡུལ།
（一）农村五保供养对象

རྒན་འཁོགས་དང་། དབང་པོ་སྐྱོན་ཅན་ནམ་ཡང་ན་ལོ་16མ་སོན་པའི་གྲོང་མི་ལ། ངལ་རྩོལ་བྱེད་ནུས་མེད་པ་དང་འཚོ་རྟེན་ཡོང་ཁུངས་མེད་ལ། ཁྲིམས་བཀོད་ཀྱི་ཞབས་ཏོག་དང་། སྙོར་སྐྱོང་། གསོ་སྐྱོང་བྱེད་འགན་འཁུར་མཁན་ཡང་མེད་པའམ། ཡང་ན་དེའི་ཁྲིམས་བཀོད་ཀྱི་ཞབས་ཏོག་དང་སྙོར་སྐྱོང་། གསོ་སྐྱོང་བྱེད་འགན་འཁུར་མཁན་ལ་ནུས་པ་མེད་པ་རྣམས་གྲོང་གསེབ་ཀྱི་ལྔ་སྐྱོང་འགན་གསོའི་ཐོབ་ཐང་ལོངས་སུ་སྤྱོད་རྒྱུ།

老年、残疾或者未满16周岁的村民，无劳动能力、无生活来源又无法定赡养、抚养、扶养义务人，或者其法定赡养、抚养、扶养义务人无能力的，享受农村五保供养待遇。

(གཉིས) གྲོང་གསེབ་ཀྱི་ལྔ་སྐྱོང་ཡོང་རེ་ཞུ་བ།

（二）农村五保申请

གྲོང་གསེབ་ཀྱི་ལྔ་སྐྱོང་འགན་གསོའི་ཐོབ་ཐང་ལོངས་སུ་སྤྱོད་པར། གྲོང་མི་རང་ཉིད་ཀྱིས་གྲོང་མི་ཨུ་ཡོན་ལྷན་ཁང་ལ་རེ་འདུན་ཞུ་དགོས།

享受农村五保供养待遇，应当由村民本人向村民委员会提出申请。

གཉིས་པ། ལྔ་སྐྱོང་འགན་གསོའི་ནང་དོན་དང་ཚད་གཞི། བྱེད་སྟངས་སྐོར།

二、五保供养的内容、标准及方式

གྲོང་གསེབ་ཀྱི་ལྔ་སྐྱོང་འགན་གསོ་ལ་གཤམ་གྱི་འགན་གསོའི་ནང་དོན་ཚུད་ཡོད་དེ། (༡) འབྲུ་སྣུམ་དང་། ཞོར་ཟས། འཚོ་ཐབས་ཀྱི་ཐབ་ཆས་མཁོ་སྤྲོད་བྱེད་པ། (༢) གྱོན་གོས་དང་མལ་ཆས་སོགས་འཚོ་བའི་ཉེར་སྤྱོད་དང་གྲོན་དངུལ་ཟུག་ཙིག་མཁོ་སྤྲོད་བྱེད་པ། (༣) གཞི་རྩའི་གནས་སྡོད་ཆ་རྐྱེན་དང་མཐུན་པའི་སྡོད་ཁང་མཁོ་སྤྲོད་བྱེད་པ། (༤) ནད་རིགས་སྨན་བཅོས་མཁོ་སྤྲོད་བྱེད་པ་དང་། འཚོ་བར་རང་མགོ་མི་ཐོན་པར་གཟིགས་སྐྱོང་བྱེད་པ། (༥) འོས་འཚམ་གྱིས་འདས་མཆོད་སྒྲུབ་པ་བཅས་ཡིན།

农村五保供养包括下列供养内容：（1）供给粮油、副食品和生活用燃料；（2）供给服装、被褥等生活用品和零用钱；（3）提供符合基本居住条件的住房；（4）提供疾病治疗，对生活不能自理的给予照料；（5）妥善办理丧葬事宜。

གྲོང་གསེབ་ཀྱི་ལྔ་སྐྱོང་འགན་གསོ་བྱ་ཡུལ་ནི་ལོ་16མ་སོན་པའམ་ཡང་ན་ལོ་16ཟིན་ཡང་སྔར་བཞིན་འོས་འགན་སློབ་གསོ་དང་ལེན་བྱེད་བཞིན་པར། ཁོ་ཚོའི་ཁྲིམས་ལྟར་འོས་འགན་སློབ་གསོ་དང་ལེན་བྱེད་པར་མཁོ་བའི་འགྲོ་གྲོན་ལ་འགན་སྲུང་བྱེད་དགོས།

农村五保供养对象未满16周岁或者已满16周岁仍在接受义务教育的，应当保障他们依法接受义务教育所需费用。

གྲོང་གསེབ་ཀྱི་ལྔ་སྐྱོང་འགན་གསོའི་ཚད་གཞི་ནི་ས་གནས་དེ་གའི་གྲོང་མིའི་ཆ་སྙོམས་ཀྱི་འཚོ་བའི་ཆུ་ཚད་ལས་དམའ་མི་རུང་བ་མ་ཟད། ས་གནས་དེ་གའི་གྲོང་མིའི་ཆ་སྙོམས་ཀྱི་འཚོ་བའི་ཆུ་ཚད་མཐོ་རུ་འགྲོ་བར་གཞིགས་ནས་དུས་ཐོག་ཏུ་ལེགས་སྒྲིག་བྱེད་དགོས།

农村五保供养标准不得低于当地村民的平均生活水平,并根据当地村民平均生活水平的提高适时调整。

གྲོང་གསེབ་ཀྱི་ལྔ་སྐྱོང་འགན་གསོ་བྱ་ཡུལ་ནི་ས་གནས་དེ་གའི་གྲོང་གསེབ་ཀྱི་ལྔ་སྐྱོང་འགན་གསོ་ཞབས་ཞུ་ལས་ཁུངས་སུ་གཅིག་བསྡུས་ཀྱིས་འགན་གསོ་བྱས་ཆོག་ལ། རང་ཁྱིམ་དུ་འགན་གསོ་བྱས་ཀྱང་ཆོག

农村五保供养对象可以在当地的农村五保供养服务机构集中供养,也可以在家分散供养。

དཔེར་བརྗོད་ཁྲིམས་བཤད། ༡༡

以案说法 11

ལྔ་སྐྱོང་ཤུལ་བཞག་རྒྱུ་དངོས་ནི་ཤུལ་འཛིན་བྱས་ཆོག་པའི་ཤུལ་བཞག་རྒྱུ་དངོས་ཀྱི་ཁོངས་སུ་གཏོགས་སམ།

五保遗产是否属于可继承遗产

【གྱོད་དོན་གྱི་གནས་ཚུལ་ངོ་སྤྲོད།】 1982ལོར། ལྷའུ་ཆེ་གེ་མོའི་ཨ་མ་ཕན་ཆེ་གེ་མོ་ནི་མི་གཞན་གྱིས་ངོ་སྤྲོད་བྱས་པ་བརྒྱུད་གྲོང་མི་ཀྲང་ཆེ་གེ་མོ་དང་གཉེན་སྒྲིག་མ་བྱས་པར་མཉམ་དུ་བསྡད་ནས་དོན་དངོས་ཐོག་གི་གཉེན་སྒྲིག་ཆགས་པ་ཡིན། ཕན་ཆེ་གེ་མོ་དང་ཀྲང་ཆེ་གེ་མོ་མཉམ་དུ་འཚོ་བ་རོལ་བའི་རིང་ལ་ལྷའུ་ཆེ་གེ་མོས་རྒན་རྒོན་གཉིས་ལ་ལྟ་སྐྱོང་དང་རོགས་རམ་བྱས་ཏེ་ཞབས་ཏོག་དང་རོགས་སྐྱོར་གྱི་འོས་འགན་བསྒྲུབས་ཡོད། 1990ལོའི་ཟླ་5པར། ཀྲང་ཆེ་གེ་མོས་རང་གིས་1978ལོར་ཉོས་པའི་ཁང་པ་དེ་ཕན་ཆེ་གེ་མོའི་མིང་ཐོག་ནས་སྡོད་ཁང་དང་ས་ཆའི་སྤྱོད་དབང་ཡོད་པའི་དཔང་ཡིག་བཟོས།

1994ལོར་ཕན་ཆེ་གེ་མོ་ཚེ་ལས་འདས་རྗེས། ལྷའུ་ཆེ་གེ་མོས་མུ་མཐུད་དུ་ཀྲང་ཆེ་གེ་མོར་ཞབས་ཏོག་དང་ལྟ་སྐྱོང་གི་འོས་འགན་སྒྲུབ་པ་ཡིན། 1995ལོར། གྲོང་མི་ཨུ་ཡོན་ལྷན་

ཁང་གིས་ཀྲང་ཆེ་གེ་མོར་“ལྔ་སྐྱོང་”འགྲོ་ལུགས་གཉེར། “ལྔ་སྐྱོང་”བྱེད་ཡུན་རིང་། ཀྲང་ཆེ་གེ་མོས་བསྡོམས་པས་“ལྔ་སྐྱོང་མ་དངུལ་”སྒོར་600དང་ལྔ་སྐྱོང་ཁྱིམ་ཚང་ལ་དམིགས་བསལ་གྱིས་སྔོན་ལ་བསམ་གཞིགས་གཏོང་བའི་སྐྱབ་དངུལ་སྒོར་150བླངས། 1998ལོར། ཀྲང་ཆེ་གེ་མོ་ཚེ་ལས་འདས་རྗེས། གྲོང་མི་ཨུ་ཡོན་ལྷན་ཁང་གིས་ཀྲང་ཆེ་གེ་མོའི་བཅོལ་དངུལ་གྱིས་འདས་མཆོད་བསྒྲུབས། དེའི་རྗེས་སུ། གྲོང་མི་ཨུ་ཡོན་ལྷན་ཁང་གིས་སྒོར་6 000ཡི་རིན་དངུལ་གྱིས་ཀྲང་ཆེ་གེ་མོས་ཤུལ་བཞག་པའི་ཁང་པ་གཞན་ལ་བཙོངས། ཝུའུ་ཆེ་གེ་མོས་རང་ཉིད་ནི་ཀྲང་ཆེ་གེ་མོའི་ཤུལ་བཞག་རྒྱུ་དངོས་ཀྱི་ཤུལ་འཛིན་བྱེད་མཁན་ཡིན་པར་ཁ་གཡར་ནས་གྲོང་མི་ཨུ་ཡོན་ལྷན་ཁང་ལ་ཁང་པའི་བཙོང་རིན་བསླངས་ཀྱང་འབྲས་བུ་མ་ཐོབ་པས། ཁྲིམས་ཁང་ལ་ཁྲིམས་སྦྱོར་བྱས།

【案情介绍】1982 年,吴某的母亲万某经人介绍与村民张某同居,形成事实婚姻。万某与张某共同生活期间,吴某对两位老人给予照料和帮助,尽到了赡养、扶助义务。1990 年 5 月,张某将其在 1978 年所购买的房屋以万某的名义办理了房屋土地使用权证。

1994 年万某去世后，吴某仍然尽到了对张某的赡养、照料义务。1995 年，村委会为张某办理了“五保”手续。在“五保”期间，张某共领取了 600 元的“五保金”和优先考虑“五保”户的 150 元救济款。1998 年，张某去世，村委会用张某的存款为其办理了丧事。此后，村委会以 6 000 元的价款将张某遗留的房屋出售给他人。吴某以自己系张某的遗产继承人为理由，向村委会索要售房款未果，遂向法院起诉。

【རྩོད་དོན་དཔེ་མཚོན་དབྱེ་ཞིབ།】རྩོད་གཞི་འདིའི་ནང་དུ། ཝུའུ་ཆེ་གེ་མོས་ཕོའི་མ་རྗེ་མ་དང་ཕ་གཡར་ཀྲང་ཆེ་གེ་མོ་མཉམ་དུ་འཚོ་བ་བསྐྱལ་རྗེས་ཞབས་ཏོག་གི་འོས་འགན་བསྒྲུབས་པས། ཝུའུ་ཆེ་གེ་མོར་ཀྲང་ཆེ་གེ་མོས་ཤུལ་བཞག་པའི་ཁང་པ་ཁྲིམས་ལྟར་ཤུལ་འཛིན་བྱེད་པའི་དབང་ཆ་ཡོངས་སུ་སྤྱོད་རྒྱུ་ཡོད། 《ཆེས་མཐོའི་མི་དམངས་ཁྲིམས་ཁང་གི་〈ཤུལ་འཛིན་བྱེད་ཕྱོགས་སྐོར་གྱི་བཅའ་ཁྲིམས་〉ཀྱི་འབྲེལ་ཡོད་གནད་དོན་འགའི་ཐད་ཀྱི་དགོངས་འཆར་》གྱི་དོན་ཚན་ང་ལྔ་པའི་གཏན་འབེབས་ལྟར་ན། “ཐུན་མོང་རྩ་འཛུགས་ཀྱིས་‘ལྔ་སྐྱོང་ཁྱིམ་ཚང་’ལ་‘ལྔ་སྐྱོང་’ལག་བསྟར་བྱེད་སྐབས། ཕྱོགས་གཉིས་ཀས་གསོ་སྐྱོང་བྱ་རྒྱུའི་

གྲོས་མཐུན་བཞག་ཡོད་ན་གྲོས་མཐུན་ལྟར་ཐག་གཅོད་བྱེད་དགོས་ལ། གསོ་སྐྱོང་བྱ་རྒྱུའི་གྲོས་མཐུན་བཞག་མེད་པ་དང་། འདས་པོར་ཁ་ཆེམས་ནང་གསལ་གྱི་ཤུལ་འཛིན་བྱེད་མཁན་ནམ་ཡང་ན་ཁྲིམས་བཀོད་ཀྱི་ཤུལ་འཛིན་བྱེད་མཁན་གང་ཞིག་ཡོད་པ་དེས་ཤུལ་འཛིན་བྱ་རྒྱུའི་རེ་བ་བཏོན་ཡོད་ན། ཁ་ཆེམས་ལྟར་ཤུལ་འཛིན་ནམ་ཡང་ན་ཁྲིམས་བཀོད་ཀྱི་ཤུལ་འཛིན་ལྟར་ཐག་བཅད་དགོས། འོན་ཀྱང་ཐུན་མོང་རུ་འཛུགས་ལ་‘ལྔ་སྐྱོང་’གྲོན་དངུལ་འཕྲི་འཐེན་བྱེད་པའི་དབང་ཆ་ཡོད།” གྲོང་མི་ཨུ་ཡོན་ལྷན་ཁང་གིས་ཀྲང་ཚེ་གེ་མོར་“ལྔ་སྐྱོང་”འགྲོ་ལུགས་གཉེར་བས་ཀྲང་ཚེ་གེ་མོའི་ཤུལ་བཞག་རྒྱུ་དངོས་ཆ་ཤས་བགོས་ཆོག་མོད། འོན་ཀྱང་དེའི་རྐྱེན་གྱིས་ཝུའུ་ཚེ་གེ་མོའི་ཤུལ་འཛིན་བྱེད་དབང་འཕྲོག་མི་རུང་།

【案例评析】在本案中,吴某在其生母与其继父张某共同生活后,尽到了赡养义务,吴某对张某遗留的房屋依法享有继承权。根据《最高人民法院关于贯彻执行(继承法)若干问题的意见》第五十五条规定:“集体组织对‘五保户’实行‘五保’时,双方有扶养协议的,按协议处理;没有扶养协议,死者有遗嘱继承人或法定继承人要求继承的,按遗嘱继承或法定继承处理,但集体组织有权要求扣回‘五保’费用。”村委会给张某办了“五保”手续,虽然应当分得张某的部分遗产,但不能以此剥夺吴某的继承权。

ས་བཅད་ལྔ་པ། དམིགས་བསལ་མི་ཚོགས་ཀྱི་ཁེ་དབང་སྲུང་སྐྱོང་།
第五节　特殊群体权益保护

དང་པོ། སྐྱེ་བོ་ལོ་ན་མ་སོན་པའི་ཁེ་དབང་སྲུང་སྐྱོང་།
一、未成年人权益保护

སྐྱེ་བོ་ལོ་ན་མ་སོན་པ་ཞེས་པ་ནི་ལོ་18མ་སོན་པའི་སྤྱི་དམངས་ལ་བསྟན་པ་ཡིན། སྐྱེ་བོ་ལོ་ན་མ་སོན་པ་ནི་ལུས་སེམས་

འཚར་ལོངས་ད་དུང་མ་སྨིན་པའི་དམིགས་བསལ་མི་ཚོགས་ཡིན་པས། བཅའ་ཁྲིམས་དང་སྤྱི་ཚོགས་ཀྱིས་དམིགས་བསལ་གྱི་སྲུང་སྐྱོབ་དང་གཅེས་སྐྱོང་བྱེད་དགོས།

未成年人是指未满 18 周岁的公民。未成年人是身心发育尚未成熟的特殊群体,所以需要法律和社会给予特殊保护和关爱。

སྐྱེ་བོ་ལོ་ན་མ་སོན་པའི་ཁྲིམས་མཐུན་ཁེ་དབང་གཙོ་བོ་ནི་གཤམ་ལྟར་ཡིན་ཏེ།

未成年人的合法权益主要有:

༡.ཚེ་སྲོག་བདེ་ཐང་གི་དབང་ཆ།

1. 生命健康权。

༢.རང་ལུས་རང་དབང་གི་དབང་ཆ།

2. 人身自由权。

༣.རང་མིང་ཐོབ་དབང་།

3. 姓名权。

༤.ལྟ་སྐྱོང་ཐོབ་དབང་།

4. 受监护权。

༥.ངལ་གསོའི་དབང་ཆ།

5. 休息权。

༦.གསང་དོན་གྱི་དབང་ཆ།

6. 隐私权。

༧.རྒྱུ་ནོར་ཐད་ཀྱི་ཁེ་དབང་།

7. 财产权。

༨.ཤུལ་འཛིན་བྱེད་དབང་།

8. 继承权。

༩.སློབ་གསོ་ཐོབ་དབང་བཅས་སོ།།

9. 受教育权。

དཔེར་བརྟེན་ཁྲིམས་བཤད།༡༢
以案说法 12

ཕ་མ་བཟའ་ཚང་ཁ་བྲལ་རྗེས་ད་དུང་ལྟ་སྐྱོང་འོས་འགན་འཁུར་དགོས་སམ།

父母离异后是否还需承担监护义务

【གྱོད་དོན་གྱི་གནས་ཚུལ་ངོ་སྤྲོད།】ཞོའོ་ཅེ་ལོ་གཉིས་ཡིན་དུས་ཕ་མ་གཉིས་བཟའ་ཚང་ཁ་བྲལ་བ་ཡིན་ལ། ཁྲིམས་ཁང་གིས་ཨ་ཕས་ཞོའོ་ཅེ་གསོ་སྐྱོང་བྱ་དགོས་པའི་ཁྲིམས་ཐག་བཅད། དོན་དངོས་སུ་ཞོའོ་ཅེ་ནི་ཁོའི་ལོ་ན་མཐོ་བའི་སྤོ་བོ་དང་ཕན་ཚུན་རྟེན་རེས་བྱས་ནས་འཚོ་ཐབས་བྱས་པ་ཡིན། ཞོའོ་ཅེའི་ཨ་ཕས་ཁོ་ལ་ནམ་ཡང་ཁ་ཡ་མི་བྱེད་ལ། ཨ་མ་ཡང་ཁོ་བལྟ་རུ་ཡོང་མ་མྱོང་། དགུང་ལོ་བཅུ་གསུམ་གྱི་སྐབས། སྤོ་བོ་ཚེ་ལས་འདས་རྗེས། ཨ་ཕས་དུས་རྒྱུན་དུ་ཁོ་ལ་ཉེས་རྡུང་བཏང་བ་མ་ཟད་ཐ་ན་ཁྱིམ་ནས་ཕྱིར་བསྐྲད་དེ། ཞོའོ་ཅེ་གང་སར་འཁྱམ་དུ་མི་འགྲོ་ཀ་མེད་བྱུང་། 2010 ལོའི་ཟླ་3པར། ས་གནས་དེ་གའི་གྲོང་མི་ཨུ་ཡོན་ལྷན་ཁང་དང་ཁྲིམས་རྩོད་པའི་རོགས་རམ་འོག ཞོའོ་ཅེས་རང་གི་ཕ་མ་ཁྲིམས་ཁང་དུ་གཏུགས་ཏེ། ཕ་མས་ཁོ་ལ་འཚོ་བའི་གྲོན་དངུལ་སྤྲོད་དགོས་པའི་རེ་བ་བཏོན།

【案情介绍】小杰两岁时，父母就离婚了。法院判决小杰由父亲抚养，但实际上小杰是与年迈的爷爷相依为命。小杰的父亲从不管他，母亲也从不来看他。十三岁时，爷爷去世后，父亲经常打骂他，后来还将其赶出家门，致使小杰四处流浪。2010 年 3 月，在当地村委会和律师的帮助下，小杰将其父母告上法庭，要求父母支付生活费。

【གྱོད་དོན་དཔེ་མཚོན་དབྱེ་ཞིབ།】《སྐྱེ་བོ་ལོ་ན་མ་སོན་པ་སྲུང་སྐྱོང་བྱེད་ཕྱོགས་སྐོར་གྱི་ཀྲུང་ཧྭ་མི་དམངས་སྤྱི་མཐུན་རྒྱལ་ཁབ་ཀྱི་བཅའ་ཁྲིམས》ཀྱི་དོན་ཚན་བརྒྱད་པའི་གཏན་འབེབས་ལྟར་ན། "ཕ་མའམ་ཡང་ན་ལྟ་སྐྱོང་བྱེད་མི་གཞན་དག་གིས་ཁྲིམས་ལྟར་སྐྱེ་བོ་ལོ་ན་མ་སོན་པར་ལྟ་སྐྱོང་བྱ་རྒྱུའི་འགན་འཁྲི་དང་གསོ་སྐྱོང་བྱ་རྒྱུའི་འོས་འགན་བསྒྲུབ་དགོས། ཕ་མ་ནི་ལོ་ན་མ་སོན་པའི་བུ་ཕྲུག་གི་ཁྲིམས་བཀོད་ལྟ་སྐྱོང་བྱེད་མི་ཡིན་པས། ངེས་པར་དུ་ལོ་ན་མ་སོན་པའི་བུ་ཕྲུག་གི་མི་ལུས་དང་རྒྱུ་ནོར། དེ་བཞིན་ཁྲིམས་མཐུན་གྱི་ཁེ་དབང་གཞན་དག་ལ་ལྟ་སྐྱོང་དང་སྲུང་སྐྱོང་བྱེད་དགོས།"

སྐྱོད་གཞི་འདིའི་ནང་དུ། ཞའོ་ཅེའི་ཕ་མ་བཟའ་ཚང་ཁ་བྲལ་རྗེས། ཚང་མས་ཞའོ་ཅེ་ལ་གསོ་སྐྱོང་དང་སློབ་གསོ་བྱ་རྒྱུའི་འོས་འགན་བསྒྲུབས་མེད་པས། གྲོང་མི་ཨུ་ཡོན་ལྷན་ཁང་གིས་ཁོར་རོགས་བྱས་ཏེ་ལྟ་སྐྱོང་དང་གསོ་སྐྱོང་གི་འོས་འགན་ལག་བསྟར་མི་བྱེད་པའི་ཕ་མ་ཁྲིམས་ཁང་ལ་གཏུགས་པ་ནི་ཡང་དག་པ་ཡིན།

【案例评析】根据《中华人民共和国未成年人保护法》第八条规定:“父母或者其他监护人应当依法履行对未成年人的监护职责和抚养义务,父母作为未成年子女的法定监护人,必须对未成年子女的人身、财产以及其他一切合法权益加以监督和保护。”

在本案中,小杰的父母离异后,都没有尽到对小杰的抚养教育义务。村委会帮助他把不履行监护和抚养义务的父母告上法庭是正确的。

གཉིས་པ། བུད་མེད་ཀྱི་ཁེ་དབང་སྲུང་སྐྱོང་།

二、妇女权益保护

བཅའ་ཁྲིམས་ལྟར་ཡོངས་སུ་སྤྱོད་རྒྱུ་ཡོད་པའི་བུད་མེད་ཀྱི་དམིགས་བསལ་ཁེ་དབང་རྒྱལ་ཁབ་ཀྱིས་ནུས་པ་གང་ཡོད་ཀྱིས་སྲུང་སྐྱོང་བྱ་རྒྱུ། བུད་མེད་ལ་མཐོང་ཆུང་དང་། མནར་གཅོད་གཏོང་བ། གནོད་འཚེ་གཏོང་བ་བཅས་བྱེད་རིགས་གཏན་འགོག་བྱ་རྒྱུ། བུད་མེད་ཀྱིས་རང་བཙན་རང་བཀུར་དང་། རང་ལ་ཡིད་ཆེས། རང་མགོ་རང་ཐོན། རང་སྟོབས་རང་བསྐྱེད་བཅས་བྱས་ཏེ་བཅའ་ཁྲིམས་ལ་བརྟེན་ནས་རང་ཉིད་ཀྱི་ཁྲིམས་མཐུན་ཁེ་དབང་སྲུང་སྐྱོང་བྱེད་པར་རྒྱལ་ཁབ་ཀྱིས་སྐུལ་ལྕག་གཏོང་རྒྱུ།

国家全力保护妇女依法享有的特殊权益,禁止歧视、虐待、残害妇女。国家鼓励妇女自尊、自信、自立、自强,运用法律维护自身合法权益。

རང་རྒྱལ་གྱི་བུད་མེད་རྣམས་ལ་ཡོངས་སུ་སྤྱོད་རྒྱུ་ཡོད་པའི་ཁེ་དབང་ནི་གཤམ་ལྟར།

我国妇女享有的权利有:

༡. ཆབ་སྲིད་ཐད་ཀྱི་ཁེ་དབང་། རྒྱལ་ཁབ་ཀྱིས་བུད་མེད་ལ་སྐྱེས་པ་དང་འདྲ་མཉམ་གྱི་ཆབ་སྲིད་དབང་ཆ་ཡོངས་སུ་སྤྱོད་རྒྱུ་ཡོད་པའི་འགན་སྲུང་བྱ་རྒྱུ།

1. 政治权利。国家保障妇女享有与男子平等的政治权利。

༢. རྒྱུ་ནོར་ཐད་ཀྱི་ཁེ་དབང་།

2. 财产权。

༣. ངལ་རྩོལ་ཐད་ཀྱི་ཁེ་དབང་། བུད་མེད་རྣམས་ལ་མི་འཚམ་པའི་ལས་རིགས་སམ་ལས་གནས་ཕུད། ཕོ་མོའི་དབྱེ་བར་ཁ་གཡར་ནས་བུད་མེད་མི་བཙུ་བ་བྱས་མི་ཆོག

3. 劳动权。除不适合妇女的工种或者岗位外,不得以性别为由拒绝录用妇女。

༤. རིག་གནས་དང་སློབ་གསོའི་ཐད་ཀྱི་ཁེ་དབང་། བུད་མེད་སློབ་གྲྭར་ཞུགས་པ་དང་། སློབ་རིམ་སྤོར་བ། སློབ་ཐོན་ལས་བགོས། ཡོན་གནས་སྤྲོད་པ། ཕྱི་རྒྱལ་དུ་སློབ་སྦྱོང་ལ་གཏོང་བ་སོགས་ཀྱི་ཐད་སྐྱེས་པ་དང་འདྲ་མཉམ་གྱི་དབང་ཆ་ཡོངས་སུ་སྤྱོད་རྒྱུ་ཡོད།

4. 文化教育权利。妇女在入学、升学、毕业分配、授予学位、派出留学等方面享有与男子平等的权利。

༥. ལུས་ཁམས་ཐད་ཀྱི་ཁེ་དབང་། བུད་མེད་ཀྱི་རང་ལུས་རང་དབང་ལ་བཙན་གནོད་བྱས་མི་ཆོག

5. 人身权利。妇女的人身自由不受侵犯。

༦. གཉེན་སྒྲིག་དང་ཁྱིམ་ཚང་ཐད་ཀྱི་ཁེ་དབང་། བུད་མེད་ཀྱི་གཉེན་སྒྲིག་དང་བཟའ་ཚང་ཁ་བྲལ་གྱི་རང་དབང་ལ་ཐེ་ཇུས་བྱས་མི་ཆོག་པ་བཅས་ཡོད།

6. 婚姻家庭权。禁止干涉妇女的结婚、离婚自由。

གསུམ་པ། རྒན་འཁོགས་ཀྱི་ཁེ་དབང་སྲུང་སྐྱོང་།

三、老年人权益保护

རྒན་འཁོགས་ཞེས་པ་ནི་ལོ་ན་60ཡན་གྱི་སྤྱི་དམངས་ལ་ཟེར། རྒན་འཁོགས་ཀྱི་ཁྲིམས་མཐུན་ཁེ་དབང་གཙོ་བོ་གཤམ་ལྟར་ཡིན་ཏེ།

老年人是指60周岁以上的公民。老年人的合法权益主要有:

༡. ཆབ་སྲིད་ཐད་ཀྱི་ཁེ་དབང་།

1. 政治权利。

༢. མི་ལུས་རང་དབང་ཐད་ཀྱི་ཁེ་དབང་། རྒན་འཁོགས་ལ་མཐོང་ཆུང་བྱེད་པ་དང་། དམའ་འབེབས་དང་སྡུག་པོ་གཏོང་བའམ་ཡང་ན་གསོ་འགན་མི་འཁུར་བ་བཅས་གཏན་འགོག་བྱ་རྒྱུ།

2. 人身自由权利。禁止歧视、侮辱、虐待或者遗弃老年人。

༣. རྒྱུ་ནོར་གྱི་བདག་དབང་། རྒན་འཁོགས་ལ་བཅའ་ཁྲིམས་ལྟར་རང་གི་རྒྱུ་ནོར་ཐག་གཅོད་བྱེད་དབང་ཡོད་ཅིང་། དེ་ལ་བུ་ཕྲུག་གམ་ཡང་ན་གཉེན་ཚན་གཞན་པ་རྣམས་ཀྱིས་ཐེ་ཇུས་བྱས་མི་ཆོག་པ་དང་། རྒན་འཁོགས་ཀྱི་རྒྱུ་དངོས་བཙན་ཐབས་ཀྱིས་འཛོག་ལེན་བྱས་མི་ཆོག

3. 财产所有权。老年人有权依法处分个人的财产，子女或者其他亲属不得干涉，不得强行索取老年人的财物。

༤. ཞབས་ཏོག་དང་རོགས་སྐྱོར་ཐོབ་དབང་།

4. 受赡养扶助权利。

༥. གཉེན་སྒྲིག་རང་མོས་ཀྱི་ཁེ་དབང་། རྒན་འཁོགས་ལ་བཅའ་ཁྲིམས་ཀྱི་གཏན་འབེབས་ལྟར། རང་དབང་རང་མོས་ཀྱིས་རང་ཉིད་ཀྱི་གཉེན་སྒྲིག་ཐད་ཀྱི་གནད་དོན་ཐག་གཅོད་བྱེད་པའི་དབང་ཆ་ཡོད།

5. 婚姻自由权利。老年人有权按照法律规定,自主自愿决定自己的婚姻问题。

༦. རྒྱལ་འཛིན་བྱེད་དབང་།

6. 继承权。

༧. རིག་གནས་དང་སློབ་གསོ་ཐོབ་དབང་།

7. 文化教育权利。

༨. སྤྱི་ཚོགས་ཀྱི་འགན་སྲུང་ལོངས་སུ་སྤྱོད་པ་དང་སྤྱི་ཚོགས་ཀྱི་དངོས་པོའི་རོགས་རམ་དང་ལེན་བྱེད་པའི་དབང་ཆ།

8. 享受社会保障和接受社会物质帮助的权利。

དཔེར་བརྗོད་ཁྲིམས་བཤད། ༡༣

以案说法 13

ཞབས་ཏོག་ཞུ་རྒྱུའི་གྲོས་མཐུན་གྱིས་ཁྲིམས་བཀོད་འོས་འགན་ཕུད་ཆོག་གམ།

赡养协议是否可以排除法定义务

【གྱོད་དོན་གྱི་གནས་ཚུལ་ངོ་སྤྲོད།】ཧོ་ཆེ་གེ་མོར་བུ་གསུམ་ཡོད་པ་ཚང་མ་དར་མར་སོན། 1993ལོར། ཧོ་ཆེ་གེ་མོ་དང་བུ་གཉིས་པའི་བར་འགལ་བ་བྱུང་རྗེས། ཁོང་ཁྲོ་ལངས་ནས་བུ་གཉིས་པས་ཞབས་ཏོག་ཞུ་རྒྱུའི་གྲོན་དངུལ་དང་འཚོ་བཞུགས་སྐབས་ཞབས་ཏོག་ཞུ་བ་དང་འདས་ན་སྐུ་ཕུང་དུར་འཇུག་བྱེད་པ་སོགས་ཀྱི་གྲོན་དངུལ་ཡོད་ཚད་སྒོར་1 000ཐེངས་གཅིག་ལ་སྤྲད་དགོས་པ་དང་། ཁྱིན་ཆད་ཧོ་ཆེ་གེ་མོ་ནི་བུ་ཆེ་བ་དང་བུ་ཆུང་པས་ཞབས་ཏོག་ཞུ་བ་ལས། བུ་འབྲིང་བས་གྲོན་དངུལ་གང་ཡང་སྤྲོད་མི་དགོས་པའི་གྲོས་ཆིངས་ཤིག་བཞག་པ་དང་། ཧོ་ཆེ་གེ་མོའི་བུ་ཆེ་བ་དང་ཆུང་བ་གཉིས་ཀྱིས་ཀྱང་གྲོས་ཆིངས་སྟེང་མིང་རྟགས་བཀོད། 2009ལོར། ཧོ་ཆེ་གེ་མོར་ནད་ལྕི་མོ་ཞིག་བྱུང་ནས་བུ་ཆེ་བ་དང་ཆུང་བའི་ཞབས་ཏོག་ལ་བརྟེན་ནའང་འཚོ་བའི་ཐད་དུ་དཀའ་ཁག

ཡོད་པས། བུ་འབྲིང་བར་ཞབས་ཏོག་འགན་འཁྲི་ཁ་ཤས་འཁུར་དགོས་པའི་ བླང་བྱ་བཏོན། བསམ་ཡུལ་ལས་འདས་པ་ཞིག་ལ་བུ་འབྲིང་བས་དེ་སྔོན་ཨ་ཕ་དང་ཁོའི་བར་བཞག་པའི་གྲོས་ཆིངས་ཁྱེར་ནས་དང་ལེན་མ་བྱས། དེའི་རྐྱེན་གྱིས་ཧོ་ཆེ་གེ་མོས་ཁྲིམས་ཁང་ལ་ཁྲིམས་སྐྱོར་བྱས་ཏེ་བུ་འབྲིང་བས་འཚོ་རྟེན་གྲོན་དངུལ་སྤྲོད་དགོས་པའི་བླང་བྱ་བཏོན།

【案情介绍】何某生有三个儿子，均已成年。1993 年，何某与二儿子发生矛盾，一气之下便与二儿子签订了一份生养死葬协议，由二儿子一次性给付何某赡养费包括生养死葬等一切费用 1 000 元，何某今后由大儿子和三儿子赡养，不再要求二儿子承担任何费用。何某的大儿子和三儿子也在协议书上签了名。2009 年，何某生了一场大病，靠大儿子和三儿子赡养还是生活困难，便要求二儿子承担部分赡养责任，没想到二儿子拿出与父亲签订的协议予以拒绝。何某遂向法院起诉要求二儿子给付赡养费。

【སྐྱོད་དོན་དཔེ་མཚོན་དབྱེ་ཞིབ།】བུ་ཕྲུག་ལ་ཕ་མར་ཞབས་ཏོག་ཞུ་རྒྱུ་དང་རོགས་སྐྱོར་བྱ་རྒྱུའི་ འོས་འགན་ཡོད་དེ། ཁྲིམས་བཀོད་འོས་འགན་འདི་རིགས་ དོ་བདག་གིས་གྲོས་མཐུན་བརྒྱུད་ནས་བསྒྱུར་བཅོས་དང་ཕྱིར་འཐེན་བྱས་མི་ཆོག 《རྒན་འཁོགས་ཀྱི་ཁེ་དབང་འགན་སྲུང་བྱེད་ཕྱོགས་སྐོར་གྱི་ཀྲུང་ཧྭ་མི་དམངས་སྤྱི་མཐུན་རྒྱལ་ཁབ་ཀྱི་བཅའ་ཁྲིམས་》ཀྱི་དོན་ཚན་བཅུ་བདུན་པའི་གཏན་འབེབས་ལྟར་ན། ཞབས་ཏོག་ཞུ་མཁན་བར་ལ་ཞབས་ཏོག་ཞུ་བའི་འོས་འགན་བསྒྲུབ་རྒྱུའི་ཐད་ཀྱི་གྲོས་མཐུན་བཞག་ཆོག་པ་མ་ཟད། ད་དུང་རྒན་འཁོགས་མོས་མཐུན་ཡོང་བར་བྱ་དགོས། འདི་ནས་ཞབས་ཏོག་ཞུ་མཁན་བར་ཞབས་ཏོག་ཞུ་ཡུལ་གྱི་མིར་ཞབས་ཏོག་འོས་འགན་ཅི་ལྟར་ལེགས་བསྒྲུབ་བྱ་རྒྱུའི་ཐད་ལ་གྲོས་མཐུན་བཞག་པ་ལས། གྲོས་མཐུན་གྱི་བྱེད་སྟངས་ཀྱིས་ཞབས་ཏོག་ཞུ་བའི་འོས་འགན་དེ་ཐེངས་གཅིག་གིས་སྒྲུབ་ན་ཆོག་པ་གསལ་མཚོན་བྱས་མེད། དེ་མི་ཚད་སྐྱོད་གཞི་འདིའི་ནང་གི་གྲོས་མཐུན་ནི་ཞབས་ཏོག་ཞུ་མཁན་ཕན་ཚུན་བར་བཞག་པ་མིན་ལ། ཞབས་ཏོག་ཞུ་མཁན་གཞན་པ་གཉིས་ཀྱིས་རང་མོས་ཀྱིས་ཨ་ཕར་ཞབས་ཏོག་ཞུ་བའི་འགན་འཁྲི་འཁུར་པའང་མཚོན་མེད། ཞབས་ཏོག་ཞུ་མཁན་གཞན་པ་གཉིས་ཀྱིས་རང་མོས་ཀྱིས་ཞབས་ཏོག་ཞུ་བའི་འོས་འགན་ཆ་ཚང་འཁུར་པ་ཡིན་ནའང་། ཞབས་ཏོག་ཞུ་ཡུལ་གྱི་མིར་རྒྱུན་ལྡན་གྱི་འཚོ་

རྟེན་ཞབས་ཞུ་ཐོབ་པར་ཁག་ཐེག་ནན་ཏན་བྱེད་དགོས། ཞབས་ཏོག་ཞུ་ཡུལ་གྱི་མིས་རྒྱུན་ལྡན་གྱི་འཚོ་བའི་ཆུ་ཚད་རྒྱུན་འཁྱོངས་བྱ་མ་ཐུབ་ཚེ། ཞབས་ཏོག་ཞུ་བའི་འོས་འགན་འཁུར་མཁན་ཚང་མས་སྔར་བཞིན་ཞབས་ཏོག་ཞུ་བའི་འོས་འགན་འཁུར་དགོས།

【案例评析】子女对父母有赡养扶助的义务,这种法定义务不允许当事人通过协议变更或解除。根据《中华人民共和国老年人权益保障法》第十七条规定,赡养人之间可以就履行赡养义务签订协议,并征得老年人同意。这里是指赡养人之间就如何履行好对被赡养人的赡养义务进行协议,不表示可以以协议的方式一次性履行赡养义务。况且本案中的协议不是赡养人之间签订的,不代表其他两赡养人自愿承担对父亲的赡养责任。即使其他两赡养人自愿承担全部赡养责任,也要能确保被赡养人得到正常的赡养,在被赡养人不能维持正常生活水平时,所有赡养义务人仍然应当承担赡养义务。

བཞི་པ། དབང་པོ་སྐྱོན་ཅན་གྱི་ཁེ་དབང་འགན་སྲུང་།

四、残疾人权益保障

དབང་པོ་སྐྱོན་ཅན་ཞེས་པ་ནི་སེམས་ཁམས་དང་། ལུས་ཁམས། གཟུགས་གཞི་ཆགས་ཚུལ་བཅས་ཐད་ཀྱི་ཕུང་གྲུབ་དང་རྩོལ་ནུས་ག་གེ་མོ་ཤོར་བའམ་བྱེད་སྒོ་ག་གེ་མོ་སྤེལ་བའི་ནུས་པ་ཡོངས་སུ་ཤོར་བའམ་ཆ་ཤས་ཙམ་ཤོར་བའི་མི་ལ་ཟེར། རང་རྒྱལ་གྱི་དབང་པོ་སྐྱོན་ཅན་ལ་ལོངས་སུ་སྤྱད་རྒྱུ་ཡོད་པའི་ཁེ་དབང་དང་སྤྱི་ཚོགས་ཀྱི་འགན་སྲུང་ནི་གཙོ་བོ་གཤམ་གསལ་དག་ཡིན་ཏེ།

残疾人是指在心理、生理、人体结构上,某种组织、功能丧失或者不正常,全部或者部分丧失以正常方式从事某

种活动能力的人。我国残疾人享有的权利和社会保障主要有:

༡. དབང་པོ་སྐྱོན་ཅན་གྱི་ལུས་གསོའི་ཞབས་ཞུ་དང་ལེན་བྱེད་པའི་དབང་ཆ།

1. 残疾人接受康复服务的权利。

༢. དབང་པོ་སྐྱོན་ཅན་གྱི་སློབ་གསོ་ཐོབ་དབང་།

2. 残疾人接受教育的权利。

༣. དབང་པོ་སྐྱོན་ཅན་གྱི་ངལ་རྩོལ་ལས་ཞུགས་ལ་འགན་སྲུང་བྱ་རྒྱུ།

3. 保障残疾人劳动就业。

༤. དབང་པོ་སྐྱོན་ཅན་གྱི་རིག་གནས་འཚོ་བར་འགན་སྲུང་བྱ་རྒྱུ།

4. 保障残疾人的文化生活。

༥. དབང་པོ་སྐྱོན་ཅན་གྱི་སྤྱི་ཚོགས་ཀྱི་འགན་སྲུང་།

5. 残疾人的社会保障。

༦. དབང་པོ་སྐྱོན་ཅན་གྱི་གེགས་མེད་ཁོར་ཡུག་འགན་སྲུང་བཅས་སོ།།

6. 残疾人无障碍环境保障。

ལེའུ་དགུ་པ། གྲོང་གསེབ་ཀྱི་གཉེན་སྒྲིག་དང་ཁྱིམ་ཚང་། འཆར་ལྡན་བྱ་བཙའི་བཅའ་ཁྲིམས་ལམ་ལུགས།

第九章　农村婚姻家庭和计划生育法律制度

ས་བཅད་དང་པོ། གཉེན་སྒྲིག་གི་བཅའ་ཁྲིམས་ལམ་ལུགས།

第一节　婚姻法律制度

གཉེན་སྒྲིག་སྐོར་གྱི་བཅའ་ཁྲིམས་ནི་སྤྱི་ཚོགས་ངེས་ཅན་ཞིག་གི་གཉེན་སྒྲིག་གི་འབྲེལ་བར་ལེགས་སྒྲིག་བྱེད་པའི་བཅའ་ཁྲིམས་ཚད་གཞིའི་སྤྱི་བསྡོམས་ཡིན་ལ། སྤྱི་ཚོགས་ངེས་ཅན་ཞིག་གི་གཉེན་སྒྲིག་ལམ་ལུགས་དེ་བཅའ་ཁྲིམས་སྟེང་གི་གཅིག་སྡུད་ཀྱི་མཚོན་རྟགས་ཡིན།

婚姻法是调整一定社会的婚姻关系的法律规范的总和，是一定社会的婚姻制度在法律上的集中表现。

དང་པོ། གཉེན་སྒྲིག

一、结婚

གཉེན་སྒྲིག་ཅེས་པ་ནི་སྐྱེས་པ་དང་བུད་མེད་ཕྱོགས་གཉིས་ཀས་བཅའ་ཁྲིམས་ཀྱིས་གཏན་འབེབས་བྱས་པའི་ཆ་རྐྱེན་དང་གོ་རིམ་ལྟར། ཁྱོ་ཤུག་གི་འབྲེལ་བ་ཚུགས་པའི་དམངས་དོན་གྱི་ཁྲིམས་འབྲེལ་བྱ་སྤྱོད་ལ་ཟེར།

结婚是指男女双方依照法律规定的条件和程序，确立夫妻关系的民事法律行为。

གཉེན་སྒྲིག་བྱེད་པའི་སྐྱེས་པ་དང་བུད་མེད་ཕྱོགས་གཉིས་ཀར་དམངས་དོན་གྱི་བྱ་སྤྱོད་སྤེལ་ནུས་འཛོམས་དགོས་པ་མ་ཟད། ད་དུང་རང་རྒྱལ་གྱི་གཉེན་སྒྲིག་སྐོར་གྱི་བཅའ་ཁྲིམས་ཀྱིས་གཏན་འབེབས་བྱས་པའི་ཆ་རྐྱེན་དང་མཐུན་དགོས།

结婚的男女双方除了应当具备民事行为能力外，还应当符合我国婚姻法规定的条件。

གཉེན་སྒྲིག་ཐོ་འགོད་བྱེད་རྒྱུ་ནི་གཉེན་སྒྲིག་གི་ཁྲིམས་བཀོད་གོ་རིམ་ཡིན་ལ། དེ་ལྟར་མ་བྱས་ན་གཉེན་སྒྲིག་འབྲེལ་བར་རྒྱལ་ཁབ་ཀྱི་བཅའ་ཁྲིམས་ཀྱི་ཁས་ལེན་ཐོབ་མི་ཐུབ།

结婚登记是结婚的法定程序，否则婚姻关系不能获得国家法律的认可。

གཉིས་པ། བཟའ་ཚང་ཁ་བྲལ་བ།

二、离婚

བཟའ་ཚང་ཁ་བྲལ་བ་ཞེས་པ་ནི་ཁྱོ་ཤུག་ཕྱོགས་གཉིས་ཀས་ཁྲིམས་བཀོད་ཀྱི་ཆ་རྐྱེན་དང་གོ་རིམ་ལྟར་གཉེན་སྒྲིག་གི་འབྲེལ་བ་མེད་པར་བཟོས་པའི་ཁྲིམས་འབྲེལ་བྱ་སྤྱོད་ལ་ཟེར།

离婚是指夫妻双方依照法定的条件和程序解除婚姻关系的法律行为。

(གཅིག) གྲོས་མཐུན་བཞག་ནས་བཟའ་ཚང་ཁ་བྲལ་བ

（一）协议离婚

གཉེན་སྒྲིག་སྐོར་གྱི་བཅའ་ཁྲིམས་ཀྱི་དོན་ཚན་སོ་གཅིག་པའི་གཏན་འབེབས་ལྟར་ན། ཕོ་མོ་ཕྱོགས་གཉིས་ཀ་རང་མོས་ཀྱིས་བཟའ་ཚང་ཁ་བྲལ་བ་ཡིན་ན། ངེས་པར་དུ་གཉེན་སྒྲིག་ཐོ་འགོད་དོ་དམ་ལས་ཁུངས་སུ་བཟའ་ཚང་ཁ་བྲལ་ཐོ་འགོད་བྱེད་རེ་ཞུ་དགོས། གཉེན་སྒྲིག་ཐོ་འགོད་ལས་ཁུངས་ཀྱིས་ཐུ་ཚུལ་གྱི་ཞིབ་བཤེར་དང་དོན་དངོས་ཀྱི་ཞིབ་བཤེར་བྱས་པ་བརྒྱུད།

ཕྱོགས་གཉིས་ཀ་རང་མོས་ཡིན་པ་མ་ཟད་བུ་ཕྲུག་དང་རྒྱུ་ནོར་ཐད་འོས་མཚམས་ཀྱིས་ཐག་གཅོད་བྱས་ཡོད་པ་མཐའ་གཅིག་ཏུ་ངེས་བཟུང་བའི་རིགས་ལ། བཟའ་ཚང་ཁ་བྲལ་བའི་ཐོ་འགོད་འགྲོ་ལུགས་གཉེར་ནས་བཟའ་ཚང་ཁ་བྲལ་བའི་དཔང་ཡིག་སྤྲད་དགོས།

བཟའ་ཚང་ཁ་བྲལ་རྒྱུའི་རེ་འདུན་ཞུ་མཁན་དོ་བདག་གིས་མི་བདེན་རྫུན་སྒྲིག་བྱས་པ་དང་བཟའ་ཚང་ཁ་བྲལ་བའི་ཐོ་འགོད་གཡོ་ལེན་བྱས་པ་རྣམས་ལ། གཉེན་སྒྲིག་ཐོ་འགོད་དོ་དམ་ལས་ཁུངས་ཀྱིས་བཟའ་ཚང་ཁ་བྲལ་བའི་ཐོ་འགོད་ཕྱིར་འཐེན་བྱེད་དགོས་པ་མ་ཟད། བཟའ་ཚང་ཁ་བྲལ་བའི་དཔང་ཡིག་ཕྱིར་ལེན་དགོས།

根据婚姻法第三十一条规定,男女双方自愿离婚的,必须到婚姻登记管理机关申请离婚登记。婚姻登记机关经过形式审查和实质审查,确认双方自愿并对子女和财产问题已经有适当处理的,应当办理离婚登记并发给离婚证。

申请离婚的当事人弄虚作假、骗取离婚登记的,婚姻登记管理机关应当撤销离婚登记并收回离婚证。

(གཉིས) བཟའ་མི་ཁ་འབྲལ་གྱི་རྩོད་གཏུག

(二)诉讼离婚

བཟའ་མི་ཁ་འབྲལ་གྱི་རྩོད་གཏུག་ཅེས་པ་ནི་ཕོ་མོ་ཕྱོགས་གཉིས་ཀས་བཟའ་ཚང་ཁ་བྲལ་བ་དང་། བཟའ་ཚང་ཁ་བྲལ་རྗེས་ཀྱི་བུ་ཕྲུག་གསོ་སྐྱོང་ངམ་ཡང་ན་ཤུལ་བཞག་རྒྱུ་དངོས་ལ་བགོ་བཤའ་རྒྱག་པ་སོགས་ཀྱི་གནད་

དོན་ཐད་གྲོས་མཐུན་མ་བྱུང་ཚེ། ཕྱོགས་གཅིག་གིས་མི་དམངས་ཁྲིམས་ཁང་ལ་ཁྲིམས་སྦྱོར་བྱས་པ་དང་། མི་དམངས་ཁྲིམས་ཁང་གིས་གཏུག་བཤེར་གོ་རིམ་ལྟར་ཞིབ་གཅོད་བྱས་རྗེས། འདུམ་འགྲིག་བྱེད་པའམ་གཉེན་སྒྲིག་འབྲེལ་བ་མེད་པར་བཟོ་རྒྱུའི་ཁྲིམས་ཐག་བཅད་པའི་དཔྱད་མཚམས་འཛོག་པའི་བཅའ་ཁྲིམས་ལམ་ལུགས་ལ་ཟེར།

诉讼离婚是指夫妻双方对离婚、离婚后子女抚养或者遗产分割等问题不能达成协议，由一方向人民法院起诉，人民法院依诉讼程序审理后，调解或判决解除婚姻关系的法律制度。

བཟའ་མི་ཁ་བྲལ་གྱི་གྲོད་གཏུག་ཁྲོད་དུ་དམིགས་བསལ་གྱི་སྲུང་སྐྱོང་གཉིས་ཡོད་དེ།

诉讼离婚中有两项特殊保护：

(༡) དངོས་ཞབས་དམག་མིའི་བཟའ་ཟླས་བཟའ་ཚང་ཁ་བྲལ་རྒྱུའི་རེ་བ་བཏོན་རིགས་ངེས་པར་དུ་དམག་མིས་མོས་མཐུན་བྱེད་དགོས།

（1）现役军人的配偶要求离婚的，须征得军人同意；

(༢) བུད་མེད་ལ་མངལ་འཁོར་རིང་དང་། ཕྲུ་གུ་བཙས་པའི་རྗེས་ཀྱི་ལོ་གཅིག་ནང་ངམ་མངལ་འཁོར་མཚམས་བཅད་པའི་རྗེས་ཀྱི་ཟླ་བ་དྲུག་གི་ནང་ཚུན་དུ་ཕོ་གས་བཟའ་ཚང་ཁ་བྲལ་རྒྱུའི་རེ་འདུན་ཞུས་མི་ཆོག

（2）女方在怀孕期间、分娩后一年内或中止妊娠后六个月内。男方不得提出离婚。

གསུམ་པ། མཉམ་འདུག་དང་དོན་དངོས་གཉེན་སྒྲིག་དང་ཟླ་ཡོད་གཉེན་སྒྲིག

三、同居、事实婚姻、重婚

(གཅིག) མཉམ་འདུག

（一）同居

མཉམ་འདུག་ཅེས་པ་ནི་མི་གཉིས་ཀས་དམིགས་ཡུལ་ངེས་ཅན་ཞིག་གི་རྐྱེན་གྱིས་གནས་སྐབས་སུ་མཉམ་དུ་འདུག་པ་ལ་ཟེར། སྤྱིར་བཏང་དུ་ཕོ་མོའི་བར་ལ་སྤྱད་པ་ཡིན།

同居，是指两个人出于某种目的而暂时居住在一起，一般用于异性之间。

(གཉིས) དོན་དངོས་གཉེན་སྒྲིག

（二）事实婚姻

རང་རྒྱལ་གྱི་ད་སྤྱོད་བཅའ་ཁྲིམས་ལྟར་ན། ཕོ་མོ་ཕྱོགས་གཉིས་ཀ་ནི་1994ལོའི་ཟླ་2པའི་ཚེས་1གི་སྔོན་ནས་མཉམ་འདུག་གི་འབྲེལ་བ་འགོ་ཚུགས་པ་མ་ཟད། ཕྱོགས་གཉིས་ཀ་ད་དུང་གཉེན་སྒྲིག་གི་དོན་དངོས་ཆ་རྐྱེན་གལ་ཆེན་དང་མཐུན་ན། ད་གཟོད་དོན་དངོས་གཉེན་སྒྲིག་ཆགས་ཡོད་པ་གཏན་ཁེལ་བྱ་རྒྱུ།

根据我国现行法律,只有双方在 1994 年 2 月 1 日之前就已经开始同居关系,并且双方均符合结婚实质要件的,才会被认定为构成事实婚姻。

(གསུམ) ཟླ་ཡོད་གཉེན་སྒྲིག

（三）重婚

ཟླ་ཡོད་གཉེན་སྒྲིག་གི་གནས་ཚུལ་ལ་གཉིས་ཡོད་དེ། (༡) བཅའ་ཁྲིམས་ཐོག་གི་ཟླ་ཡོད་གཉེན་སྒྲིག (༢) དོན་དངོས་ཐོག་གི་ཟླ་ཡོད་གཉེན་སྒྲིག་ཡིན།

重婚的情况包括:（1）法律上的重婚;（2）事实上的重婚。

བཞི་པ། ཁྱོ་ཤུག་གི་འབྲེལ་བ།

四、夫妻关系

(གཅིག) ལུས་ཁམས་ཀྱི་འབྲེལ་བ།

（一）人身关系

ཁྱོ་ཤུག་ཕྱོགས་གཉིས་ཀ་གོ་གནས་འདྲ་མཉམ་དང་རང་མགོ་རང་ཐོན་ཡིན། ཁྱོ་ཤུག་བར་བསམ་པ་རྣམ་དག་གི་འོས་འགན་ཡོད་ལ། ཚང་མར་འཆར་ལྡན་བུ་བཙའི་འོས་འགན་ཡོད།

夫妻双方地位平等、独立;夫妻之间有忠实义务,都有计划生育义务。

(གཉིས) རྒྱུ་ནོར་གྱི་འབྲེལ་བ།

（二）财产关系

ཁྱོ་ཤུག་ཐུན་མོང་ལ་དབང་བའི་རྒྱུ་ནོར་ཡིན་རིགས། འདྲ་མཉམ་གྱི་ཐག་གཅོད་བྱེད་དབང་

ཡོད། ཁྱོ་ཤུག་གིས་གཉེན་སྒྲིག་གི་འབྲེལ་བ་གནས་རིང་རྒྱུ་ནོར་བསགས་རིགས་ཁྱོ་ཤུག་ཐུན་མོང་ལ་དབང་བ་དང་། ཁྱོ་ཤུག་ཕྱོགས་གཅིག་ལ་ཕྱོགས་གཞན་ཞིག་གི་སྒེར་གྱི་རྒྱུ་ནོར་ལ་ཐག་གཅོད་བྱེད་པའི་དབང་ཆ་མེད། ཁྱོ་ཤུག་གི་སྒེར་ལ་དབང་བའི་རྒྱུ་ནོར་ལ་གཉེན་སྒྲིག་མ་བྱས་སྔོན་གྱི་རྒྱུ་ནོར་དང་། ཁ་ཆེམས་སམ་འབུལ་ཚན་རྒྱག་པའི་གན་རྒྱའི་ནང་གཏན་ཁེལ་བྱས་པའི་ཁྱོ་ཤུག་གི་ཕྱོགས་གཅིག་ཁོ་ནར་གཏོགས་པའི་རྒྱུ་ནོར་སོགས་འདུས་ཡོད།

夫妻对共同所有的财产,有平等的处理权。夫妻在婚姻关系存续期间所得的财产,归夫妻共同所有。夫妻一方对另一方的个人财产没有处理权。属于夫妻个人的财产包括婚前财产、遗嘱或赠与合同中确定只归夫妻一方的财产等。

དཔེར་བརྗོད་ཁྲིམས་བཤད། ༡༤

以案说法 14

བཟའ་ཚང་ཁ་བྲལ་རྗེས་ཀྱི་རྒྱུ་ནོར་ཇི་ལྟར་བགོ་བཤའ་རྒྱག་དགོས་སམ།

离婚财产如何分配

【གྱོད་དོན་གྱི་གནས་ཚུལ་ངོ་སྤྲོད།】དགུང་ལོ་20ཡིན་པའི་ཀྲང་པིང་དང་ཕང་སེ་ནི་2002ལོར་ཕ་ཡུལ་ནས་གཉེན་སྒྲིག་བྱས་པ་ཡིན། འོན་ཀྱང་གཉེན་སྒྲིག་ཐོ་འགོད་བྱས་མེད། 2003ལོར་ཀྲང་པིང་གིས་རང་གི་བསགས་དངུལ་གྱིས་གྲོང་ཁྱེར་དུ་ཁང་པ་ཞིག་ཉོས་པ་དང་། 2005ལོར་རླངས་འཁོར་ཞིག་ཉོས་པ་ཡིན། 2006ལོར་ཁོ་གཉིས་ཀྱིས་གཉེན་སྒྲིག་འགྲོ་ལུགས་གསབ་སྒྲུབ་བྱས། ལོ་དེར་ཁང་པ་གཞན་ཞིག་ཡང་བསྒྱུར་ཉོས། 2007ལོར། ཁྱོ་ཤུག་གི་འབྲེལ་བ་ཆད་དེ། གཉིས་ཀས་གྲོས་མོལ་གྱིས་བཟའ་ཚང་ཁ་བྲལ་མ་ཐུབ་པས་ཁྲུལ་ཀ་གེ་མོའི་མི་

དམངས་ཁྲིམས་ཁང་ལ་བཟའ་ཚང་ཁ་བྲལ་རྒྱུའི་ཞུ་སྐྱོར་བྱས་པ་ཡིན། རྩོད་གཞིའི་གནད་འགག་ནི་2003ལོར་ཀྲང་པིན་གྱིས་ཉོས་པའི་ཁང་པ་དང་2005ལོར་ཉོས་པའི་རླངས་འཁོར་སུ་ལ་དབང་བ་དེ་ཡིན།

【案情介绍】20 岁的张斌和王梅于 2002 年在老家举行了婚礼，但是并未登记结婚。2003 年张斌用自己的积蓄在市里买了一套房子。2005 年买了一辆汽车。2006 年两人补办了结婚手续，同年购买了第二套房子。2007 年，夫妻感情破裂，两人协议离婚不成，向某区人民法院提起离婚诉讼。争议的焦点是 2003 年张斌购买的一套房子和 2005 年购买的汽车归谁所有。

【གྲོད་དོན་དཔེ་མཚོན་དབྱེ་ཞིབ།】རང་རྒྱལ་གྱི་བཅའ་ཁྲིམས་ཀྱི་གཏན་འབེབས་ལྟར་ན། གཉེན་སྒྲིག་གི་འབྲེལ་བ་ནི་སྤྱིར་བཏང་དུ་ཁྱོ་ཤུག་ཕྱོགས་གཉིས་ཀས་ཐོ་བཀོད་དེ་གཉེན་སྒྲིག་བྱས་པ་མ་ཟད་གཉེན་སྒྲིག་དཔང་ཡིག་བླངས་པ་ནས་བཟུང་དངོས་སུ་བཙུགས་པ་ཡིན། འོན་ཀྱང་ཕྱོགས་གཉིས་ཀར་སྔོན་ལ་མཉམ་འདུག་གི་དོན་དངོས་ཡོད་ལ་ཐོ་འགོད་རྗེས་གཉེར་བྱས་པའི་གནས་ཚུལ་ཡོད་ན། གཉེན་སྒྲིག་གི་ནུས་པ་ནི་ཕྱོགས་གཉིས་ཀ་གཉེན་སྒྲིག་གི་དོན་དངོས་ཐོག་གི་ཆ་རྐྱེན་གལ་ཆེན་དང་མཐུན་པའི་དུས་ནས་བརྩི་དགོས། གྲོད་གཞི་འདིའི་ནང་། 2003ལོའི་སྐབས་སུ་ཕང་མེ་ནི་ཁྲིམས་བཀོད་ཀྱི་གཉེན་སྒྲིག་ལོ་ཚོད་ལས་བརྒལ་ཡོད་ནའང་། ཀྲང་པིན་ད་དུང་ཁྲིམས་བཀོད་ཀྱི་གཉེན་སྒྲིག་ལོ་ཚོད་ལ་སོན་མེད་པས། ཀྲང་པིན་གྱིས་ཉོས་པའི་ཁང་པ་དང་པོ་ནི་ཁྱོ་ཤུག་གི་ཐུན་མོང་རྒྱུ་ནོར་དུ་མི་གཏོགས། 2004ལོའི་དུས་སུ། ཀྲང་པིན་ནི་ཁྲིམས་བཀོད་ཀྱི་གཉེན་སྒྲིག་ལོ་ཚོད་སོན་ཡོད་པ་དང་། ཁོ་གཉིས་ཀྱིས་2006ལོར་གཉེན་སྒྲིག་འགྲོ་ལུགས་རྗེས་གཉེར་བྱས་པ་ཡིན་མོད། འོན་ཀྱང་དེ་

དུས་སུ་ཀྱང་ཕིད་ནི་གཉེན་སྒྲིག་གི་དོན་དངོས་ཐོག་གི་ཆ་རྐྱེན་གལ་ཆེན་དང་མཐུན་པས། ཕོ་གཉིས་ཀྱི་གཉེན་སྒྲིག་གི་འབྲེལ་བ་དངོས་སུ་བཙུགས་པ་ཡིན། དེར་བརྟེན། 2005ལོར་ཉོས་པའི་རླངས་འཁོར་ནི་ཕོ་ཤུག་ཐུན་མོང་གི་རྒྱུ་ནོར་ལ་གཏོགས་ལ། ཕྱང་མེས་ཕྱེད་ཀ་བགོས་ཆོག

【案例评析】根据我国法律规定,婚姻关系一般从夫妻双方登记结婚并领取结婚证开始确立,但如果双方存在先有同居事实后补办登记的情况,婚姻效力应当从双方符合结婚实质要件时开始计算。本案中,2003 年时虽然王梅已经超过法定婚龄,但是张斌还没有达到法定婚龄,因此,张斌购买的第一套房屋不属于夫妻共同财产。2004 年时,张斌达到法定结婚年龄,虽然两人于 2006 年补办的结婚手续,但是此时张斌已经满足结婚实质要件,两人婚姻关系确立,2005 年购买的汽车属于夫妻共同财产,王梅可以分得一半。

ས་བཅད་གཉིས་པ། ཉར་གསོའི་བཅའ་ཁྲིམས་ལམ་ལུགས།

第二节 收养法律制度

ཉར་གསོ་ནི་རྗེས་བྱུང་ཉེ་དུའི་རང་སྐྱེས་བུ་ཕྲུག་གི་འབྲེལ་བ་བྱུང་བའི་ཁྲིམས་བཀོད་ཐབས་ལམ་ཞིག་ཡིན། མི་གཞན་གྱི་བུ་ཕྲུག་ཉར་གསོ་བྱས་ནས་རང་གི་བུ་ཕྲུག་བྱས་པར་མཚོན་ན། ཉར་གསོ་བྱེད་མཁན་ལ་ཕ་གཡར་དང་མ་གཡར་ཟེར་ལ། ཉར་གསོ་བྱ་ཡུལ་གྱི་མིར་གསོས་བུ་དང་གསོས་མོ་ཟེར།

收养是拟制血亲的亲子关系借以发生的法定途径。领养他人的子女为自己的子女,收养人称为养父、养母,被收养人称为养子、养女。

དང་པོ། ཉར་གསོ་འབྲེལ་བ་ཆགས་པའི་ཆ་རྐྱེན་དང་ཁྲིམས་ནུས།

一、收养关系的成立条件和法律效力

བུ་ཕྲུག་ཉར་གསོ་བྱེད་པ་ནི་ཉར་གསོ་བྱེད་མཁན་དང་ཉར་གསོ་བྱ་ཡུལ་གྱི་མི། ཉར་གསོ་སྤྲོད་མཁན་གསུམ་དང་འབྲེལ་བ་ཡོད། ཕྱོགས་གསུམ་ཚང་མ་བཅའ་ཁྲིམས་ཀྱི་གཏན

འབེབས་དང་མཐུན་དགོས།

收养子女涉及收养人、被收养人和送养人。三方面都要符合法律的规定。

༡. ཉར་གསོ་བྱེད་མཁན་ལ་ངེས་པར་དུ་ཚང་དགོས་པའི་ཆ་རྐྱེན་ནི་བུ་ཕྲུག་མེད་ལ་ལོ་30སླེབས་ཟིན་པ་སོགས་ཡིན། ཉར་གསོ་བྱེད་མཁན་ལ་བཟའ་ཟླ་ཡོད་ན་ངེས་པར་དུ་ཁྱོ་ཤུག་ཕྱོགས་གཉིས་ཀས་ཐུན་མོང་དུ་ཐག་གཅོད་བྱེད་དགོས།

1. 收养人必须具备的条件是没有子女、年满 30 周岁等。收养人有配偶的须由夫妻双方共同决定。

༢. ཉར་གསོ་བྱ་ཡུལ་གྱི་མིའི་ཆ་རྐྱེན། ཐོག་མར། ངེས་པར་དུ་ལོ་14མན་ཆད་ཀྱི་ནར་མ་སོན་པའི་བྱིས་པ་ཡིན་དགོས། དེ་ནས། ཕ་མ་མེད་པའི་དྭ་ཕྲུག་གམ་ཡང་ན་ལུས་སྐྱིན་ཕ་མ་བཙལ་རྙེད་མ་ཐུབ་པའི་ཕྲུ་གུ་དམར་འབྱར་དང་བྱིས་པ་ཡིན་དགོས།

2. 被收养人的条件。首先,须为未满 14 周岁的未成年人;其次,为丧失父母的孤儿或是查找不到生父母的弃婴和儿童。

༣. ཉར་གསོ་སྐྱེལ་མཁན་གྱི་ཆ་རྐྱེན། གཅིག་ནི་དྭ་ཕྲུག་གི་ལྟ་སྐྱོང་བྱེད་མི་ཡིན་དགོས། གཉིས་ནི་སྤྱི་ཚོགས་ཀྱི་ཕན་བདེ་ལས་ཁུངས་ཡིན་དགོས། གསུམ་ནི་དམིགས་བསལ་གྱི་དཀའ་ངལ་ཡོད་པས་བུ་ཕྲུག་གསོ་སྐྱོང་བྱེད་ནུས་མེད་པའི་ཕ་མ་ཡིན་དགོས།

3. 送养人的条件。一是孤儿的监护人;二是社会福利机构;三是有特殊困难无力抚养子女的生父母。

ཉར་གསོའི་འབྲེལ་བ་ནི་ཐོ་འགོད་བྱས་ཉིན་ནས་བཟུང་སྟེ་དངོས་སུ་བཙུགས་པ་དང་ནུས་པ་ཐོན་རྒྱུ། ཉར་གསོའི་རྗེས་བྱུང་ཉེ་དུའི་ཕ་མ་བུ་ཕྲུག་གི་འབྲེལ་བ་ཆགས་པའི་ནུས་པ་ནི་རང་བྱུང་ཉེ་དུའི་ཕ་མ་བུ་ཕྲུག་གི་འབྲེལ་བ་དང་འདྲ་མཚུངས་ཡིན།

收养关系自登记之日起成立、生效。形成收养拟制血亲的父母子女关系,效力与自然血亲的父母子女关系相同。

གཉིས་པ། ཉར་གསོའི་འབྲེལ་བ་ཕྱིར་འཐེན་བྱེད་པ།

二、收养关系的解除

ཉར་གསོའི་འབྲེལ་བ་ཕྱིར་འཐེན་བྱེད་པ་ཞེས་པ་ནི་རྗེས་བྱུང་གི་ཕ་མ་དང་བུ་ཕྲུག་གི་འབྲེལ་བར་གོ་རིམ་ངེས་ཅན་ཞིག་བརྒྱུད་ནས་ཕ་མ་དང་བུ་ཕྲུག་བར་གྱི་ཁེ་དབང་དང་འོས་འགན་གྱི་འབྲེལ་བ་ཕྱིར་འཐེན་བྱེད་པའི་བྱ་སྤྱོད་ལ་ཟེར།

解除收养关系就是指对拟制的父母子女关系通过一定程序解除父母子女间权利义务关系的行为。

༡. ཉར་གསོའི་འབྲེལ་བ་ཕྱིར་འཐེན་བྱེད་པའི་ཆ་རྐྱེན། ཕ་གཡར་མ་གཡར་དང་གསོས་ཕྲུག་དར་མ་བར་གྱི་འབྲེལ་བ་ཇེ་སྡུག་ཏུ་སོང་ནས་མཉམ་དུ་འཚོ་བ་རོལ་ཐབས་བྲལ་བའི་རིགས་དང་། ཉར་གསོ་བྱེད་མཁན་གྱིས་གསོ་སྐྱོང་གི་འོས་འགན་མི་བསྒྲུབ་པའི་རིགས། གསོས་ཕྲུག་ནར་སོན་རྗེས། ཕ་གཡར་མ་གཡར་ལ་མནར་གཅོད་གཏོང་བ་དང་གསོ་འགན་མི་འཁུར་བའི་རིགས་སོགས་ཡིན།

1. 收养关系解除的条件。养父母与成年养子女关系恶化,无法共同生活的;收养人不履行抚养义务的;因养子女成年后,虐待、遗弃养父母的等。

༢. ཉར་གསོའི་འབྲེལ་བ་ཕྱིར་འཐེན་བྱེད་པའི་ནུས་པ། ཉར་གསོ་བྱེད་ཕྱོགས་སྐོར་གྱི་བཅའ་ཁྲིམས་ཀྱི་དོན་ཚན་སུམ་ཅུའི་ནང་གསལ་གཏན་འབེབས་ལྟར་ན། ཉར་གསོའི་འབྲེལ་བ་ཕྱིར་འཐེན་བྱས་རྗེས། ཕ་གཡར་མ་གཡར་གྱིས་གསོ་སྐྱོང་བྱས་པའི་གསོས་ཕྲུག་དར་མས་ངལ་རྩོལ་ནུས་པ་མེད་ལ་འཚོ་རྟེན་ཡོང་ཁུངས་ཀྱང་མེད་པའི་ཕ་གཡར་མ་གཡར་ལ་འཚོ་བའི་གྲོན་དངུལ་སྤྲོད་དགོས།

2. 解除收养关系的效力。根据收养法第三十条规定,收养关系解除后,经养父母抚养的成年养子女,对缺乏劳动能力又缺乏生活来源的养父母,应当给付生活费。

དཔེར་བརྗོད་ཁྲིམས་བཤད།༡༥
以案说法 15

ཁྲིམས་བཀོད་གོ་རིམ་ལག་བསྟར་མ་བྱས་པའི་ཉར་གསོ་བྱ་ཡུལ་གྱི་མིས་ཤུལ་བཞག་རྒྱུ་ནོར་ཤུལ་འཛིན་བྱེད་ཆོག་གམ།

未履行法定程序的被收养人可否继承遗产

【གྱོད་དོན་གྱི་གནས་ཚུལ་ངོ་སྤྲོད།】 ཀྲང་ལེའང་དང་ལི་ཧྥང་ཁྱོ་ཤུག་གིས་2007ལོའི་ཟླ་5པར་བུ་མོ་དམར་འབྱར་ཞིག་ཉར་གསོ་བྱས་པ་ཡིན་ལ་འོན་ཀྱང་ཉར་གསོའི་ཐོ་འགན་བསྒྲུབས་མེད། 2011ལོའི་ཟླ་3པར། ཀྲང་ལེའང་ལས་འཛོལ་གྱི་ཁྲོད་དུ་ཚེ་ལས་འདས། ད་ལྟ་ཀྲང་ལེའང་གི་ཕ་མ་གཉིས་ཀ་ཤུལ་བཞག་རྒྱུ་དངོས་ལ་བགོ་བཤའ་རྒྱག་པའི་གནད་དོན་ཐོག་རྩོད་གླེང་བྱུང་སྟེ། ཉར་གསོ་བྱས་པའི་ཀྲང་ཆེ་གེ་མོས་ཉར་གསོ་ཐོ་འགོད་ཀྱི་འགྲོ་ལུགས་བསྒྲུབས་མེད་པས། ཀྲང་ལེའང་གི་ཤུལ་བཞག་རྒྱུ་དངོས་བགོ་མི་ཉུང་ཞེས་བཤད་པ་ཡིན། རྩོད་གླེང་མཐར་ཐུག་ཐག་གཅོད་བྱེད་མ་ཐུབ་པས་ཁྲིམས་ཁང་དུ་གཏུག་བཤེར་བྱས།

【案情介绍】张亮与李芳夫妇于 2007 年 5 月收养了一名女婴张某某，但未办理收养登记。2011 年 3 月，张亮在事故中死亡。现张亮的父母因遗产分配问题产生纠纷，称被收养的张某某没有办理收养登记手续，不能分得张亮的遗产。纠纷最终无法解决而诉至法院。

【གྱོད་དོན་དཔེ་མཚོན་དབྱེ་ཞིབ།】རང་རྒྱལ་གྱི་ཉར་གསོ་བྱེད་ཕྱོགས་སྐོར་གྱི་བཅའ་ཁྲིམས་ཀྱི་དོན་ཚན་བཅོ་ལྔ་པའི་ནང་གསེས་དོན་ཚན་དང་པོའི་གཏན་འབེབས་ལྟར་ན། ཉར་གསོ་བྱེད་པར་ངེས་པར་དུ་རྫོང་རིམ་པ་ཡན་གྱི་མི་དམངས་སྲིད་གཞུང་གི་དམངས་སྲིད་སྡེ་ཁག་ཏུ་ཐོ་འགོད་བྱེད་དགོས་པ་དང་། ཉར་གསོའི་འབྲེལ་བ་ནི་ཐོར་བཀོད་པའི་ཉིན་ནས་བཟུང་འགོ་ཚུགས་རྒྱུ། འདི་ལས་ཐོ་འགོད་ནི་ཉར་གསོའི་འབྲེལ་བ་ཆགས་པའི་བཅའ་ཁྲིམས་ཀྱི་ཆ་རྐྱེན་གལ་ཆེན་ཡིན་པ་ཤེས། དུས་མཚུངས་སུ་རང་རྒྱལ་གྱི་ཤུལ་འཛིན་བཅའ་ཁྲིམས་ཀྱི་དོན་ཚན་བཅུ་བཞི་པའི་གཏན་འབེབས་ལྟར་ན། ཤུལ་འཛིན་བྱེད་མཁན་ཕུད་པའི་ཤུལ་འཛིན་བྱ་ཡུལ་གྱི་མིས་གསོ་སྐྱོང་བྱེད་པར་བརྟེན་པའི་ངལ་རྩོལ་གྱི་ནུས་པ་ཤོར་པ་མ་ཟད་འཚོ་རྟེན་ཡོང་ཁུངས་ཀྱང་མེད་པའི་མི་ལ་ཤུལ་བཞག་རྒྱུ་དངོས་འོས་འཚམ་ཞིག་སྤྲོད་རྒྱུ།

སྐྱོང་གཞི་འདིའི་ནང་དུ་ཉར་གསོའི་འབྲེལ་བར་ནུས་པ་ཐོན་མེད་མོད། འོན་ཀྱང་ཉར་གསོ་བྱེད་མཁན་གྱིས་ཉར་གསོ་བྱ་ཡུལ་གྱི་མིའི་རྒྱུན་ལྡན་གྱི་འཚོ་བར་འགན་ཁུར་གྱིན་ཡོད་པ་མ་ཟད། ཉར་གསོ་བྱ་ཡུལ་གྱི་མི་ནི་སྐྱོང་གཞི་བྱུང་བའི་སྐབས་རིང་ལ་རང་མགོ་རང་ཐོན་བྱེད་པའི་ནུས་པ་མེད་པས། རང་རྒྱལ་གྱི་ཤུལ་འཛིན་བྱེད་སྐོར་གྱི་བཅའ་ཁྲིམས་ཀྱི་དོན་ཚན་བཅུ་བཞི་པའི་གཏན་འབེབས་ལྟར་ན། ཤུལ་བཞག་རྒྱུ་དངོས་འོས་འཚམ་ཞིག་བགོ་དགོས་ལ། བུད་མེད་དང་བྱིས་པའི་ཁེ་དབང་ལ་སྲུང་སྐྱོང་བྱེད་པའི་ལྟ་ཕྱོགས་ནས་བསམ་གཞིགས་བཏང་ནའང་དྲང་སྙོམས་དང་ལུགས་མཐུན་ཡིན།

【案例评析】根据我国收养法十五条第一款规定:“收养应当向县级以上人民政府民政部门登记。收养关系自登记之日起成立。”由此可见,登记是收养关系成立的法律要件。同时根据我国继承法第十四条规定:“对继承人以外的依靠被继承人扶养的缺乏劳动能力又没有生活来源的人,可以分给他们适当的遗产。”

本案中收养关系虽然没有生效,但收养人一直负责被收养人的生活起居,且被收养人到案件发生时并没有独立生活的能力,根据我国继承法第十四条的规定应当适当分得遗产,从保护妇女儿童权益的角度来考虑也是公平合理的。

ས་བཅད་གསུམ་པ། ཤུལ་འཛིན་སྐོར་གྱི་བཅའ་ཁྲིམས་ལམ་ལུགས།
第三节　继承法律制度

དང་པོ། ཤུལ་འཛིན་དང་ཤུལ་འཛིན་བྱེད་དབང་།
一、继承与继承权

（གཅིག） ཤུལ་འཛིན་གྱི་གོ་དོན་དང་རྣམ་གྲངས།
（一）继承的概念和种类

ཤུལ་འཛིན་ཞེས་པ་ནི་རང་བྱུང་མི་ཚེ་ལས་འདས་རྗེས། བཅའ་ཁྲིམས་ཀྱིས་གཏན་འབེབས་བྱས་པའི་ཁྱབ་ཁོངས་ངེས་ཅན་ཞིག་གི་ནང་གི་མིའམ། ཡང་ན་ཁ་ཆེམས་ཀྱིས་

གཏན་ཁེལ་བྱས་པའི་མིས་ཁྲིམས་ལྟར་འདས་པོས་ཤུལ་བཞག་བྱས་པའི་སྒེར་གྱི་ཁྲིམས་མཐུན་རྒྱུ་ནོར་ཐོབ་པའི་བཅའ་ཁྲིམས་ལམ་ལུགས་ལ་ཟེར། རང་རྒྱལ་གྱི་ཤུལ་འཛིན་བཅའ་ཁྲིམས་ཀྱིས་ཤུལ་འཛིན་ལ་ཁྲིམས་བཅད་ཤུལ་འཛིན་དང་ཁ་ཆེམས་བཞིན་ཤུལ་འཛིན་བྱེད་པ་གཉིས་སུ་དབྱེ་ཡོད།

继承是指自然人死亡后，由法律规定的一定范围内的人或遗嘱指定的人依法取得死者遗留的个人合法财产的法律制度。我国继承法将继承分为法定继承和遗嘱继承。

（གཉིས） ཤུལ་འཛིན་བྱེད་དབང་གི་གོ་དོན།

（二）继承权的概念

ཤུལ་འཛིན་བྱེད་དབང་ཞེས་པ་ནི་རང་བྱུང་མིས་བཅའ་ཁྲིམས་ཀྱི་གཏན་འབེབས་ལྟར་རམ་ཤུལ་འཛིན་བྱ་ཡུལ་གྱི་མིའི་ཁ་ཆེམས་ཀྱི་གཏན་འཁེལ་ལྟར། ལོངས་སུ་སྤྱོད་རྒྱུ་ཡོད་པའི་ཤུལ་འཛིན་བྱ་ཡུལ་གྱི་མིའི་ཤུལ་བཞག་རྒྱུ་དངོས་ཤུལ་འཛིན་བྱེད་དབང་ཐོབ་པའི་དམངས་དོན་དབང་ཆ་ལ་ཟེར། ཤུལ་འཛིན་བྱེད་དབང་ནི་རྒྱུ་ནོར་བདག་དབང་ཞིག་ཡིན་མོད། འོན་ཀྱང་བརྗུག་སྤྲོད་བྱས་མི་ཆོག་པའི་རང་བཞིན་ལྡན།

继承权是指自然人依照法律规定或者被继承人遗嘱的指定，享有的承受被继承人遗产的民事权利。继承权是一项财产权，但具有不可转让性。

（གསུམ） ཤུལ་འཛིན་བྱེད་དབང་ཐོབ་པ་དང་དོར་བ། ཤོར་བ།

（三）继承权的取得、放弃和丧失

༡.ཤུལ་འཛིན་བྱེད་དབང་ཐོབ་པ།

1. 继承权的取得

རང་བྱུང་མིས་ཤུལ་འཛིན་བྱེད་དབང་ཐོབ་པའི་བྱེད་སྟངས་ལ་གཙོ་བོ་གཉིས་ཡོད་དེ། ཁྲིམས་བཀོད་ཀྱི་ཤུལ་འཛིན་བྱེད་དབང་ཐོབ་པ་དང་ཁ་ཆེམས་བཞིན་ཤུལ་འཛིན་བྱེད་དབང་ཐོབ་པའོ།།

自然人取得继承权的方式主要有两种：法定继承权的取得和遗嘱继承权的取得。

ཁྲིམས་བཀོད་ཀྱི་རྗེས་འཛིན་བྱེད་དབང་ཐོབ་པར་རྒྱུ་མཚན་གསུམ་གཞིར་བཟུང་ཆོག（༡）གཉེན་སྒྲིག་གི་འབྲེལ་བ་གཞིར་བཟུང་ནས་ཐོབ་པ།（༢）ཁྲག་རྒྱུད་ཀྱི་འབྲེལ་བ་གཞིར་བཟུང་ནས་ཐོབ་པ།（༣）གསོ་སྐྱོང་དང་ཞབས་ཏོག་གི་འབྲེལ་བ་གཞིར་བཟུང་ནས་ཐོབ་པའོ།།

法定继承权的取得可以基于三种原因:(1)基于婚姻关系取得;(2)基于血缘关系取得;(3)基于抚养、赡养关系取得。

༢. རྗེས་འཛིན་བྱེད་དབང་དོར་བ།

2. 继承权的放弃

རྗེས་འཛིན་བྱེད་དབང་དོར་བ་ཞེས་པ་ནི་རྗེས་འཛིན་བྱེད་མཁན་གྱིས་རྗེས་འཛིན་བྱེད་འགོ་ཚུགས་རྗེས་དང་། རྗེས་བཞག་རྒྱུ་དངོས་ལ་བགོ་བཤའ་མ་བརྒྱབ་པའི་སྔོན་དུ། གསལ་སྟོན་གྱི་བྱེད་སྟངས་ཀྱིས་རྗེས་འཛིན་བྱ་ཡུལ་གྱི་མིའི་རྗེས་བཞག་རྒྱུ་དངོས་དང་ལེན་མི་བྱེད་པའི་འདོད་བློ་མཚོན་པར་ཟེར།

继承权的放弃是指继承人在继承开始后,遗产分割前,以明示的方式作出的拒绝接受被继承人遗产的意思表示。

རྗེས་བཞག་རྒྱུ་དངོས་ཐག་བཅད་རྗེས། རྗེས་འཛིན་བྱེད་མཁན་གྱིས་རྗེས་འཛིན་དོར་བར་འགྱོད་པ་སྐྱེས་རིགས་ཁྲིམས་ཁང་གིས་ཁ་ཡ་མི་བྱེད།

遗产处理后,继承人对放弃继承反悔的,法院不予承认。

༣. རྗེས་འཛིན་བྱེད་དབང་ཤོར་བ།

3. 继承权的丧失

རྗེས་འཛིན་བཅའ་ཁྲིམས་ཀྱི་དོན་ཚན་བདུན་པའི་གཏན་འབེབས་ལྟར་ན། རྗེས་འཛིན་བྱེད་མཁན་གྱི་རྗེས་འཛིན་བྱེད་དབང་ཤོར་དུ་བཅུག་པའི་བྱ་སྤྱོད་ལ།（༡）ཤེས་བཞིན་དུ་རྗེས་བཞག་ནོར་བདག་བསད་པའི་རིགས།（༢）རྗེས་བཞག་རྒྱུ་དངོས་འཕྲོག་ལེན་བྱེད་ཆེད་རྗེས་འཛིན་པ་གཞན་བསད་པའི་རིགས།（༣）རྗེས་བཞག་ནོར་བདག་བསྐྱུར་བའམ་དེ་ལ་མནར་གཅོད་བཏང་བའི་གནས་ཚུལ་ཚབས་ཆེན་ཡོད་རིགས།（༤）ཁ་ཆེམས་རྫུན་བཟོ་དང་ཟློལ་བཅོས་བྱས་པའམ་ཡང་ན་མེད་པར་བཟོས་པའི་གནས་ཚུལ་ཚབས་

ཆེན་ཡོད་རིགས་བཅས་ཡོད།

根据继承法第七条的规定,导致继承人丧失继承权的行为有:(1)故意杀害被继承人的;(2)为争夺遗产而杀害其他继承人的;(3)遗弃被继承人的,或虐待被继承人情节严重的;(4)伪造、篡改或者销毁遗嘱,情节严重的。

གཉིས་པ། ཁྲིམས་བཅད་ཤུལ་འཛིན་དང་། ཁ་ཆེམས་བཞིན་ཤུལ་འཛིན་བྱེད་པ། ཤུལ་བཞག་སྤྲོད་པ་དང་ཤུལ་འཛིན་འཚོ་སྐྱོང་གི་གྲོས་ཆོད།

二、法定继承、遗嘱继承、遗赠和遗赠扶养协议

(གཅིག) ཁྲིམས་བཅད་ཤུལ་འཛིན་བྱེད་ཕྱོགས་སྐོར།

(一)法定继承

ཁྲིམས་བཅད་ཤུལ་འཛིན་ཞེས་པ་ནི་ཤུལ་འཛིན་འཚོ་སྐྱོང་གི་གྲོས་ཆོད་དང་ཁ་ཆེམས་མེད་པའམ་ཡང་ན་གྲོས་ཆོད་དང་ཁ་ཆེམས་གོ་མི་ཆོད་པའི་སྐབས། བཅའ་ཁྲིམས་ཀྱི་གཏན་འབེབས་ལྟར་ཤུལ་འཛིན་བྱེད་མཁན་གྱི་ཁྱབ་ཁོངས་དང་ཤུལ་འཛིན་གོ་རིམ། ཤུལ་བཞག་རྒྱུ་དངོས་བགོ་བཤའ་བྱེད་རྒྱུའི་རྩ་དོན་གཏན་འཁེལ་བྱེད་པའི་ཤུལ་འཛིན་བྱེད་སྟངས་ལ་ཟེར།

法定继承是指在没有遗赠扶养协议和遗嘱,或者协议和遗嘱无效时,根据法律的规定确定继承人范围、继承顺序和遗产分配原则的继承方式。

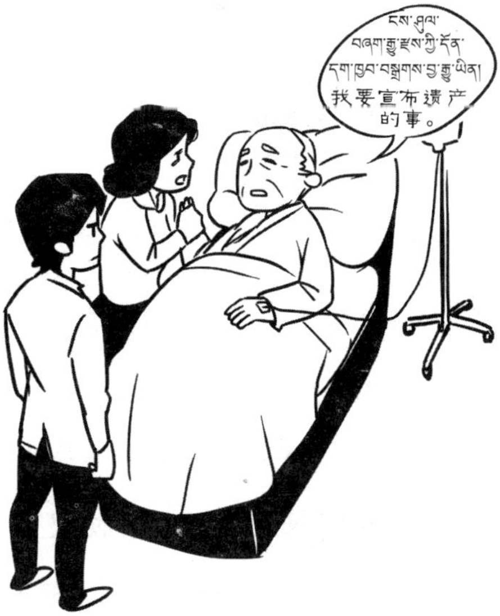

ཤུལ་འཛིན་བཅའ་ཁྲིམས་དང་འབྲེལ་ཡོད་ཁྲིམས་འཛིན་གྱི་འགྲེལ་བཤད་ལྟར་ན། གོ་རིམ་དང་པོའི་ཤུལ་འཛིན་པར་བཟའ་ཟླ་དང་བུ་ཕྲུག ཕ་མ་བཅས་ཡོད་པ་དང་། གོ་རིམ་གཉིས་པའི་ཤུལ་འཛིན་པར་གཅེན་གཅུང་ཕོ་མོ་དང་། ཕ་རྒྱུད་སྤོ་བོ་རྨོ་བོ། མ་རྒྱུད་སྤོ་

པོ་རྒྱ་པོ་བཅས་ཡོད། གོ་རིམ་དང་པོའི་ཤུལ་འཛིན་པར་ཤུལ་བཞག་རྒྱུ་དངོས་ཡོངས་རྫོགས་དམིགས་བསལ་གྱིས་སྔོན་ལ་ཤུལ་འཛིན་བྱ་རྒྱུའི་དབང་ཆ་ཡོད།

根据继承法和相关司法解释,第一顺位继承人有配偶、子女、父母;第二顺位继承人有兄弟姐妹、祖父母、外祖父母。第一顺位继承人有优先继承全部遗产的权利。

(གཉིས) ཁ་ཆེམས།

（二）遗嘱

ཁ་ཆེམས་ནི་སྤྱི་དམངས་ཀྱིས་རང་ཉིད་ཤི་རྗེས་ཤུལ་བཞག་པའི་རྒྱུ་དངོས་ལ་ཐག་གཅོད་བྱ་རྒྱུའི་ཕྱོགས་གཅིག་པོ་ནའི་འདོད་བློ་མཚོན་ཚུལ་ཡིན། ཁ་ཆེམས་ནི་མི་གཞན་གྱིས་ངོ་ཚབ་བྱས་མི་ཆོག ཁ་ཆེམས་འཛུག་མཁན་གྱིས་རང་ཉིད་ཀྱིས་བཞག་པའི་ཁ་ཆེམས་མེད་པར་བཟོ་བ་དང་དག་བཅོས་བྱས་ཆོག ཁ་ཆེམས་ཀྱི་རྣམ་པ་ནི་བཅའ་ཁྲིམས་ཀྱི་གཏན་འབེབས་དང་མཐུན་དགོས། ཁ་ཆེམས་ཀྱིས་ངལ་རྩོལ་ནུས་པ་ཤོར་བ་མ་ཟད་འཚོ་རྟེན་ཡོང་ཁུངས་ཀྱང་མེད་པའི་ཤུལ་འཛིན་བྱེད་མཁན་ལ་དགོས་ངེས་ཀྱི་ཤུལ་བཞག་རྒྱུ་དངོས་ཀྱི་བགོ་སྐལ་སོར་བཞག་བྱེད་དགོས།

遗嘱是公民依法对自己死后所留遗产作出处理的单方意思表示。遗嘱不能由他人代理。遗嘱人可以撤销、变更自己所立的遗嘱。遗嘱的形式要符合法律规定。遗嘱应当对缺乏劳动能力又没有生活来源的继承人保留必要的遗产份额。

(གསུམ) ཁ་ཆེམས་བཞིན་ཤུལ་འཛིན་བྱེད་པ་དང་ཤུལ་འཛིན་འཚོ་སྐྱོང་གི་གྲོས་ཆོད།

（三）遗嘱继承和遗赠扶养协议

ཁ་ཆེམས་བཞིན་ཤུལ་འཛིན་བྱེད་པ་ཞེས་པ་ནི་ཤུལ་འཛིན་བྱེད་མཁན་གྱིས་ཤུལ་བཞག་ནོར་བདག་གིས་བཞག་པའི་ཁྲིམས་མཐུན་ནུས་ལྡན་གྱི་ཁ་ཆེམས་ལྟར་དེའི་ཤུལ་

བཞག་རྒྱུ་དངོས་ཐོབ་པའི་ཤུལ་འཛིན་བྱེད་སྟངས་ལ་ཟེར། ཤུལ་བཞག་སྤྲོད་མཁན་དང་གསོ་སྐྱོང་བྱེད་མཁན་ནམ་ཐུན་མོང་ཚ་འཛུགས་ཀྱིས་གྲོས་ཆོ་བཞག་སྟེ། གསོ་སྐྱོང་བྱེད་མཁན་ནམ་ཐུན་མོང་ཚ་འཛུགས་ཀྱིས་ཤུལ་མ་སྤྲོད་མཁན་ལ་རྒན་གསོ་དང་ཤི་ཁའི་ལྟ་གཡོག་བྱེད་འགན་ཁུར་དགོས་པ་དང་། ཤུལ་བཞག་སྤྲོད་མཁན་ཤི་ལས་འདས་རྗེས་དེའི་ཤུལ་བཞག་རྒྱུ་ནོར་ཚང་མའམ་ཆ་ཤས་ཐོབ་པའི་ཁ་དན་བཞག་པ་དེ་ནི་ཤུལ་འཛིན་འཚོ་སྐྱོང་གི་གྲོས་ཆོད་ཡིན།

遗嘱继承是指继承人按照被继承人所立的合法有效的遗嘱取得被继承人的遗产的继承方式。遗赠人与扶养人或者集体组织签订协议，约定由扶养人或者集体组织负责为遗赠人养老送终，在遗赠人死后取得遗赠人财产的全部或者部分的协议就是遗赠扶养协议。

ཁ་ཆེམས་བཞིན་ཤུལ་འཛིན་བྱེད་པའི་ནུས་པ་ནི་ཁྲིམས་བཅད་ཤུལ་འཛིན་ལས་མཐོ་མོད། འོན་ཀྱང་ཤུལ་འཛིན་འཚོ་སྐྱོང་གི་གྲོས་ཆོད་ལས་དམའ།

遗嘱继承的效力高于法定继承,但低于遗赠扶养协议。

གསུམ་པ། ཤུལ་བཞག་རྒྱུ་དངོས་བགོ་སྤྲོད་བྱེད་ཕྱོགས་སྐོར།

三、遗产的处理

（གཅིག） ཤུལ་བཞག་རྒྱུ་དངོས་ཀྱི་གཏན་འཁེལ།

（一）遗产的确定

ཤུལ་བཞག་རྒྱུ་དངོས་ཀྱི་ཁོངས་སུ་སྤྱི་དམངས་ཀྱི་ཡོང་སྒོ་དང་། སྤྱི་དམངས་ཀྱི་ཁང་པ། གསོག་དངུལ་དང་འཚོ་བའི་ཉེར་སྤྱད། སྤྱི་དམངས་ཀྱི་ནགས་ཤིང་། སྒོ་ཕྱུགས། བྱ་རིགས། སྤྱི་དམངས་ཀྱི་རིག་རྫས། དཔེ་དེབ་ཀྱི་དཔྱད་

གཞིའི་ཡིག་རིགས། རིན་ལྡན་སྒྲོར་འཛིན་དང་ལག་བསྟར་དམིགས་བྱ་ནི་ནོར་རྫས་ཡིན་པའི་བུན་དབང་སོགས་ཚུད་ཡོད།

遗产包括公民的收入;公民的房屋、储蓄和生活用品;公民的林木、牲畜和家禽;公民的文物、图书资料;有价证券和履行标的为财物的债权等。

(གཉིས) ཤུལ་བཞག་རྒྱུ་དངོས་ལ་བགོ་བཤའ་རྒྱག་པ།

(二)遗产的分割

ཤུལ་འཛིན་བྱེད་འགོ་བཙུགས་རྗེས་ད་གཟོད་ཤུལ་བཞག་རྒྱུ་དངོས་ལ་བགོ་བཤའ་བརྒྱབ་ཆོག བགོ་བཤའ་རྒྱག་ཡུལ་ཡང་ཤུལ་བཞག་རྒྱུ་དངོས་ཁོ་ན་ཡིན་དགོས། ཤུལ་འཛིན་བྱེད་མཁན་དུ་མ་ཡོད་པའི་གནས་ཚུལ་འོག་ད་གཟོད་ཤུལ་བཞག་རྒྱུ་དངོས་ལ་བགོ་བཤའ་རྒྱག་པའི་གནད་དོན་བྱུང་སྲིད།

遗产的分割只能在继承开始后进行,分割的对象只能是遗产,只有在存在多个继承人的情况下,才会产生遗产分割的问题。

དཔེར་བརྗོད་ཁྲིམས་བཤད། ༡༦

以案说法 16

ཁྱོ་ཤུག་ཕྱོགས་གཅིག་གིས་ཤུལ་འཛིན་བྱེད་དབང་དོར་ན་ཁྱོ་ཤུག་ཐུན་མོང་གི་རྒྱུ་ནོར་བགོ་རྒྱུར་ཤུགས་རྐྱེན་ཐེབས་སམ།

夫妻一方放弃继承权是否影响夫妻共同财产的分割

【རྩོད་དོན་གྱི་གནས་ཚུལ་ངོ་སྤྲོད།】ཁྲིན་ཆེ་གེ་མོ་ (བུད་མེད) དང་ཧྲུའུ་ཆེ་གེ་མོ་གཉེན་བསྒྲིགས་རྗེས་འབྲེལ་བ་ཆད་པའི་རྐྱེན་གྱིས། ཁྲིམས་ཁང་ལ་གཏུག་བཤེར་བྱས། ཧྲུའུ་ཆེ་གེ་མོའི་ཕ་ནི་ཁོ་གཉིས་གཉེན་བསྒྲིགས་ནས་ཅུང་མ་འགོར་བར་ན་ཚ་བྱུང་ནས་འདས་སོང་བ་དང་། ཤུལ་ལ་ཁང་པ་བཞི་བཞག་ཡོད། ཧྲུའུ་ཆེ་གེ་མོའི་ཨ་མ་ཡང་ཁྲིན་ཆེ་གེ་མོས་བཟའ་ཚང་ཁ་བྲལ་རྒྱུའི་ཞུ་སྐྱོར་ཞུས་པའི་ཉིན་འགའི་རྗེས་སུ་འདས་སོང་། ཤུལ་བཞག་རྒྱུ་ནོར་འདི་དག་གི་ཤུལ་འཛིན་བྱེད་མཁན་ནི་ཧྲུའུ་ཆེ་གེ་མོ་དང་ཁོའི་གཅེན་མོ་གཉིས་ཡིན། ད་ལྟ། ཁྲུན་ཆེ་གེ་མོས་བཟའ་ཚང་ཁ་བྲལ་དུས། ཧྲུའུ་ཆེ་གེ་མོས་ཤུལ་འཛིན་བྱས་ཆོག་པའི་

ཁང་ཁོངས་དེ་ཁྲོ་ཤུག་ཐུབ་མོང་གི་རྒྱུ་ནོར་བྱས་ཏེ། དེ་ནང་གི་གཅིག་བགོ་དགོས་པའི་བླང་བྱ་བཏོན་པར་ཧུའུ་ཆེ་གེ་མོས་ཁས་མ་བླངས། ཧུའུ་ཆེ་གེ་མོས་སྙིག་ནས་གཅེན་མོ་དང་མཉམ་དུ་གཞུང་དཔང་ཁང་དུ་སོང་ནས་ཤུལ་བཞག་རྒྱུ་རྫས་ལ་བགོ་བཤའ་རྒྱུག་རྒྱུའི་གྲོས་མཐུན་ཡིག་ཆ་བཞག་པ་ཡིན་ལ། གྲོས་མཐུན་ཡིག་ཆའི་ནང་དུ། ཧུའུ་ཆེ་གེ་མོས་ཤུལ་འཛིན་བྱེད་དབང་དོར་རྒྱུ་ཡིན་པ་གསལ་བཤད་བྱས་ཡོད།

【案情介绍】陈某(女)与胡某因婚后感情破裂,起诉至法院。胡某的父亲在其婚后不久因病去世了,留有四间房。胡某的母亲也在陈某起诉离婚几天后病逝了,这些遗产的继承人是胡某和他的姐姐。现陈某要求离婚时将胡某可继承的房产作为夫妻共同财产分得其中的一间,遭到胡某的反对。胡某已背着妻子找了他姐姐去公证处办理了遗产分割协议书,协议中写明胡某放弃继承权。

【སྤྱོད་དོན་དཔེ་མཚོན་དབྱེ་ཞིབ།】ཤུལ་འཛིན་བཅའ་ཁྲིམས་ཀྱི་དོན་ཚན་ཉེར་ལྔ་པའི་གཏན་འབེབས་ལྟར་ན། ཤུལ་འཛིན་བྱེད་འགོ་ཚུགས་རྗེས། ཤུལ་འཛིན་པས་ཤུལ་འཛིན་བྱེད་དབང་བསྐྱུར་འདོད་ན། ཤུལ་བཞག་རྒྱུ་དངོས་བགོ་འགྲེམས་མ་བྱས་གོང་ཤུལ་འཛིན་བྱེད་དབང་བསྐྱུར་རྒྱུའི་གསལ་འདེབས་བྱ་དགོས་ཤིང་། གསལ་འདེབས་མ་བྱས་ན་ཤུལ་འཛིན་དང་དུ་ལེན་པར་བརྩི་རྒྱུ། སྤྱོད་དོན་འདིའི་ནང་དུ། ཧུའུ་ཆེ་གེ་མོས་ཤུལ་བཞག་རྒྱུ་དངོས་བགོ་འགྲེམས་མ་བྱས་གོང་ཤུལ་འཛིན་བྱེད་དབང་བསྐྱུར་པས། ཤུལ་འཛིན་བཅའ་ཁྲིམས་ཀྱི་གཏན་འབེབས་དང་མཐུན། ཤུལ་བཞག་རྒྱུ་རྫས་ལ་ཤུལ་འཛིན་བྱ་རྒྱུ་ནི། ཁྲོ་གས་ཆུང་མར་ངེས་པར་དུ་ཁུར་དགོས་པའི་ཁྲིམས་བཀོད་འོས་འགན་མིན། འོན་ཀྱང་། གལ་ཏེ་ཧུའུ་ཆེ་གེ་མོ་ནི་ཆུང་མས་བཟའ་ཚང་ཁ་བྲལ་དུས་ཁོ་རང་ཉིད་ཀྱིས་ཤུལ་འཛིན་བྱ་རྒྱུའི་ཁང་ཁོངས་དེ་བགོ་རྒྱུ་ཡིན་པར་སྐྲག་སྟེ། ཤུལ་འཛིན་བྱེད་དབང་བསྐྱུར་རྒྱུ་ཡིན་པར་ཟུར་བཤད་བྱེད་པ་དང་། དེ་ནས་བྱེད་སྟངས་གཞན་པ་བརྒྱུད་དེ། བཟའ་ཚང་ཁ་བྲལ་རྗེས་རང་ལ་ཐོབ་འོས་པའི་ཁང་ཁོངས་དེའི་བདག་དབང་བླངས་པ་ཡིན་ན། འདི་ལྟ་བུའི་ཁྲིམས་མཐུན་གྱི་རྣམ་པས་ཁྲིམས་འགལ་གྱི་དམིགས་ཡུལ་སྦ་གསང་བྱས་པའི་ཁྲིམས་ལ་གཞོལ་བའི་བྱ་སྤྱོད་ནི་རྩིས་འགྲོ་མེད་པ་ཞིག་ཡིན། གལ་སྲིད་བདེན་དཔང་ཡོད་ན། ཁྲིན་ཆེ་གེ་མོས་ཧུའུ་ཆེ་གེ་མོའི་ཤུལ་འཛིན་བསྐྱུར་བའི་བྱ་སྤྱོད་ནི་རྩིས་འགྲོ་མེད་པའི་བྱ་སྤྱོད་ལ་གཏོགས་པ་ཁྲིམས་ཁང་ལ་ཞུ་སྐྱོར་བྱས་ཆོག

【案例评析】根据继承法第二十五条规定:“继承开始后,继承人放弃继承的,应当在遗产处理前作出放弃继承的表示。没有表示的,视为接受继承。”本案中,胡某在遗产处理前放弃继承,符合继承法的规定。继承遗产不是丈夫对妻子应尽的法定义务。但是,如果胡某是为了怕妻子在离婚时分得自己从父母那儿继承的房产,伪称放弃继承权,然后又通过其他方式在离婚后取回了自己应得的那一份房产的所有权,这种以合法形式掩盖非法目的的规避法律行为是无效的,若有证据,陈某可以向法院主张胡某放弃继承行为属无效行为。

ས་བཅད་བཞི་པ། འཆར་ལྡན་བྱ་བཙའི་བཅའ་ཁྲིམས་ལམ་ལུགས།
第四节　计划生育法律制度

འཆར་ལྡན་བུ་བཙའ་ཞེས་པ་ནི། འཆར་གཞི་ལྡན་པའི་སྒོ་ནས་བུ་བཙའ་ཚོད་འཛིན་བྱས་ཏེ། མི་འབོར་གྱི་གནོན་ཤུགས་དང་ཁྱིམ་ཚང་གི་ཁུར་པོ་ཇེ་ཡང་དུ་གཏོང་བ་དང་། མི་རབས་རྗེས་མའི་གཤིས་རྒྱུད་གཞན་བརྒྱུད་ཀྱིས་མཐོར་འདེགས་གཏོང་བའི་བུ་བཙའ་ཚོད་འཛིན་བྱ་ཐབས་ལ་ཟེར།

计划生育,是指有计划的节制生育,以减轻人口压力与家庭负担,间接提高下一代的素质的调控生育的方法。

༡. རང་རྒྱལ་གྱི་གཞི་རྩའི་བུ་བཙའ་སྲིད་ཇུས།

1. 我国的基本生育政策

ཀྲུང་གོའི་ད་སྐྱོད་ཀྱི་བུ་བཙའ་སྲིད་ཇུས་གཙོ་བོ་ནི། སྤྱི་དམངས་ཀྱིས་གཉེན་སྒྲིག་ཕྱི་འགྱངས་དང་ཕྲུ་གུ་ཕྱི་བཙའ་བྱེད་པར་རྒྱལ་ཁབ་ཀྱིས་སྐུལ་ལྕག་བྱ་རྒྱུ་དང་། ཚོ་ཤུག་གཉིས་ལ་ཕྲུ་གུ་གཅིག་བཙའ་བར་རྒྱལ་ཁབ་ཀྱིས་དར་སྤེལ་གཏོང་རྒྱུ། བཅའ་ཁྲིམས་དང་ཁྲིམས་སྲོལ་དུ་གཏན་འབེབས་བྱས་པའི་ཆ་རྐྱེན་དང་མཐུན་རིགས་ཀྱིས་ཕྲུ་གུ་གཉིས་པ་བཙའ་བའི་རེ་འདུན་ཞུས་ཆོག་པ་བཅས་ཡིན།

中国现行生育政策主要是，国家鼓励公民晚婚晚育、提倡一对夫妻生育一个子女；符合法律、法规规定条件的，可以要求安排生育第二个子女。

༢. འཆར་ལྡན་བུ་བཙའི་བྱ་དགའ་དང་སྤྱི་ཚོགས་ཀྱི་འགན་སྲུང་།

2. 计划生育的奖励与社会保障

འཆར་ལྡན་བུ་བཙའ་ལག་ལེན་བསྟར་པའི་ཁྱོ་ཤུག་ལ་རྒྱལ་ཁབ་ཀྱིས་གཏན་འབེབས་ལྟར་བྱ་དགའ་སྤྲོད་རྒྱུ། རང་མོས་ཀྱིས་མི་ཚེ་གང་པོར་ཕྲུ་གུ་གཅིག་ལས་མི་བཙའ་བའི་ཁྱོ་ཤུག་ལ། རྒྱལ་ཁབ་ཀྱིས《བུ་ཕྲུག་གཅིག་རང་གི་གཟི་བརྗིད་ལག་ཁྱེར་》སྤྲོད་རྒྱུ་དང་། བུ་ཕྲུག་གཅིག་རང་གི་ཕ་མའི་བྱ་དགའ་ལོངས་སུ་སྤྱོད་རྒྱུ། འཆར་ལྡན་བུ་བཙའ་ལག་ལེན་བསྟར་བའི་དབུལ་ཕོངས་ཁྱིམ་ཚང་ལ། དབུལ་སྐྱོར་དབུལ་བུན་གཏོང་བ་དང་རྒྱུད་གསབ་ལས་སྤྲོད། དབུལ་སྐྱོར་རྣམ་གྲངས་དང་། སྤྱི་ཚོགས་སྐྱབ་གསོ་བཅས་ཀྱི་ཐད་ནས། དམིགས་བསལ་གྱིས་སྔོན་ལ་ལྟ་སྐྱོང་བྱ་རྒྱུ།

国家对实行计划生育的夫妻，按照规定给予奖励。自愿终身只生育一个子女的夫妻，国家发给《独生子女父母光荣证》，享受独生子女父母奖励。对实行计划生育的贫困家庭，在扶贫贷款、以工代赈、扶贫项目和社会救济等方面给予优先照顾。

ལེའུ་བཅུ་པ། ཞིང་པ་ལས་མིའི་ཁེ་དབང་འགན་སྲུང་།

第十章　农民工权益保障

ས་བཅད་དང་པོ། ངལ་རྩོལ་གན་རྒྱའི་བཅའ་ཁྲིམས་རྒྱུན་ཤེས།

第一节　劳动合同法律常识

ངལ་རྩོལ་གན་རྒྱ་ནི་ངལ་རྩོལ་པ་དང་མི་བེད་སྤྱོད་བྱེད་མཁན་ལས་ཁུངས་བར་ངལ་རྩོལ་འབྲེལ་བ་འཛུགས་པ་དང་། ཕྱོགས་གཉིས་པོའི་ཁེ་དབང་དང་འོས་འགན་ཁ་གསལ་བཟོ་བའི་གྲོས་མཐུན་ཞིག་ཡིན།

劳动合同是劳动者与用工单位之间确立劳动关系，明确双方权利和义务的协议。

དང་པོ། ངལ་རྩོལ་གན་རྒྱའི་དོན་ཚན།

一、劳动合同的条款

（གཅིག） ངལ་རྩོལ་གན་རྒྱར་ངེས་པར་དུ་ཚང་དགོས་པའི་དོན་ཚན།

（一）劳动合同的必备条款

གལ་སྲིད་ངལ་རྩོལ་གན་རྒྱར་དོན་ཚན་འདི་རིགས་ཆད་ན། ངལ་རྩོལ་གན་རྒྱ་ཚུགས་མི་ཐུབ་སྟེ། (༡) ངལ་རྩོལ་གན་རྒྱ་འཛོག་པའི་དུས་མཚམས། (༢) ལས་ཀའི་ནང་དོན། (༣) ངལ་རྩོལ་འགན་སྲུང་དང་ངལ་རྩོལ་ཆ་རྐྱེན། (༤) ངལ་རྩོལ་གྱི་ཐོབ་ཆ། (༥) ངལ་རྩོལ་སྐོར་གྱི་སྒྲིག་ཁྲིམས། (༦) ངལ་རྩོལ་གན་རྒྱ་ལག་བསྟར་བྱེད་

མཚམས་འཛོག་པའི་ཆ་རྐྱེན། (༧) ངལ་རྩོལ་གན་རྒྱ་དང་འགལ་བའི་ཁག་འགན་འཁུར་རྒྱུ་བཅས་ཡིན།

如果劳动合同缺少此类条款,劳动合同就不能成立。(1) 劳动合同期限;(2) 工作内容;(3) 劳动保护和劳动条件;(4) 劳动报酬;(5) 劳动纪律;(6) 劳动合同终止的条件;(7) 违反劳动合同的责任。

(གཉིས) ངལ་རྩོལ་གན་རྒྱའི་ཁ་ཆད་སྲོལ་ཡིག

(二) 劳动合同的约定条款

ཚོད་ལྟའི་བཀོལ་སྤྱོད་བྱེད་ཡུན་དང་། གསོ་སྦྱོང་སྦྱོང་བརྡར། ཚོང་ལས་ཀྱི་གསང་དོན་དམ་སྲུང་། འགན་བཅོལ་དང་ཕན་བདེའི་ཐོབ་ཐང་ཁ་གསབ་སོགས་ཚང་མ་ཁྲིམས་བཀོད་ཀྱི་གྲ་སྒྲིག་བྱས་ཆོག་པའི་དོན་ཚན་གྱི་ཁོངས་སུ་གཏོགས།

试用期、培训、保守商业秘密、补充保险和福利待遇都属于法定可备条款。

གཉིས་པ། ངལ་རྩོལ་གན་རྒྱའི་ཁྲོད་ཀྱི་ནང་དོན་གལ་ཆེན་འགའ།

二、劳动合同中的几项重要内容

(གཅིག) ངལ་རྩོལ་འབྲེལ་བ་འཛུགས་པ།

(一) 劳动关系的建立

ངལ་རྩོལ་གན་རྒྱའི་སྐོར་གྱི་བཅའ་ཁྲིམས་ཀྱི་དོན་ཚན་བདུན་པའི་ནང་། མི་བེད་སྤྱོད་བྱེད་མཁན་ལས་ཁུངས་ཀྱིས་ལས་མི་བཀོལ་ཉིན་ནས་བཟུང་སྟེ། ངལ་རྩོལ་པ་དང་ངལ་རྩོལ་གྱི་འབྲེལ་བ་འཛུགས་དགོས་པ་གཏན་འབེབས་བྱས་ཡོད།

劳动合同法第七条规定:用人单位自用工之日起即与劳动者建立劳动关系。

(གཉིས) ངལ་རྩོལ་གྱི་ཐོབ་ཆའི་སྐོར་གྱི་གཏན་འབེབས།

（二）关于劳动报酬的规定

ངལ་རྩོལ་གྱི་ཐོབ་ཆར་གཙོ་བོ་གཤམ་གྱི་ཕྱོགས་འགའ་ཚུད་ཡོད་དེ། (༡) གླ་ཕོགས། (༢) གླ་ཕོགས་སྤྲོད་སྟངས། (༣) ལས་དུས་འཕར་སྣོན་བྱས་པའི་གླ་ཕོགས་དང་། ཞོར་ཕོགས། ཁ་གསབ་བྱེད་པའི་ཚད་གཞི། བྱ་དགའི་དངུལ་གྱི་བགོ་བཤའ་རྒྱུག་ཐབས། (༤) ཚོད་ལྟའི་བཀོལ་སྤྱོད་བྱེད་ཡུན་དང་། ནད་དགོངས་དང་དོན་དགོངས་སོགས་ཀྱི་རིང་གི་ཕོགས་ཐོབ་འཚོ་སྐྱོང་བཅས་སོ།།

劳动报酬主要包括以下几个方面:(1)工资;(2)工资支付办法;(3)加班、加点工资及津贴、补贴标准和奖金分配办法;(4)试用期及病、事假等期间的工资待遇。

(གསུམ) ཚོད་ལྟའི་བཀོལ་སྤྱོད་བྱེད་ཡུན་སྐོར་གྱི་གཏན་འབེབས།

（三）关于试用期的规定

རང་རྒྱལ་གྱི་ངལ་རྩོལ་གན་རྒྱའི་སྐོར་གྱི་བཅའ་ཁྲིམས་ཀྱི་དོན་ཚན་བཅུ་དགུ་པའི་ནང་། ངལ་རྩོལ་གྱི་གན་རྒྱ་འཛིན་ཡུན་ཟླ་གསུམ་ཡན་དང་ལོ་གཅིག་མན་བཞག་རིགས་ཀྱིས་ཚོད་ལྟའི་བཀོལ་སྤྱོད་བྱེད་ཡུན་ཟླ་གཅིག་ལས་བརྒལ་མི་ཆོག ངལ་རྩོལ་གྱི་གན་རྒྱ་འཛིན་ཡུན་ལོ་གཅིག་ནས་ལོ་གསུམ་མན་བཞག་རིགས་ཀྱིས་ཚོད་ལྟའི་བཀོལ་སྤྱོད་བྱེད་ཡུན་ཟླ་གཉིས་ལས་བརྒལ་མི་ཆོག ལོ་གསུམ་ཡན་གྱི་དུས་མཚམས་གཏན་འཇགས་དང་དུས་མཚམས་གཏན་འཇགས་མིན་པའི་ངལ་རྩོལ་གྱི་གན་རྒྱ་བཞག་རིགས་ཀྱིས་ཚོད་ལྟའི་བཀོལ་སྤྱོད་བྱེད་ཡུན་ཟླ་དྲུག་ལས་བརྒལ་མི་ཆོག ངལ་རྩོལ་པ་ཚོད་ལྟའི་ཐོག་ནས་བཀོལ་སྤྱོད་བྱེད་རིང་གི་གླ་ཕོགས་ནི། སྡེ་ཚན་དེ་གའི་ལས་གནས་གཅིག་མཚུངས་ཀྱི་ཕོགས་རིམ་དམའ་ཤོས་སམ་ཡང་ན་ངལ་རྩོལ་གྱི་གན་རྒྱར་ཁ་དན་བཞག་པའི་གླ་ཕོགས་ཀྱི་80%ལས་དམའ་མི་རུང་བ་མ་ཟད། མི་དགོས་མཁན་སྡེ་ཚན་གནས་སའི་གླ་ཕོགས་དམའ་ཤོས་ཀྱི་ཚད་གཞི་ལས་ཀྱང་དམའ་མི་རུང་བ་གཏན་འབེབས་བྱས་ཡོད།

我国劳动合同法第十九条规定:劳动合同期限三个月以上不满一年的,试用期不得超过一个月;劳动合同期限一年以上三年以下的,试用期不得超过两个月;三年以上固定期限和无固定期限的劳动合同试用期不得超过六个月。劳动者在试用期的工资不得低于本单位同岗位最低档工资或者劳动合同约定工资的 80%,并不得低于用人单位所在地的最低工资标准。

དཔེར་བརྗོད་ཁྲིམས་བཤད། ༡༧

以案说法 17

"ཤི་གསོན་གྱི་གན་རྒྱ" ནི་འགན་མེད་པར་གཏོང་མི་སྲིད།

"生死合同"不免责

【གྱོད་དོན་གྱི་གནས་ཚུལ་ངོ་སྤྲོད།】2001ལོའི་ཟླ་5པ་ནས་བཟུང་། དགུང་ལོ་22ཡིན་པའི་ལི་ཆེ་གེ་མོས་ཧྲེན་ཀྲེན་གྱི་སྒེར་གྱིས་འགན་གཙང་བླངས་པའི་ཨར་ལས་ཀུང་སི་ག་གེ་མོ་ཞིག་ནས་སྐབས་འཕྲལ་སྒྲ་བ་བྱེད་བཞིན་ཡོད། ལི་ཆེ་གེ་མོ་ཨར་ལས་ཀུང་སི་འདིར་སླེབས་མ་ཐག་ཏུ། འགན་ལེན་ལས་དཔོན་གྱི་བླང་བྱ་ལྟར་འགན་ལེན་ལས་དཔོན་དང་གླ་བའི་གྲོས་ཆིངས་བཞག་པ་ཡིན་ལ། གྲོས་ཆིངས་ཀྱི་ནང་དུ་གླ་བདག་གིས་ལས་མིའི་ལས་རྨས་ཡོད་ཚད་ལ་འགན་མི་ཁུར་སོགས་ལྟ་བུའི་དོན་ཚན་འདུས་ཡོད། 2002ལོའི་ཟླ་2པར། ལི་ཆེ་གེ་མོ་ལས་ཀ་ལས་དུས་སེམས་ཆུང་མ་བྱས་པར། སྨིད་3ཀྱི་མཐོ་ས་ནས་མར་ལྷུང་ནས་གཡོན་གྱི་རྫེ་ངར་ཆེ་བ་དང་རྫེ་ངར་ཆུང་བར་ཆག་གྲུག་བྱུང་། ལི་ཆེ་གེ་མོ་སྨན་ཁང་དུ་འདུག་སྐབས། འགན་ལེན་ལས་དཔོན་གྱིས་སྨན་ཡོན་དུ་སྒོར་2 000སྤྲད་པ་མ་ཟད། དེ་ནི་མི་ཆོས་ཁོ་ན་བསམ་ནས་སྤྲད་པ་ཡིན་ཞེས་བཤད། ལི་ཆེ་གེ་མོ་སྨན་ཁང་དུ་ཟླ་གཉིས་ལྷག་ཙམ་བསྡད་པའི་རིང་། བསྡོམས་པས་སྨན་ཡོན་སྒོར་ཁྲི་ལ་ཉེ་བ་ཞིག་བེད་སྤྱོད་བཏང་བ་ཡིན། ལི་ཆེ་གེ་མོས་འགན་ལེན་ལས་དཔོན་ལ་ཐག་གཅོད་བྱེད་རོགས་ཞུས་ནའང་། འགན་ལེན་ལས་དཔོན་གྱིས་ཐེངས་མང་པོར་སྐར་མ་གཅིག་ཀྱང་མི་སྟེར་ཞེས་གསལ་བཤད་བྱས། ལི་ཆེ་གེ་མོར་བྱ་ཐབས་བྲལ་ནས་ཧྲེན་ཀྲེན་གྲོང་ཁྱེར་གྱི་ངལ་རྩོལ་འགན་སྲུང་སྡེ་ཁག་ལ་རོགས་སྐྱོར་གནང་རོགས་མི་ཞུ་ཐབས་མེད་བྱུང་།

【案情介绍】22 岁的李某从 2001 年 5 月开始在深圳某私人承包的建筑公司当临时工。李某刚来此建筑公司时,按照包工头要求,同包工头签订了"雇佣协议"。协议中包含"雇主对民工的工伤概不负责"等条款。2002 年 2 月,李某在工作时不慎从 3 米高空坠落,致使左胫、腓骨粉碎性骨折。李某入院时，包工头留下2 000元给其作医疗费，并称仅是出于人道。李某住院两个多月，共用去医疗费近万元。李某找包工头帮忙解决，但包工头多次表明：一分钱也不能再给！李某无奈，只好向深圳市劳动保障部门求助。

【གྱོད་དོན་དཔེ་མཚོན་དབྱེ་ཞིབ། 】《ལས་རྣམས་འགན་བཅོལ་སྲོལ་ཡིག་》ལྟར་ན། ལས་བཟོ་པར་ཁྲིམས་ལྟར་ལས་རྣམས་འགན་བཅོལ་ཐོབ་ཐང་ལོངས་སུ་སྤྱོད་རྒྱུ་ཡོད་པའི་དབང་ཆ་ཡོད། འགན་ལེན་ལས་དཔོན་གྱིས་ལི་ཆེ་གེ་མོར་ལས་རྣམས་ཡོད་ཚད་ལ་འགན་མི་ཁུར་བའི་གྲོས་ཆིངས་འདི་རིགས་བཞག་པའི་སྐད་བྱ་བརྗོད་པ་ནི། འབྲེལ་ཡོད་བཅའ་ཁྲིམས་ཀྱི་གཏན་འབེབས་དང་མི་མཐུན་པ་མ་ཟད། སྤྱི་ཚོགས་ཀྱི་སྤྱི་པའི་སྤྱོད་བཟང་དང་ཡོངས་སུ་འགལ་

བས། རྩིས་འགྲོ་མེད་པའི་དམངས་དོན་བྱ་སྤྱོད་ལ་གཏོགས། རང་རྒྱལ་གྱི་ད་སྤྱོད་བཅའ་ཁྲིམས་དང་ཁྲིམས་སྲོལ་གྱི་གཏན་འབེབས་ལྟར་ན། གླ་བདག་དང་གླ་བའི་བར་རྩིས་འགྲོ་མེད་པར་མཐའ་གཅིག་ཏུ་ངེས་བཟུང་བའི་གྲོས་ཆིངས་བཞག་ཡོད་ན། ལས་རྣམས་ཐོག་པ་སོགས་གནས་ཚུལ་བྱུང་དུས། དེའི་བཅའ་ཁྲིམས་ཀྱི་མཇུག་འབྲས་དང་ལས་རྣམས་ཁ་གསབ་སོགས་ཀྱི་གནད་དོན་ཐད། རང་རྒྱལ་གྱི་དམངས་ཁྲིམས་ཀྱི་ཀུན་འཛིན་སྒྲིག་སྲོལ་དང་ངལ་རྩོལ་གན་རྒྱའི་སྐོར་གྱི་བཅའ་ཁྲིམས་ཀྱི་འབྲེལ་ཡོད་གཏན་འབེབས་ལ་གཞིར་བཟུང་ནས་ཐག་གཅོད་བྱེད་དགོས། ལས་རྣམས་ཐོབ་ཐང་བྱེ་བྲག་པ་ནི《ལས་རྣམས་འགན་བཅོལ་སྲོལ་ཡིག་》གིས་གཏན་འབེབས་བྱས་པའི་ཚད་གཞི་ལྟར་ལག་བསྟར་བྱེད་དགོས།

【案例评析】按照《工伤保险条例》，职工有依法享受工伤保险待遇的权利。包工头要求李某签订这种“工伤概不负责”的协议，既不符合有关法律规定，也严重违反了社会公德，属无效的民事行为。依照我国现行法律法规的规定，雇主与雇工签订了被确认为无效的协议，在发生工伤等情况时，其法律后果和工伤补偿等问题，应根据我国民法通则和劳动法的有关规定处理，具体工伤待遇则应按照《工伤保险条例》规定的标准执行。

ས་བཅད་གཉིས་པ། ལས་རྨས་དང་སྐྱིན་ཚབ་སྤྲོད་དངུལ་སྐོར་གྱི་བཅའ་ཁྲིམས་རྒྱུན་ཤེས།

第二节　工伤与赔偿金法律常识

དང་པོ། ལས་རྨས་ཀྱི་གོ་དོན་དང་རིགས་སྣ།

一、工伤的概念及类型

ལས་རྨས་ཞེས་པ་ནི། ངལ་རྩོལ་པར་ལས་རིགས་ཀྱི་བྱེད་སྒོའམ་ཡང་ན་ལས་རིགས་ཀྱི་བྱེད་སྒོ་དང་འབྲེལ་བ་ཡོད་པའི་བྱ་འགུལ་ལ་ཞུགས་དུས་ཐེབས་པའི་རྒྱུ་རྐྱེན་ངན་པས་བཟོས་པའི་གནོད་སྐྱོན་དང་ལས་ནད་ཀྱི་རྨས་སྐྱོན་ལ་ཟེར།

工伤，是指劳动者在从事职业活动或者与职业活动有关的活动时所遭受的不良因素造成的伤害和职业病伤害。

ལས་རྨས་ནི་ལས་ཀ་བྱེད་ཡུན་ནང་དང་ལས་ཀ་བྱེད་ས་ཐ། ལས་ཀའི་རྐྱེན་གྱིས་ལས་འཛོལ་ལམ་ཡང་ན་བསམ་ཡུལ་ལས་འདས་པའི་རྨས་སྐྱོན་ཕོག་པའི་རིགས་ཡིན། ལས་ཀར་འགྲོ་བའམ་གྲོལ་བའི་ལམ་བར་དུ་འཕྲུལ་སྐྲུལ་འཁོར་ལོའི་དོན་རྐྱེན་གནོད་འཚེ་ཕོག་པའང་ལས་རྨས་སུ་གཏོགས།

工伤是在工作时间和工作场所内，因工作原因受到事故或意外伤害的。在上下班途中，受到机动车事故伤害的也属工伤。

གཉིས་པ། ལས་རྨས་འགན་བཅོལ་གྱི་གོ་དོན་དང་གྲུབ་ཆ་གཙོ་བོ།

二、工伤保险的概念及构成要件

(གཅིག) ལས་རྨས་འགན་བཅོལ་གྱི་གོ་དོན།

（一）工伤保险的概念

ལས་རྨས་འགན་བཅོལ་ཞེས་པ་ནི། ངལ་རྩོལ་པར་བསམ་ཡུལ་ལས་འདས་པའི་གནོད་འཚེ་ཐེབས་པའམ་ཡང་ན་ལས་ནད་ཕོག་པའི་དབང་གིས། གནས་སྐབས་སམ་དུས་གཏན་དུ་ངལ་རྩོལ་གྱི་នུས་ཤུགས་ཤོར་བ་བཅས་དང་དེ་བཞིན་ཤི་བའི་སྐབས་སུ། ངལ་རྩོལ་པའམ་དེའི་ནང་མིས་རྒྱལ་ཁབ་དང་སྤྱི་ཚོགས་ནས་དངོས་པོའི་རོགས་རམ་ཐོབ་པའི་སྤྱི་ཚོགས་འགན་བཅོལ་ལམ་ལུགས་རིགས་ཤིག་ཡིན།

工伤保险，是指劳动者遭受意外伤害或患职业病导致暂时或永久丧失劳动能力以及死亡时，劳动者或其遗属从国家和社会获得物质帮助的一种社会保险制度。

(གཉིས) ལས་རྨས་འགན་བཅོལ་གྱི་གྲུབ་ཆ་གཙོ་བོ།

（二）工伤保险的构成要件

༡. ཁྲིམས་བཀོད་ལས་ཁུངས་ཀྱིས་ལས་རྨས་ཡིན་པར་ངོས་མཐའ་གཅིག་ཏུ་འཛིན་པ། ལས་རྨས་ངོས་འཛིན་ལས་ཁུངས་ཀྱིས་ལས་རྨས་ཡིན་པར་ངོས་བཟུང་རྗེས། ལས་རྨས་གནོད་འཚེ་ཕོག་མཁན་གྱིས་ད་གཟོད་ལས་རྨས་འགན་བཅོལ་ཐོབ་རེ་ཞུས་ཐུབ་པ་དང་། ད་གཟོད་ལས་རྨས་འགན་བཅོལ་ཐེབས་རྩའི་གུན་གསབ་ཐོབ་ཐུབ།

1. 经法定机构认定为工伤。只有经工伤认定机构认定为工伤后，工伤受害者才能申请工伤保险，才可能得到工伤保险基金的补偿。

༢. གལ་སྲིད་མི་བེད་སྤྱོད་བྱེད་མཁན་ལས་ཁུངས་ཀྱིས་ལས་བཟོ་པ་དེར་ལས་རྨས་འགན་བཅོལ་གྲོན་དངུལ་འཇལ་མེད་ཚེ། ལས་རྨས་ངོས་འཛིན་ལས་ཁུངས་ཀྱིས་ལས་རྨས་ཡིན་པར་ངོས་བཟུང་རུང་། ལས་རྨས་འགན་བཅོལ་ཐེབས་རྩའི་གུན་གསབ་ཐོབ་མི་ཐུབ་པས། མི་དགོས་མཁན་ལས་ཁུངས་ལ་གུན་གསབ་སྤྲོད་རེ་མི་འདོན་ཐབས་མེད་ཡིན།

2. 如果用人单位未为该职工缴纳工伤保险费用，即使经工伤认定机构认定为工伤也不能获得工伤保险基金的补偿，只能请求用人单位给予补偿。

གསུམ་པ། ལས་རྨས་ཁ་གསབ་སྤྲོད་དངུལ།

三、工伤赔偿金

ད་སྤྱོད་《ལས་རྨས་འགན་བཅོལ་སྲོལ་ཡིག་》ནང་གསལ་གཏན་འབེབས་ལྟར་ན། རང་རྒྱལ་གྱི་ལས་རྨས་ཁ་གསབ་སྤྲོད་དངུལ་གྱི་ཁོངས་སུ། ལས་རྨས་སྨན་བཅོས་ཀྱི་ཁ་གསབ་སྤྲོད་དངུལ་དང་། ལས་རྨས་ཀྱི་རྐྱེན་གྱིས་དབང་པོར་སྐྱོན་ཤོར་བའི་ཁ་གསབ་སྤྲོད་དངུལ། ལས་ཐོག་ཏུ་ཚེ་ལས་འདས་པའི་ཁ་གསབ་སྤྲོད་དངུལ་བཅས་ཚུད་ཡོད།

现行《工伤保险条例》规定，我国工伤赔偿金包括工伤医疗赔偿金、工伤致残赔偿金和因工死亡赔偿金。

(གཅིག) ལས་རྨས་སྨན་བཅོས་ཀྱི་ཁ་གསབ་སྤྲོད་དངུལ།

（一）工伤医疗赔偿金

ལས་བཟོ་པར་ལས་ཀའི་རྐྱེན་གྱིས་ལས་འཛོལ་བྱུང་ནས་རྨས་སྐྱོན་ཐེབས་པའམ་ཡང་ན་ལས་ནད་ཕོག་ནས་སྨན་བཅོས་བྱེད་རིགས། ལས་རྨས་སྨན་བཅོས་ཀྱི་ཐོབ་ཐང་ལོངས་སུ་

སྤྲོད་ཆོག

职工因工作遭受事故伤害或者职业病进行治疗，享受工伤医疗待遇。

（གཉིས）ལས་ཐོག་ཏུ་དབང་པོར་སྐྱོན་ཤོར་བའི་ཁ་གསབ་སྤྲོད་དངུལ།

（二）因工致残赔偿金

ལས་ཐོག་ཏུ་དབང་པོར་སྐྱོན་ཤོར་བའི་ཁ་གསབ་སྤྲོད་དངུལ་ནང་སྤྱིར་བཏང་དུ་སྤྲོད་ཐེངས་གཅིག་གི་རྨས་སྐྱོན་གྱི་ཁ་གསབ་རོགས་དངུལ་དང་། ཟླ་རེ་བཞིན་སྤྲོད་པའི་རྨས་སྐྱོན་ཕོགས་སྣོན། འཚོ་བའི་ནད་གཡོག་གི་འགྲོ་སྒྲོན། ཞོར་འདེགས་ཡོ་བྱད་ཀྱི་སྒྲོན་དངུལ། རྨས་སྐྱོན་གྱི་ལས་ཞུགས་ཁ་གསབ་རོགས་དངུལ་སོགས་ཚུད་ཡོད།

因工致残赔偿金一般包括一次性伤残补助金；按月支付伤残津贴；生活护理费；辅助器具费；伤残就业补助金等。

（གསུམ）ལས་ཐོག་ཏུ་ཚེ་ལས་འདས་པའི་ཁ་གསབ་སྤྲོད་དངུལ།

（三）因工死亡赔偿金

སྤྱིར་བཏང་དུ་བཤད་ན། ལས་ཐོག་ཏུ་ཚེ་ལས་འདས་པའི་འཚོ་བའི་ཐོབ་ཐང་ནང་གཤིན་པོ་དུར་འཇུག་གི་ཁ་གསབ་རོགས་དངུལ་དང་། ཉེ་དུའི་འཚེ་གསོ་སྐྱོང་གསབ་རོགས་དངུལ། སྤྲོད་ཐེངས་གཅིག་གི་གཞུང་དོན་ཆེད་དུ་ཤི་བའི་ཁ་གསབ་རོགས་དངུལ་བཅས་ཚུད་ཡོད།

一般来说，因工死亡待遇包括丧葬补助金、供养亲属抚恤金和一次性工亡补助金。

དཔེར་བརྗོད་ཁྲིམས་བཤད། ༡༨

以案说法 18

ལས་བཟོ་པར་སྔ་ལོག་གི་ལམ་བར་དུ་རྨས་སྐྱོན་བྱུང་ན་ལས་རྨས་ཡིན་པར་ངོས་བཟུང་ངམ།

职工早退途中受伤是否应认定为工伤

【གྱོད་དོན་གྱི་གནས་ཚུལ་ངོ་སྤྲོད།】ཀྲང་ཆེ་གེ་མོ་ནི་ཀུང་སི་ཀ་པའི་ལས་བཟོ་པ་ཡིན།

2007ལོའི་ཟླ་11པའི་ཚེས་20ཉིན་ལ། ཁོ་ནི་ལས་ཁུངས་ཚུགས་པའི་སྐབས་སུ་ཕྱི་རོལ་དུ་སོང་ནས། ལམ་བར་དུ་རྨས་སྐྱོན་བྱུང་སོང་། 2008ལོའི་ཟླ་11པའི་ཚེས་19ཉིན། ཀྲང་ཆེ་གེ་མོས་ངལ་རྩོལ་སྡེ་ཁག་ཏུ་ལས་རྨས་ངོས་འཛིན་བྱེད་རེ་ཞུས། 2009ལོའི་ཟླ་1པའི་ཚེས་12ཉིན། ངལ་རྩོལ་སྡེ་ཁག་གིས་ལས་རྨས་ངོས་འཛིན་བྱེད་ཐག་བཅད་དེ་ཀྲང་ཆེ་གེ་མོར་རྨས་སྐྱོན་ཕོག་པ་དེ་ལས་རྨས་ཡིན་པར་ངོས་མཐའ་གཅིག་ཏུ་བཟུང་། འོན་ཀྱང་། ཀུང་སི་ཀ་པས་ཚོད་དོན་དེ་ནྲོར་མ་བབས་ལ། ཀྲང་ཆེ་གེ་མོ་ནི་སྔ་ལོག་ཡིན་པས་ལས་རྨས་ཡིན་པར་ངོས་བཟུང་ན་མི་འགྲིག་བསམ་ནས། ཁྲིམས་ཁང་ལ་སྲིད་འཛིན་གཏུག་བཤེར་བྱས་ཏེ། ངལ་རྩོལ་སྡེ་ཁག་གིས་ལས་རྨས་ངོས་འཛིན་བྱས་པ་དེ་མེད་པར་བཟོ་དགོས་པའི་བླང་བྱ་བཏོན།

【案情介绍】张某系甲公司职工，2007 年 11 月 20 日，其在上班时间外出，途中受伤。2008 年 11 月 19 日，张某向劳动部门申请工伤认定。2009 年 1 月 12 日，劳动部门作出工伤认定决定，认定张某为工伤。甲公司不服，认为张某是早退，不应认定为工伤，故向法院提起行政诉讼，要求撤销劳动部门作出的工伤认定。

【གྱོད་དོན་དཔེ་མཚོན་དབྱེ་ཞིབ། 】ཀྲང་ཆེ་གེ་མོར་ཕོག་པའི་རྨས་སྐྱོན་ནི་ལས་རྨས་སུ་གྲུབ་ཡོད། 《ལས་རྨས་འགན་བཙོལ་སྲོལ་ཡིག》གི་དོན་ཚན་བཅུ་བཞི་པའི་ནང་གསེས་དོན་ཚན་དྲུག་པའི་གཏན་འབེབས་ལྟར་ན། ལས་ཀར་འགྲོ་བ་དང་འགྲོལ་བའི་ལམ་བར་དུ། ལས་བཟོ་པར་འཕྲུལ་སྒུལ་འཁོར་ལོའི་བྱུར་ཉེས་ཀྱིས་རྨས་སྐྱོན་ཕོག་ཚེ། ལས་རྨས་ཡིན་པར་ངོས་འཛིན་དགོས་པ་ཤེས་ཐུབ། ལས་བཟོ་པའི་ཕྱི་འབྱོར་སྔ་ལོག་ནི་ངལ་རྩོལ་གྱི་སྒྲིལ་ཁྲིམས་དང་འགལ་བའི་ཁོངས་སུ་གཏོགས་ལ། ནོར་འཁྲུལ་དེས་ད་དུང་ལས་བཟོ་པའི་ལས་རྨས་འགན་སྲུང་གི་ཐོབ་ཐང་ཤོར་དུ་འཇུག་མི་ཐུབ། རྒྱུ་མཚན་ནི། ནོར་འཁྲུལ་འདི་རིགས་དང་ལས་རྨས་འགན་སྲུང་གི་ཐོབ་ཐང་ཤོར་བའི་མཇུག་འབྲས་གཉིས་བསྡུར་ན་བསྡུར་ཚད་གཏན་ནས་མི་མཐུན་ལ། དྲང་སྙོམས་ཤོར་པས། ཀྲང་ཆེ་གེ་མོ་སྔ་ལོག་གི་ལམ་བར་དུ་གནོད་འཚེའི་ལས་འཛོལ་བྱུང་ནའང་། སྔར་བཞིན་ལས་རྨས་ཡིན་པར་ངོས་འཛིན་དགོས།

【案例评析】张某构成工伤。根据《工伤保险条例》第十四条第六项的规定可知，职工在上、下班途中，受到机动车事故伤害的，应当认定为工伤。职工迟到、早退属于违反劳动纪律，其过错不足以导致其失去工伤保障的资格，因为这种过错和失去工伤保障的资格这一后果相比严重不合比例，有失公允。因此，即使是张某早退途中发生伤害事故，仍应认定为工伤。

ས་བཅད་གསུམ་པ། ཞིང་པ་ལས་མིའི་ངལ་རྩོལ་སྲུང་སྐྱོབ་ཐད་ཀྱི་བཅའ་ཁྲིམས་རྒྱུན་ཤེས།

第三节　农民工劳动保护法律常识

ངལ་རྩོལ་སྲུང་སྐྱོབ་ཅེས་པ་ནི་ལས་རིགས་ཀྱི་བྱེད་སྒོ་སྤེལ་བའི་བརྒྱུད་རིམ་ཁྲོད་དུ། ལས་བཟོ་པའི་བདེ་འཇགས་དང་བདེ་ཐང་ལ་འགན་སྲུང་བྱ་རྒྱུ་དེ་དམིགས་ཡུལ་དུ་བཟུང་ནས། བཅའ་ཁྲིམས་དང་། ལག་རྩལ། སྒྲིག་ཆས། རྩ་འཛུགས་ལམ་ལུགས། སློབ་གསོ་བཅས་ཀྱི་ཐད་སྤྱོད་པའི་བབ་བསྟུན་གྱི་བྱ་ཐབས་ལ་ཟེར།

劳动保护指以保障职工在职业活动过程中的安全与健康为目的，在法律、技术、设备、组织制度和教育等方面所采取的相应措施。

དང་པོ། ངལ་རྩོལ་སྲུང་སྐྱོབ་ཐད་ཀྱི་གཞི་རྩའི་ནང་དོན།

一、劳动保护的基本内容

༡. ངལ་རྩོལ་སྲུང་སྐྱོབ་ཐད་ཀྱི་ཁྲིམས་འཛུགས་དང་ལྟ་ཞིབ། གཅིག་ནི་ཐོན་སྐྱེད་སྲིད་འཛིན་དོ་དམ་གྱི་ཁོངས་སུ་གཏོགས་པའི་ལམ་ལུགས་ཡིན་པ་དང་། གཉིས་ནི་ཐོན་སྐྱེད་ལག་རྩལ་དོ་དམ་གྱི་ཁོངས་སུ་གཏོགས་པའི་ལམ་ལུགས་ཡིན།

1. 劳动保护的立法和监察。一是属于生产行政管理的制度；二是属于生产技术管理的制度。

༢. ངལ་རྩོལ་སྲུང་སྐྱོབ་ཐད་ཀྱི་དོ་དམ་དང་དྲིལ་བསྒྲགས།

2. 劳动保护的管理与宣传。

༣. བདེ་འཇགས་ལག་རྩལ། གློ་བུར་དུ་བྱུང་བའི་དོན་རྐྱེན་གྱིས་ལས་བཟོ་པའི་བདེ་འཇགས་ལ་འཇིགས་སྐུལ་བཟོ་བར་སྔོན་འགོག་དང་མེད་པར་བཟོ་བའི་གནད་དོན་གཙོར་བཟུང་ནས་ཐག་གཅོད་བྱ་རྒྱུ་དེ་ཡིན།

3. 安全技术。主要解决防止和消除突然事故对于职工安全的威胁问题。

༤. བཟོ་ལས་ཀྱི་འཕྲོད་བསྟེན། དུག་ལྡན་དང་གནོད་ལྡན་གྱི་དངོས་པོས་ལས་བཟོ་པའི་བདེ་ཐང་ལ་གནོད་པ་སྐྱེལ་བར་གཡོལ་བ་དང་། ལས་ཀའི་རྐྱེན་གྱིས་དུག་ཕོག་པ་དང་ལས་ནད་ལ་སྔོན་འགོག་བྱ་རྒྱུ།

4. 工业卫生。避免有毒、有害物质危害职工健康,防止职业中毒和职业病。

༥. ལས་ཀ་བྱེད་ཡུན་དང་གུང་སེང་ལམ་ལུགས།

5. 工作时间与休假制度。

༦. བུད་མེད་ལས་བཟོ་པ་དང་ནར་མ་སོན་པའི་ལས་བཟོ་པའི་དམིགས་བསལ་གྱི་སྲུང་སྐྱོབ་བཅས་ཡིན།

6. 女职工与未成年工的特殊保护。

གཉིས་པ། ངལ་རྩོལ་འགོག་སྲུང་མཁོ་ཆས་སྟེར་བ་དང་བེད་སྤྱོད།

二、劳动防护用品的发放和使用

༡. ངལ་རྩོལ་འགོག་སྲུང་མཁོ་ཆས་བེད་སྤྱོད་བྱེད་པའི་སྡེ་ཚན་གྱིས་ངལ་རྩོལ་པར་རྒྱལ་ཁབ་ཀྱི་གཏན་འབེབས་དང་མཐུན་པའི་ངལ་རྩོལ་འགོག་སྲུང་མཁོ་ཆས་རིན་མེད་ཀྱིས་མཁོ་སྤྲོད་བྱ་དགོས་པ་ལས། དངུལ་ཡོར་རམ་དངོས་པོ་གཞན་དག་གིས་སྒྲིག་སྦྱོར་བྱ་འོས་པའི་ངལ་རྩོལ་འགོག་སྲུང་མཁོ་ཆས་ཀྱི་ཚབ་བྱས་མི་ཆོག

1. 使用劳动防护用品的单位应为劳动者免费提供符合国家规定

的劳动防护用品，不得以货币或其他物品替代应当配备的劳动防护用品。

༢. བེད་སྤྱོད་བྱེད་མཁན་སྡེ་ཚན་གྱིས་རང་སྡེ་ཚན་གྱི་ངལ་རྩོལ་པས་ངལ་རྩོལ་འགོག་སྲུང་མཐོ་ཆས་བཀོལ་སྤྱོད་ཡང་དག་བྱེད་པར་སློབ་གསོ་གཏོང་དགོས།

2. 使用单位应教育本单位劳动者正确使用劳动防护用品。

ས་བཅད་བཞི་པ། ལས་ནད་འགོག་བཅོས་སྐོར་གྱི་བཅའ་ཁྲིམས་རྒྱུན་ཤེས།

第四节　职业病防治法律常识

ལས་ནད་ཅེས་པ་ནི་ཁེ་ལས་དང་བྱ་གཞག་སྡེ་ཚན། ཁེར་གཉེར་དཔལ་འབྱོར་རྩ་འཛུགས་བཅས་ཀྱི་ངལ་རྩོལ་པས། ལས་རིགས་ཀྱི་བྱེད་སྒོ་སྤེལ་རིང་ཐལ་རྡུལ་དང་འཕྲོ་འོད་རང་བཞིན་གྱི་དངོས་རྫས། དེ་མིན་གྱི་དུག་ལྡན་དང་གནོད་ལྡན་དངོས་པོ་སོགས་ཐུག་པའི་རྐྱེན་གྱིས་བྱུང་བའི་ནད་ལ་ཟེར།

职业病是指企业、事业单位和个体经济组织的劳动者在职业活动中，因接触粉尘、放射性物质和其他有毒、有害物质等因素而引起的疾病。

དང་པོ། ལས་ནད་གྲུབ་པའི་ཆ་རྐྱེན།

一、构成职业病的条件

《ལས་ནད་འགོག་བཅོས་བྱེད་ཕྱོགས་སྐོར་གྱི་ཀྲུང་ཧྭ་མི་དམངས་སྤྱི་མཐུན་རྒྱལ་ཁབ་

ཀྱི་བཅའ་ཁྲིམས་》ཀྱི་གཏན་འབེབས་ལྟར་ན། ལས་ནད་འགྲུབ་པར་ངེས་པར་དུ་ཆ་རྐྱེན་བཞི་ཚང་དགོས་ཏེ། (༡) ནད་ཕོག་མཁན་ནི་ཁེ་ལས་དང་། བྱ་གཞག་སྡེ་ཚན་ནམ་ཁེར་གཉེར་དཔལ་འབྱོར་རྩ་འཛུགས་ཀྱི་ངལ་རྩོལ་པ་ཡིན་དགོས། (༢) ངེས་པར་དུ་ལས་རིགས་ཀྱི་བྱེད་སྒོ་སྤེལ་བའི་བརྒྱུད་རིམ་ཁྲོད་དུ་བྱུང་བ་ཡིན་དགོས། (༣) ངེས་པར་དུ་ཐལ་རྡུལ་དང་། འཕྲོ་འོད་རང་བཞིན་གྱི་དངོས་པོ། དེ་མིན་གྱི་དུག་ལྡན་དང་གནོད་ལྡན་དངོས་པོ་སོགས་ལས་རིགས་ཀྱི་ནད་གཞིའི་གནོད་རྐྱེན་ཐུག་པ་ལས་བྱུང་བ་ཡིན་དགོས། (༤) ངེས་པར་དུ་རྒྱལ་ཁབ་ཀྱིས་གསལ་བསྒྲགས་བྱས་པའི་ལས་ནད་ཀྱི་ནད་རིགས་དང་དཀར་ཆག་ཁྲོད་བཀོད་ཡོད་པའི་ལས་ནད་ཡིན་དགོས། ཆ་རྐྱེན་འདི་བཞི་པོ་གཅིག་ཀྱང་ཆད་མི་ཆོག

《中华人民共和国职业病防治法》规定,构成职业病必须具备四个条件:(1)患病主体是企业、事业单位或个体经济组织的劳动者;(2)必须是在从事职业活动的过程中产生的;(3)必须是因接触粉尘、放射性物质和其他有毒、有害物质等职业病危害因素引起的;(4)必须是国家公布的职业病分类和目录所列的职业病。四个条件缺一不可。

གཉིས་པ། ལས་ནད་ཀྱི་ནད་རིགས་དང་ལས་ནད་འགོག་སྲུང་དང་དོ་དམ་སྐོར།

二、职业病的种类、防护与管理

རང་རྒྱལ་གྱིས་ལས་ནད་ལ་རིགས་ཆེན་པོ་10དང་ནད་གཞིའི་རྣམ་དབྱེ་115ལ་དབྱེ་ཡོད། རིགས་ཆེན་པོ་10ཡི་ལས་ནད་ཀྱི་ཁོངས་སུ། ས་རྡུལ་གློ་ནད་དང་། ལས་རིགས་རང་བཞིན་གྱི་འཕྲོ་ནད། ལས་རིགས་ཀྱི་རྐྱེན་གྱིས་དུག་ཕོག་པ། དངོས་ལུགས་རྒྱུ་རྐྱེན་གྱིས་བྱུང་བའི་ལས་ནད། སྐྱེ་དངོས་རྒྱུ་རྐྱེན་གྱིས་བྱུང་བའི་ལས་ནད། ལས་རིགས་རང་བཞིན་གྱི་པགས་

ནད། ལས་རིགས་རང་བཞིན་གྱི་མིག་ནད། ལས་རིགས་རང་བཞིན་གྱི་རྣ། སྣ། མིད་པ། ཁ་སྒྲུག་གི་ནད། ལས་རིགས་རང་བཞིན་གྱི་སྐྲན་ནད་དང་། ལས་ནད་གཞན་དག་སོགས་ཚུད་ཡོད།

我国把职业病分为10大类115项病种。10大类职业病包括有：尘肺、职业性放射疾病、职业中毒、物理因素所致职业病、生物因素所致职业病、职业性皮肤病、职业性眼病、职业性耳鼻喉口腔疾病、职业性肿瘤和其他职业病。

མི་བེད་སྤྱོད་བྱེད་མཁན་ལས་ཁུངས་ཀྱིས་ངལ་རྩོལ་པ་དང་ངལ་རྩོལ་གན་རྒྱ་འཛོག་པའི་དུས་སུ། ལས་ཀ་སྒྲུབ་པའི་བརྒྱུད་རིམ་ཁྲོད་འབྱུང་སྲིད་པའི་ལས་ནད་ཀྱི་གནོད་འཚེ་དང་དེའི་མཇུག་འབྲས། ལས་ནད་འགོག་སྲུང་བྱ་ཐབས་དང་ཐོབ་ཐང་སོགས་ངལ་རྩོལ་པར་གསལ་བོར་བཤད་དགོས།

用人单位与劳动者订立劳动合同时，应当将工作过程中可能产生的职业病危害及其后果、职业病防护措施和待遇等如实告知劳动者。

མི་བེད་སྤྱོད་བྱེད་མཁན་ལས་ཁུངས་ཀྱིས་ལས་ནད་སློང་ཉེན་ཡོད་པའི་ལས་ཀར་ཞུགས་པའི་ངལ་རྩོལ་པར། ལས་གནས་སུ་མ་ཞུགས་གོང་དང་ལས་གནས་སུ་ཡོད་པའི་རིང་། ལས་གནས་ནས་ཁ་བྲལ་བཅས་ཀྱི་སྐབས་སུ། ལས་རིགས་བདེ་ཐང་ཞིབ་བཤེར་བྱེད་དགོས་པ་དང་། འགྲོ་སྒྲོན་ནི་མི་དགོས་མཁན་ལས་ཁུངས་ཀྱིས་སྤྲོད་འགན་འཁུར་དགོས།

用人单位应当对从事接触职业病危害的作业的劳动者，上岗前、在岗期间和离岗时进行职业健康检查，费用由用人单位承担。

གསུམ་པ། ལས་ནད་ཕོག་པའི་ནད་པའི་འགན་སྲུང་།

三、职业病病人的保障

《ལས་ནད་འགོག་བཅོས་བྱེད་ཕྱོགས་སྐོར་གྱི་བཅའ་ཁྲིམས》ཀྱི་གཏན་འབེབས་ལྟར་ན། ལས་ནད་ཕོག་པའི་ནད་པའི་འགན་སྲུང་ནི་གཤམ་ལྟར་སྒྲུབ་དགོས་ཏེ།

根据《职业病防治法》规定对职业病病人的保障应当做到以下几点：

༡. ལས་ནད་ཕོག་པའི་ནད་པར་རྒྱལ་ཁབ་ཀྱིས་གཏན་འབེབས་བྱས་པའི་ལས་ནད་ཀྱི་ཐོབ་ཐང་ཁྲིམས་ལྟར་ལོངས་སུ་སྤྱོད་རྒྱུ་ཡོད།

1. 职业病病人依法享受国家规定的职业病待遇。

༢. ལས་ནད་ཕོག་པའི་ནད་པའི་ནད་བརྟག་སྨན་བཅོས་དང་ལུས་གསོའི་གྲོན་དངུལ། རྨས་སྐྱོན་དང་དེ་བཞིན་ངལ་རྩོལ་ནུས་པ་ཤོར་བའི་ལས་ནད་ཕོག་པའི་ནད་པའི་སྤྱི་ཚོགས་ཀྱི་འགན་སྲུང་བཅས་ནི། རྒྱལ་ཁབ་ཀྱི་འབྲེལ་ཡོད་ལས་རྨས་སྤྱི་ཚོགས་འགན་བཅོལ་སྐོར་གྱི་གཏན་འབེབས་ལྟར་ལག་བསྟར་བྱེད་དགོས།

2. 职业病病人的诊疗、康复费用，伤残以及丧失劳动能力的职业病病人的社会保障，按照国家有关工伤社会保险的规定执行。

༣. ལས་ནད་ཕོག་པའི་ནད་པར་ཁྲིམས་ལྟར་ལས་རྨས་སྤྱི་ཚོགས་འགན་བཅོལ་ལོངས་སུ་སྤྱོད་རྒྱུ་ཡོད་པ་ཕུད། མི་དགོས་མཁན་ལས་ཁུངས་ལ་སྐྱིན་ཚབ་སྤྲོད་རེ་ཞུ་དབང་ཡོད།

3. 职业病病人除依法享有工伤社会保险外，有权向用人单位提出赔偿要求。

༤. ལས་ནད་ཕོག་པའི་ནད་པས་ལས་ཀ་བྱེད་སའི་སྡེ་ཚན་སྒྱུར་ནའང་། དེའི་ཁྲིམས་ལྟར་ལོངས་སུ་སྤྱོད་རྒྱུ་ཡོད་པའི་ཐོབ་ཐང་ནི་མི་འགྱུར།

4. 职业病病人变动工作单位，其依法享有的待遇不变。

ས་བཅད་ལྔ་པ། ངལ་རྩོལ་རྩོད་གླེང་ཐག་གཅོད་བྱེད་པའི་སྐོར་གྱི་བཅའ་ཁྲིམས་རྒྱུན་ཤེས།

第五节　劳动争议解决法律常识

ངལ་རྩོལ་རྩོད་གླེང་ཞེས་པ་ནི་ངལ་རྩོལ་འབྲེལ་བ་ལྡན་པའི་དོ་བདག་བར་དུ། ངལ་རྩོལ་གྱི་ཁེ་དབང་དང་འོས་འགན་ཐད་མྱོགས་འགལ་བྱུང་བའི་རྐྱེན་གྱིས་བསླངས་པའི་རྩོད་གླེང་ལ་བསྟན་པ་ཡིན།

劳动争议，是指劳动关系当事人之间因劳动的权利与义务发生分歧而引起的争议。

ངལ་རྩོལ་རྩོད་གླེང་གི་ཁྱབ་ཁོངས་གཙོ་བོ་ནི་གཤམ་ལྟར་ཡིན་ཏེ།

劳动争议的范围主要有：

(༡) ངལ་རྩོལ་གན་རྒྱ་འཛུགས་པ་དང་སྒྱུར་བ། ཕྱིར་འཐེན་བཅས་བྱེད་པའི་རྐྱེན་གྱིས་བྱུང་བའི་རྩོད་གླེང་།

（1）因订立、变更、解除劳动合同发生的争议；

(༢) མིང་ཐོ་ནས་ཕུད་པ་དང་། སླ་ཁོངས་ནས་འབུད་པ། ལས་ཁུར་དགོངས་ཞུའི་རྐྱེན་གྱིས་བྱུང་བའི་རྩོད་གླེང་།

（2）因除名、辞退和辞职、离职发生的争议；

(༣) ལས་ཀ་བྱེད་ཡུན་དང་། ངལ་གསོ་གུང་སེང་། སྤྱི་ཚོགས་འགན་བཅོལ། ཕན་བདེ། གསོ་སྐྱོང་སྦྱོར་བརྡལ། དེ་བཞིན་ངལ་རྩོལ་སྲུང་སྐྱོབ་ཀྱི་རྐྱེན་གྱིས་བྱུང་བའི་རྩོད་གླེང་སོགས་ཡོད།

（3）因工作时间、休息休假、社会保险、福利、培训以及劳动保护发生的争议等。

ངལ་རྩོལ་རྩོད་གླེང་ཐག་གཅོད་བྱེད་པའི་ཐབས་ལམ་དང་བྱ་ཐབས། རྒྱ་ཆེའི་ཞིང་པ་ལས་མི་རྣམས་ཀྱིས་ཧ་ལམ་གྲོས་མོལ་དང་། འདུམ་འགྲིག འདུམ་གཅོད། གཏུག་བཤེར་བཅས་ཐབས་ལམ་རིགས་བཞི་བརྒྱུད་ནས། རང་ཉིད་དང་མི་བེད་སྤྱོད་བྱེད་མཁན་ལས་ཁུངས་བར་བྱུང་བའི་རྩོད་གླེང་ཐག་གཅོད་བྱས་ཆོག

劳动争议的解决途径及方法：广大农民工大致可以通过协商、调解、仲裁、诉讼四种途径解决自己与用人单位之间发生的劳动争议。

ལེའུ་བཅུ་གཅིག་པ། གྲོང་གསེབ་ཀྱི་རྒྱུན་མཐོང་རྩོད་གཞིའི་ཐག་གཅོད་བྱེད་ཐབས།

第十一章　农村常见纠纷解决办法

ས་བཅད་དང་པོ། མི་དམངས་འདུམ་འགྲིག་གི་བཅའ་ཁྲིམས་ལམ་ལུགས།

第一节　人民调解法律制度

མི་དམངས་འདུམ་འགྲིག་ལམ་ལུགས་ནི། ཀྲུང་གོ་གུང་ཁྲན་ཏང་གིས་མི་དམངས་ཀྱི་འགོ་ཁྲིད་དེ་གསར་བརྗེའི་གནས་གཞིའི་ས་ཁུལ་དུ་བཙུགས་པའི་མང་ཚོགས་ལ་བརྟེན་ནས་དམངས་ཁྲོད་ཀྱི་རྩོད་གཞི་ཐག་གཅོད་བྱེད་པ་དང་། མང་ཚོགས་རང་སྐྱོང་ལག་བསྟར་བྱེད་པའི་རང་སྐྱོང་ལམ་ལུགས་ཀྱི་རིགས་ཤིག་ཡིན། དེ་ནི་མང་ཚོགས་རང་སྐྱོང་བྱེད་སྟོའི་རིགས་ཤིག་ཡིན།

人民调解制度是中国共产党领导人民在革命根据地创建的依靠群众解决民间纠纷的，实行群众自治的一种自治制度。它是一种群众自治活动。

དང་པོ། མི་དམངས་འདུམ་འགྲིག་ཨུ་ཡོན་ལྷན་ཁང་དང་འདུམ་མཁན།

一、人民调解委员会和调解员

༡. མི་དམངས་འདུམ་འགྲིག་ཨུ་ཡོན་ལྷན་ཁང་།

1. 人民调解委员会

མི་དམངས་འདུམ་འགྲིག་ཨུ་ཡོན་ལྷན་ཁང་ནི་ཁྲིམས་ལྟར་བཙུགས་པའི་དམངས་ཁྲོད་ཀྱི་རྩོད་གཞིར་འདུམ་འགྲིག་བྱེད་པའི་མང་ཚོགས་རང་

བཞིན་གྱི་རྩ་འཛུགས་ཤིག་ཡིན། གྲོང་མི་ཨུ་ཡོན་ལྷན་ཁང་གིས་མི་དམངས་འདུམ་འགྲིག་ཨུ་ཡོན་ལྷན་ཁང་འཛུགས་རྒྱུ།

人民调解委员会是依法设立的调解民间纠纷的群众性组织。村民委员会设立人民调解委员会。

༢. མི་དམངས་འདུམ་མཁན།

2. 人民调解员

མི་དམངས་འདུམ་མཁན་གྱི་ཚད་ལྡན་སྤྱོད་ཚུལ་ལ། (༡) ཕྱོགས་གཅིག་གི་དོ་བདག་ལ་ཕྱོགས་རིས་བྱས་མི་ཆོག (༢) དོ་བདག་ལ་བརྙས་བཅོས་བྱས་མི་ཆོག (༣) ནོར་རྫས་སློང་བ་དང་རྩིས་ལེན་བྱས་མི་ཆོག་པའམ་ལུགས་དང་མི་མཐུན་པའི་ཁེ་ཕན་ཧམ་ལེན་བྱས་མི་ཆོག (༤) དོ་བདག་གི་གསང་བ་དང་ཚོང་ལས་ཀྱི་གསང་དོན་ཕྱིར་བསྒྲགས་མི་ཆོག་པ་བཅས་ཡོད།

人民调解员的行为规范有:(1)不得偏袒一方当事人;(2)不得侮辱当事人;(3)不得索取、收受财物或者牟取其他不正当利益;(4)不得泄漏当事人的个人隐私、商业秘密。

གཉིས་པ། མི་དམངས་འདུམ་འགྲིག་ལས་ཀའི་བྱ་རིམ།

二、人民调解工作流程

༡. རྩོད་གཞི་བདག་སྤྲོད།

1. 纠纷受理

བདག་སྤྲོད་བྱེད་པའི་ཁྱབ་ཁོངས་ནང་།

① མི་ལུས་དབང་ཆའི་རྩོད་གཞི། ② གཉེན་སྒྲིག་དང་ཁྱིམ་ཚང་གི་རྩོད་གཞི། ③ རྒྱུ་ནོར་ཐད་ཀྱི་ཁེ་དབང་གི་རྩོད་གཞི ④ ཐོན་སྐྱེད་བདག་གཉེར་རང་བཞིན་གྱི་རྩོད་གཞི། ⑤ གུན་གསབ་འཇལ་བའི་རྩོད་གཞི་སོགས་ཚུད་ཡོད།

受理范围包括:①人身权纠纷;②婚姻家庭纠纷;③财产权益纠纷;④生产经营性纠纷;⑤损害赔偿纠纷等。

༢. འདུམ་ཁྲ།

2. 调解协议

འདུམ་ཁྲའི་ནང་དུ་དོ་བདག་བར་འདུམ་འགྲིག་གི་གྲོས་མཐུན་བྱུང་བའི་ནང་དོན་དང་། སྒྲུབ་སྟངས། ཡུན་ཚད་བཅས་བཀོད་ཆོག འདུམ་ཁྲ་ནི་ཕྱོགས་སོ་སོའི་དོ་བདག་གིས་མིང་རྟགས་བཀོད་པ་དང་ཐམ་ཀ་བརྒྱབ་པའམ་ཡང་ན་མཛུབ་ཐེལ་བརྒྱབ་པ་དང་། མི་དམངས་འདུམ་མཁན་གྱིས་མིང་བཀོད་པ་མ་ཟད། མི་དམངས་འདུམ་འགྲིག་ཨུ་ཡོན་ལྷན་ཁང་གི་ཐམ་ཀ་བརྒྱབ་པ་ནས་བཟུང་ནུས་པ་ཐོན་པ་རེད།

调解协议书可以载明当事人达成调解协议的内容、履行的方式、期限。调解协议书自各方当事人签名、盖章或者按指印,人民调解员签名并加盖人民调解委员会印章之日起生效。

དཔེར་བརྗོད་ཁྲིམས་བཤད། ༡༩

以案说法 19

རྒན་པོའི་བུ་ཡིས་སྲི་ཞུ་མ་བྱས་པར། མི་དམངས་འདུམ་འགྲིག་རྐྱེན་གྱིས་སྐྱོ་མདངས་སེལ།

八旬老人子不孝,人民调解愁云消

【རྐྱེན་དོན་གྱི་གནས་ཚུལ་ངོ་སྤྲོད།】ཞི་ཕིང་སྡེ་བར་གཅེན་གཅུང་གཉིས་ཡོད་པས་རྒན་པར་སྲི་ཞུ་མི་བྱེད་པའི་རྐྱེན་གྱིས། དགུང་ལོ་བརྒྱད་བཅུ་ཟིན་པའི་མ་རྒན་མོས་འདུམ་མཁན་ལའོ་ལི་ལ་འདུམ་འགྲིག་བྱེད་དུ་བཅུག ལའོ་ལིས་ཁོ་མོའི་བུ་ངོ་ཚར་སྐྲག་པའི་བསམ་ཚུལ་བེད་སྤྱད་དེ། འདུམ་འགྲིག་བྱེད་ས་ཆེད་དུ་གྲོང་མི་ཨུ་ཡོན་ལྷན་ཁང་གི་གཞུང་ལས་ཁང་དུ་བཙུགས་ནས། འདུམ་འགྲིག་ཨུ་ལྷན་གྱི་ཁོངས་མི་6ཚང་མ་འདུམ་འགྲིག་ལ་ཞུགས་སུ་བཅུག་པ་དང་། སྡེ་བའི་ནང་གི་དུང་ཆེན་ནས་གྲོང་མི་ཡོངས་ཀྱིས་འདུམ་འགྲིག་ལ་ཟུར་ཉན་བྱེད་དགོས་པའི་བརྡ་བཏང་། ཚང་མས་ཧང་བརྡ་ལག་བརྡ་བྱས་པའི་མདུན་དུ་གཅེན་གཅུང་གཉིས་ནི་ངོ་ཚ་ནས་ཁ་གྲག་མི་ཕོད་པར་གྱུར། གོ་སྐབས་སླེབས་པར་མཐོང་པ་ན། ལའོ་

ཡིས་སྒྲོག་ཅེའི་སྟེང་དུ་ལག་ལྡེབ་ཅིག་བརྒྱབ་ནས་བུ་གཉིས་ཀར་སྐད་གསང་མཐོན་པོས། གནམ་ས་ཇི་འདྲ་ཆེ་ཡང་ཕ་མའི་དྲིན་ལས་མི་ཆེ།། ངན་པ་ཇི་འདྲ་ངན་ཡང་སྲི་ཞུ་མི་བྱེད་པ་ལས་མི་ངན།། ཁྱོད་གཅེན་གཅུང་གཉིས་ཀ་སྡེ་བའི་ནང་མུ་མཐུད་དུ་འདུག་མི་འདོད་ན། ཐད་ཀར་ཤོད་དང་ཞེས་བཤད་པ་ན། གཅེན་གཅུང་གཉིས་ཀས་མགྱོགས་མྱུར་ངང་མ་ལ་དགོངས་དག་ཞུས་པ་མ་ཟད། ལའོ་ལིས་བཏོན་པའི་རེས་མོས་བཞིན་ཨ་མར་ཞབས་ཏོག་ཞུ་བའི་གྲོས་གཞི་ལ་རང་སར་འཐད་པ་བྱུང་།

【案情介绍】西平村有一对兄弟不孝顺，八旬老母让调解员老李调解。老李利用其儿子怕丢人现眼的心态，专门把调解地点设在村委会办公室，让 6 名调委会成员全部参加，在村里大喇叭上通知全村人旁听调解。兄弟二人面对大家的指指点点，羞愧难当。见时机成熟，老李拍了一下桌子，冲着两个儿子高声说：“天大地大父母恩情最大，千坏万坏不孝敬老人最坏。你们兄弟俩要是不想在村里活人，说句痛快话。”俩人赶紧向母亲赔不是，当场同意了老李提出的轮流赡养的方案。

【གྱོད་དོན་དཔེ་མཚོན་དབྱེ་ཞིབ།】གྱོད་དོན་འདི་ནི་ཞབས་ཏོག་ཞུ་རྒྱུའི་སྐོར་གྱི་རྩོད་གཞི་ཞིག་ཡིན། གྱོད་གཞི་ཆུང་ཡང་། དོན་དངོས་སུ་དེའི་ཁྲོད་དུ་མཐུ་རྩལ་མང་པོ་འདུས་ཡོད། དང་པོ། འདུམ་མཁན་ལའོ་ལིས་ཐབས་མཁས་པོའི་སྒོ་ནས་གནད་དུ་ཁེལ་བའི་ཐབས་སྤྱད་ཡོད་དེ། ཐོག་མར་དོ་བདག་གི་བསམ་པའི་འགོག་སྲུང་འཛིང་རགས་གཏོར་ནས་གཅེན་གཅུང་གཉིས་ཀར་ངོ་ཚ་སྐྱེས་སུ་བཅུག་སྟེ། གོམ་གང་མདུན་སྤོས་ཀྱིས་འདུམ་འགྲིག་བྱ་བར་རྨང་གཞི་བཏིང་། གཉིས་པ། འདུམ་མཁན་ལའོ་ལིས་གཟུགས་བྱད་དང་སྐད་ཆའི་མཐུ་རྩལ་ཅུང་ལེགས་པའི་སྒོ་ནས་བེད་སྤྱོད་བྱས་ཡོད། ལའོ་ལིས་སྐད་ཆ་དྲག་པོ་དང་སྒྲོག་ཅེའི་སྟེང་དུ་ལག་ལྡེབ་རྒྱག་པ་སོགས་བརྒྱུད་ནས་ནུས་ལྡན་གྱིས་དོ་བདག་ལ་འཇིགས་སྣང་སྐྱེད་པ་མ་ཟད། མུ་མཐུད་དུ་འདུམ་འགྲིག་བྱེད་པར་སྐབས་བདེ་བཟོས་ཡོད།

【案例评析】本案是一起赡养纠纷。案子虽小，实则包含了很多技巧：第一，调解人员老李比较巧妙地运用了击中要害法。即首先击破当事人的心理防线，让兄弟二人产生羞愧心理，为进一步调解打下基础。第二，调解人员老李比较好地运用了体态语言技巧。老李通过严厉的语气、拍桌子等，有效地震慑住了当事人，也便于进一步进行调解。

ས་བཅད་གཉིས་པ། དམངས་དོན་གཏུག་བཤེར་དང་འདུམ་གཙོད་ཀྱི་བཅའ་ཁྲིམས་ལམ་ལུགས།
第二节 民事诉讼与仲裁法律制度

དང་པོ། དམངས་དོན་གཏུག་བཤེར་ལམ་ལུགས།
一、民事诉讼制度

(གཅིག) གཙོ་གཉེར།

(一) 主管

སྤྱི་དམངས་བར་དང་། ཁྲིམས་མིའི་བར། ཚ་འཛུགས་གཞན་པའི་བར་བཅས་དང་། དེ་བཞིན་དེ་དག་ཕན་ཚུན་བར་རྒྱུ་དངོས་ཀྱི་འབྲེལ་བ་དང་ལུས་ཁམས་ཀྱི་འབྲེལ་བའི་རྐྱེན་གྱིས་རྩོད་གཞི་བྱུང་ཚེ། མི་དམངས་ཁྲིམས་ཁང་ལ་དམངས་དོན་གཏུག་བཤེར་བྱས་ཆོག

公民之间、法人之间、其他组织之间以及他们相互之间因财产关系和人身关系发生纠纷，可以向人民法院提起民事诉讼。

(གཉིས) འདྲི་གཅོད་དང་པོའི་ལས་རིམ།

(二) 一审程序

༡. ཞུ་སྐྱོར་དང་བདག་སྐྱོད།

1. 起诉与受理

ངོ་བདག་གི་ཞུ་སྐྱོར་ལ་ངེས་པར་དུ་བཅའ་ཁྲིམས་ཀྱིས་གཏན་འབེབས་བྱས་པའི་ཞུ་སྐྱོར་གྱི་ཆ་རྐྱེན་ཚང་དགོས་ཏེ། ① ཞུ་སྐྱོར་སྣ་མ་ནི་ངེས་པར་དུ་ཀྱོད་དོན་འདི་དང་ཐད་

ཀར་ཁེ་གྲོང་གི་འབྲེལ་བ་ཡོད་པའི་སྤྱི་དམངས་དང་། ཁྲིམས་མིའམ་ཚ་འཛུགས་གཞན་དག་ཡིན་དགོས། ② ཞུ་སྐྱོར་ཕྱི་མ་གསལ་པོར་ཡོད་དགོས། ③ གཏུག་བཤེར་ཞུ་དོན་དང་། དོན་དངོས། རྒྱུ་མཚན་ཞིབ་མོ་ཡོད་དགོས། ④ མི་དམངས་ཁྲིམས་ཁང་གིས་དམངས་དོན་གཏུག་བཤེར་བདག་སྐྱོད་བྱ་རྒྱའི་ཁྱབ་ཁོངས་སུ་གཏོགས་པ་དང་གཏུག་བཤེར་བྱ་ཡུལ་གྱི་མི་དམངས་ཁྲིམས་ཁང་གིས་བདག་སྐྱོད་བྱ་རྒྱུ།

当事人的起诉必须具备法律规定的起诉条件：①原告必须是与本案有直接利害关系的公民、法人或其他组织；②有明确的被告；③有具体的诉讼请求、事实和理由；④属于人民法院受理民事诉讼的范围和受诉人民法院管辖。

བདག་སྐྱོད་ཅེས་པ་ནི་དོ་བདག་གིས་ཞུ་སྐྱོར་བྱས་པ་ལ་མི་དམངས་ཁྲིམས་ཁང་གིས་ཞིབ་དཔྱད་བྱས་པ་བརྒྱུད། གྱོད་དོན་ཐོ་འགོད་དང་ཞིབ་གཅོད་བྱ་རྒྱུར་ཐག་བཅད་པའི་བྱ་སྤྱོད་ལ་ཟེར།

受理是指人民法院通过对当事人的起诉进行审查,决定立案审理的行为。

༢. ཞིབ་གཅོད་མ་བྱས་གོང་གི་གྲ་སྒྲིག

2. 审理前准备

ཞིབ་གཅོད་མ་བྱས་གོང་གི་གྲ་སྒྲིག་ལས་ཀ་གཙོ་བོ་ནི་གཤམ་ལྟར་ཡིན་ཏེ། ① གཏུག་བཤེར་ཡི་གེའི་བུ་ཡིག་སྐྱེལ་སྤྲོད་བྱེད་པ་དང་རྩོད་ལན་ཞུ་ཡིག་འབུལ་བ། ② དོ་བདག་ལ་གཏུག་བཤེར་གྱི་ཁེ་དབང་དང་འོས་འགན། མཉམ་གྲོས་ཁྲིམས་སའི་ཁོངས་མི་གསལ་བཤད་བྱེད་པ། ③ གཏུག་བཤེར་དཔྱད་གཞིའི་ཡིག་ཆར་ཞིབ་ལྟ་བྱེད་པ་དང་། དགོས་ངེས་ཀྱི་བདེན་དཔང་བརྟག་དཔྱད་འཚོལ་བསྡུ་བྱེད་པ། ④ དོ་བདག་གསབ་སྣོན་བྱེད་པ་བཅས་ཡོད།

审理前的准备工作主要有:①送达起诉状副本和提出答辩状;

②告知当事人诉讼权利义务及合议庭组成人员；③审阅诉讼材料，调查收集必要的证据；④追加当事人。

༣. ཁྲིམས་ས་ཚོགས་ནས་ཞིབ་གཅོད་བྱེད་པ།

3. 开庭审理

ཁྲིམས་ས་ཚོགས་ནས་ཞིབ་གཅོད་བྱེད་པ་ཞེས་པ་ནི་ཁྲིམས་བཀོད་ཀྱི་གོ་རིམ་དང་རིམ་པ་ལྟར། སྐྱོད་དོན་ལ་ཁྲིམས་གཅོད་བྱེད་པའི་བརྒྱུད་རིམ་ཡོངས་ལ་ཟེར། མི་དམངས་ཁྲིམས་ཁང་གིས་དམངས་སྤྱོད་སྐྱོད་དོན་ལ་ཞིབ་གཅོད་བྱེད་དུས། རྒྱལ་ཁབ་ཀྱི་གསང་དོན་དང་མི་སྒེར་གྱི་གསང་བའམ་བཅའ་ཁྲིམས་ཀྱིས་གཏན་འབེབས་གཞན་དག་བྱས་ཡོད་པ་ སྤུད། ཡོངས་གྲགས་སུ་ཞིབ་གཅོད་བྱེད་དགོས།

开庭审理是指依照法定的程序和顺序，对案件作出裁判的全部过程。人民法院审理民事案件，除涉及国家秘密、个人隐私或者法律另有规定的以外，应当公开进行。

（གསུམ） འདྲི་གཅོད་གཉིས་པའི་ལས་རིམ།

（三）二审程序

འདྲི་གཅོད་གཉིས་པའི་ལས་རིམ་ཞེས་པ་ནི་དམངས་དོན་གཏུག་བཤེར་གྱི་དོ་བདག་གིས་འདྲི་གཅོད་དང་པོའི་དཔྱད་མཆམས་འདོད་བློར་མ་བབས་ནས་གོང་གཏུག་བྱས་པ་ལས་བྱུང་བའི་གཏུག་བཤེར་གོ་རིམ་ལ་ཟེར།

二审程序是指由于民事诉讼的当事人不服第一审裁判而上诉引起的诉讼程序。

གཉིས་པ། འདུམ་གཅོད་ལུམ་ལུགས།

二、仲裁制度

འདུམ་གཅོད་ཅེས་པ་ནི་རྩོད་གླེང་བྱུང་བའི་དོ་བདག་ཕྱོགས་གཉིས་ཀས། རྩོད་གླེང་མ་བྱུང་གོང་ངམ་རྩོད་གླེང་བྱུང་རྗེས་བཞག་པའི་གྲོས་མཐུན་ལ་གཞིགས་

ནས། རྩོད་གླེང་འདི་རང་མོས་ཀྱིས་བར་སྐོར་གྱི་ཕྱུང་གསུམ་པར་སྤྲད་དེ་ཁྲིམས་གཅོད་བྱེད་དུ་བཅུག་པའི་རྩོད་གླེང་ཐག་གཅོད་ལམ་ལུགས་དང་བྱེད་སྟངས་ལ་ཟེར།

仲裁是指发生争议的双方当事人,根据其在争议发生前或争议发生后所达成的协议,自愿将该争议提交中立的第三者进行裁判的争议解决制度和方式。

(གཅིག) འདུམ་གཅོད་ཀྱི་ཁྱབ་ཁོངས།

(一)仲裁的范围

རང་རྒྱལ་གྱི་འདྲ་མཉམ་གྱི་བྱེད་པོ་ཡིན་པའི་སྤྱི་དམངས་དང་། ཁྲིམས་མི། ཚ་འཛུགས་གཞན་དག་བཅས་ཀྱི་བར་བྱུང་བའི་གན་རྒྱའི་རྩོད་གླེང་དང་། རྒྱུ་ནོར་གྱི་ཁེ་དབང་གི་རྩོད་གླེང་གཞན་དག་སོགས་ལ་འདུམ་གཅོད་བྱས་ཆོག གཉེན་སྒྲིག་དང་ཉར་གསོ། ལྟ་སྐྱོང་། གསོ་སྐྱོང་། ཤུལ་འཛིན་བཅས་ཀྱི་རྩོད་གླེང་དང་སྲིད་འཛིན་རྩོད་གླེང་ལ་འདུམ་གཅོད་བྱས་མི་ཆོག

在我国平等主体的公民、法人和其他组织之间发生的合同纠纷和其他财产权益纠纷,可以仲裁。婚姻、收养、监护、扶养、继承纠纷和行政争议不能仲裁。

(གཉིས) འདུམ་གཅོད་ཀྱི་གྲོས་མཐུན།

(二)仲裁协议

འདུམ་གཅོད་ཀྱི་གྲོས་མཐུན་ནི་དོ་བདག་ཕྱོགས་གཉིས་ཀའི་བར་གྱི་བློ་དང་མཐུན་པའི་འདུམ་གཅོད་ནི་ཡི་གེ་ཅན་དང་བཅའ་ཁྲིམས་ཅན་དུ་བསྒྱུར་བའི་རྣམ་པ་ཡིན།

仲裁协议是将双方当事人之间的仲裁合意书面化、法律化的形式。

(གསུམ) འདུམ་གཅོད་ཀྱི་ཁྲུན་ཐག་བཅད་དོན་ཕྱིར་འཐེན་པ།

(三)仲裁裁决的撤销

འདུམ་གཅོད་ཀྱི་ཁྲུན་ཐག་བཅད་དོན་ཕྱིར་འཐེན་བྱེད་རེ་ཞུ་བ་ཞེས་པ་ནི་ཁྲིམས་བཀོད་ཀྱི་ཕྱིར་འཐེན་བྱ་དགོས་པའི་གནས་ཚུལ་དང་མཐུན་པའི་འདུམ་གཅོད་ཀྱི་ཁྲུན་ཐག

བཅད་དོན་དེ། དོ་བདག་གིས་རེ་འདུན་ཞུས་པ་དང་། མི་དམངས་ཁྲིམས་ཁང་གིས་མཉམ་གྲོས་ཁྲིམས་ས་བཙུགས་ནས་བརྟག་དཔྱད་ཞིབ་བསྡུར་བྱས་པ་བརྒྱུད། འདུམ་གཙོད་ཀྱི་ཁྲིན་ཐག་བཅད་དོན་ཕྱིར་འཐེན་བྱ་རྒྱུར་བཀས་བཅད་པའི་བྱ་སྤྱོད་ལ་ཟེར།

申请撤销仲裁裁决是指对符合法定应予撤销情形的仲裁裁决,经由当事人提出申请,人民法院组成合议庭审查核实,裁定撤销仲裁裁决的行为。

དཔེར་བརྗོད་ཁྲིམས་བཤད། ༢༠

以案说法 20

བདག་སྐྱོང་བྱེད་ཁོངས་གསལ་འབྱེད་བྱས་ན་ལས་ཀ་སྒྲུབ་སླ།

弄清管辖好办事

【གྱོད་དོན་གྱི་གནས་ཚུལ་ངོ་སྤྲོད།】ཀྲོའུ་ཆེ་གེ་མོ་སློབ་གྲྭ་ཐོན་རྗེས། པེ་ཅིན་དུ་ལས་ཀར་ཞུགས་པ་དང་། ལས་ཁུངས་ཀྱིས་ཁོ་ལ་པེ་ཅིན་གྱི་ཁྱིམ་ཐོ་བཟོས། ལོ་ཞིག་གི་ལོ་གསར་ལ། ཀྲོའུ་ཆེ་གེ་མོ་ཕ་ཡུལ་ཅང་ཞིར་ལོག་ནས་རྫས་འགྱུར་བཟོ་གྲྭ་ཞིག་དང་གྲོས་ཆིངས་བཞག་སྟེ། ཀྲོའུ་ཆེ་གེ་མོས་ལོ་གཉིས་ལ་བཟོ་གྲྭ་འདིའི་དཔལ་འབྱོར་བློ་འདྲི་ས་བྱེད་པ་དང་། བཟོ་གྲྭས་ཀྲོའུ་ཆེ་གེ་མོར་གླ་ཕོགས་སྤྲོད་ལ། ལས་ཀ་བྱེད་སྟངས་ནི་དུས་དང་རྣམ་པ་ཀུན་དུ་ཁ་པར་གྱིས་འབྲེལ་གཏུག་བརྒྱུད་ཞབས་ཞུ་མགོ་འདོན་བྱ་རྒྱུའི་ཁ་དན་བཞག ཀྲོའུ་ཆེ་གེ་མོ་པེ་ཅིན་དུ་ལོག་རྗེས་གན་རྒྱའི་འོས་འགན་ལག་བསྟར་བྱས་མ་འདོད་པས། བཟོ་གྲྭས་ཞུ་སྐྱོར་བྱེད་ཐག་བཅད། འོན་ཀྱང་། ས་ཆ་གང་གི་ཁྲིམས་ཁང་ལ་ཞུ་སྐྱོར་བྱེད་དགོས་པ་མ་ཤེས།

【案情介绍】周某毕业后留在北京工作,单位为其办理了北京户口。一年春节,周某返回江西老家,与一家化工厂签订协议,约定周某今后两年担任该厂的经济顾问,该厂付给周某报酬,工作方式为随时通过电话联系提供服务。周某回到北京后不想履行合同义务了。该化工厂决定提起诉讼,但是不知道该向哪里的法院提起诉讼。

【གྱོད་དོན་དཔེ་མཚོན་དབྱེ་ཞིབ།】བཟོ་གྲྭ་འདིས་པེ་ཅིན་གྱི་ཁྲིམས་ཁང་ལ་ཞུ་སྐྱོར་བྱ་དགོས། གན་རྒྱུའི་རྩོད་གཞིར་མཚོན་ན། ཞུ་སྐྱོར་ཕྱི་མའི་སྡོད་གནས་སམ་གན་རྒྱ་ལག་བསྟར་བྱེད་སའི་ཁྲིམས་ཁང་གིས་བདག་སྐྱོང་བྱེད་དགོས། གྱོད་དོན་འདིའི་ནང་དུ། ཀྲོའུ་ཆེ་

ག་མོ་དང་ཛས་འགྱུར་བཟོ་གྲྭའི་གན་རྒྱ་དེ་དོན་དངོས་སུ་ལག་བསྟར་བྱས་མེད་པས། གན་རྒྱ་ལག་བསྟར་བྱེད་སར་གཞིགས་ནས་བདག་སྐྱོང་བྱས་མི་ཆོག་ལ། ཞུ་སྐྱོར་ཕྱི་མའི་སྡོད་གནས་ལ་གཞིགས་ནས་བདག་སྐྱོང་བྱེད་དགོས། རང་རྒྱལ་གྱི་བཅའ་ཁྲིམས་ཀྱིས་གཏན་འབེབས་བྱས་པའི་སྤྱི་དམངས་ཀྱི་སྡོད་གནས་ནི་སྤྱི་དམངས་ཀྱི་ཁྱིམ་ཐོ་ཡོད་སའི་གནས་ཡིན། ཀྲོའུ་ཆེ་ག་མོའི་ཁྱིམ་ཐོ་ནི་པེ་ཅིན་དུ་སྤོས་པས། ཛས་འགྱུར་བཟོ་གྲྭས་པེ་ཅིན་གྱི་ཁྲིམས་ཁང་ལ་ཞུ་སྐྱོར་བྱེད་དགོས།

【案例评析】该化工厂应向北京的法院提起诉讼。对于合同纠纷,应该由被告住所地或者合同履行地法院管辖。本案中,周某与化工厂的合同没有实际履行,因此不能按合同履行地管辖,应该按照被告住所地管辖。我国法律规定公民的住所地是公民的户籍所在地。周某的户口已迁至北京,所以化工厂应该向北京的法院起诉。

ས་བཅད་གསུམ་པ། སྲིད་འཛིན་བསྐྱར་གྲོས་དང་སྲིད་འཛིན་གཏུག་བཤེར་སྐོར་གྱི་བཅའ་ཁྲིམས་ལམ་ལུགས།

第三节　行政复议及行政诉讼法律制度

དང་པོ། སྲིད་འཛིན་བསྐྱར་གྲོས་ཀྱི་བཅའ་ཁྲིམས་ལམ་ལུགས།

一、行政复议法律制度

སྲིད་འཛིན་བསྐྱར་གྲོས་ཞེས་པ་ནི་སྤྱི་དམངས་དང་ཁྲིམས་མིའམ་རྩ་འཛུགས་གཞན་དག་གིས་སྲིད་འཛིན་བྱེད་པོ་གཙོ་བོའི་ཞིབ་ཕྲའི་སྲིད་འཛིན་བྱ་སྤྱོད་སྔོར་མ་བབས་ནས། ཁྲིམས་ལྟར་ཁྲིམས་བཀོད་ཀྱི་སྲིད་འཛིན་བསྐྱར་གྲོས་ལས་ཁུངས་ལ་བསྐྱར་གྲོས་ཡོང་རེ་ཞུ་ཡིག་བཏོན་པ་དང་། སྲིད་འཛིན་བསྐྱར་གྲོས་ལས་ཁུངས་ཀྱིས་ཁྲིམས་ལྟར་ཞིབ་ཕྲའི་སྲིད་འཛིན་བྱ་སྤྱོད་དེ་ལ་ཁྲིམས་མཐུན་རང་བཞིན་དང་། འོས་འཚམ་རང་བཞིན་གྱི་ཞིབ་བཤེར་བྱས་པ་མ་ཟད། ད་དུང་སྲིད་འཛིན་བསྐྱར་གྲོས་བྱེད་ཐག་བཅད་པའི་སྲིད་འཛིན་བྱ་སྤྱོད་ལ་ཟེར།

行政复议,是指公民、法人或其他组织不服行政主体作出的具体行政行为,依法向法定的行政复议机关提出复议申请,行政复议机关依法对该具体行政行为进行合法性、适当性审查,并作出行政复议决定的行政行为。

རེ་འདུན་ཞུ་མཁན་གྱིས་བསྐྱར་གྲོས་ཡོང་རེ་ཞུས་རྗེས། སྲིད་འཛིན་བསྐྱར་གྲོས་ལས་ཁུངས་ཀྱིས་བསྐྱར་གྲོས་ཡོང་རེ་ཞུ་ཡིག་ལ་ཞིབ་བཤེར་བྱ་རྒྱུ། ཞུ་ཡིག་ལག་འབྱོར་བྱུང་ཉིན་ནས་བཟུང་གི་ཉིན་ལྔའི་ནང་ཚུན་དུ། བསྐྱར་གྲོས་ཡོང་རེ་ཞུས་པར་བདག་སྐྱོང་བྱེད་མིན་ཐག་གཅོད་བྱེད་དགོས།

申请人提出复议申请后,行政复议机关对复议申请进行审查。在收到申请书之日起五日内,对复议申请作出是否受理。

གཉིས་པ། སྲིད་འཛིན་གཏུག་བཤེར་གྱི་བཅའ་ཁྲིམས་ལམ་ལུགས།

二、行政诉讼法律制度

སྲིད་འཛིན་གཏུག་བཤེར་སྐོར་གྱི་བཅའ་ཁྲིམས་ཞེས་པ་ནི་མི་དམངས་ཁྲིམས་ཁང་དང་། དོ་བདག གཏུག་བཤེར་བྱེད་སྐོར་ཞུགས་མཁན་གཞན་པ། བཅའ་ཁྲིམས་ལྟ་སྐུལ་ལས་ཁུངས་བཅས་ཀྱིས་སྲིད་འཛིན་གཏུག་བཤེར་བྱེད་སྒོ་སྤེལ་བ་དང་། དེ་བཞིན་སྲིད་འཛིན་གཏུག་བཤེར་བྱེད་སྒོའི་ཁྲོད་ཕན་ཚུན་བར་གྱི་ཁེ་དབང་དང་འོས་འགན་ཚད་ལྡན་དུ་གཏོང་བའི་བཅའ་ཁྲིམས་ཚད་གཞིའི་སྤྱི་མིང་ལ་ཟེར།

行政诉讼法,是指规范人民法院、当事人、其他诉讼参与人、法律监督机关进行行政诉讼活动以及相互间在行政诉讼活动中的权利义务的法律规范的总称。

མི་དམངས་ཁྲིམས་ཁང་གིས་སྤྱི་དམངས་དང་། ཁྲིམས་མི། རྩ་འཛུགས་གཞན་དག་གིས་ཞིབ་ཕྲའི་སྲིད་འཛིན་བྱ་སྤྱོད་བློར་མ་བབས་ནས་གཏུག་བཤེར་བྱེད་པར་བདག་སྐྱོད་བྱ་རྒྱུ། དཔེར་ན། མི་ལུས་རང་དབང་ལ་ཚོད་འཛིན་བྱེད་པའམ་ཡང་ན་རྒྱུ་ནོར་ལ་སྒོ་རྒྱ་ཐེལ་གནོན་དང་། བཙན་ཉར། བསྡམས་བཅད་བྱེད་

པ་སོགས་ཀྱི་སྲིད་འཛིན་ཐད་ཀྱི་བཙན་ཤེད་ཀྱི་བྱེད་ཐབས་འདོད་བློར་མི་བབས་པ་སོགས་ལྟ་བུ། གོང་རིམ་གྱི་ཁྲིམས་ཁང་གིས་བདག་སྐྱོང་བྱེད་པར་བཅའ་ཁྲིམས་ཀྱིས་གཏན་འབེབས་བྱས་པའི་དམིགས་བསལ་གྱི་གནས་ཚུལ་ཕུད། སྲིད་འཛིན་གྱོད་དོན་ཚང་མ་གཞི་རིམ་གྱི་མི་དམངས་ཁྲིམས་ཁང་གིས་བདག་སྐྱོང་བྱེད་དགོས།

人民法院受理公民、法人和其他组织对具体行政行为不服提起的诉讼。比如,对限制人身自由或者对财产的查封、扣押、冻结等行政强制措施不服的等。除法律规定由上级法院管辖的特殊情形之外,行政案件都应由基层人民法院管辖。

སྤྱི་དམངས་དང་། ཁྲིམས་མི། ཚ་འཛུགས་གཞན་དག་གིས་དཔྱད་མཚམས་དང་བཀའ་བཅད་ལག་བསྟར་མ་བྱས་ན། སྲིད་འཛིན་ལས་ཁུངས་ཀྱིས་འདི་གཅོད་དང་པོའི་མི་དམངས་ཁྲིམས་ཁང་ལ་བཙན་ཐབས་ལག་བསྟར་གནང་རོགས་ཞུས་ཆོག་པའམ་ཡང་ན་ཁྲིམས་ལྟར་བཙན་ཐབས་ཀྱིས་ལག་བསྟར་བྱས་ཆོག

公民、法人或者其他组织拒绝履行判决、裁定的,行政机关可以向第一审人民法院申请强制执行,或者依法强制执行。

ས་བཅད་བཞི་པ། གྲོང་གསེབ་ཀྱི་ཡིག་སྐུར་ངོ་གཏུག་ཐོག་ནས་ཞུ་གཏུག་བྱེད་པའི་བཅའ་ཁྲིམས་ལམ་ལུགས།

第四节　农村信访投诉法律制度

ཡིག་སྐུར་ངོ་གཏུག་ནི་ཡིག་སྐུར་ངོ་གཏུག་བྱེད་མཁན་ལ་སྲིད་འཛིན་སྐྱོབ་གསོ་བྱེད་པའི་ཐབས་ལམ་རིགས་ཤིག་ཡིན།

信访是对信访人的一种行政救济途径。

དང་པོ། ཡིག་སྐུར་ཇོ་གཏུག་ཐོག་ནས་ཞུ་གཏུག་བྱེད་པའི་བཅའ་ཁྲིམས་ཐད་ཀྱི་གཞི་འཛིན་ས།

一、信访投诉的法律依据

རང་རྒྱལ་གྱི་རྩ་ཁྲིམས་ཀྱི་དོན་ཚན་ཞེ་གཅིག་པའི་ནང་དུ། "ཀྲུང་ཧྭ་མི་དམངས་སྤྱི་མཐུན་རྒྱལ་ཁབ་ཀྱི་སྤྱི་དམངས་ལ། རྒྱལ་ཁབ་ཀྱི་ལས་ཁུངས་གང་དང་རྒྱལ་ཁབ་ཀྱི་ལས་བྱེད་མི་སྣ་སུ་ཞིག་ལའང་སྐྱོན་བརྗོད་དང་བསམ་འཆར་འདོན་པའི་དབང་ཆ་ཡོད་པ་དང་། རྒྱལ་ཁབ་ཀྱི་ལས་ཁུངས་གང་དང་རྒྱལ་ཁབ་ཀྱི་ལས་བྱེད་མི་སྣ་སུ་ཞིག་གི་ཁྲིམས་འགལ་དང་འགན་ཤོར་བའི་བྱ་སྤྱོད་ལ། རྒྱལ་ཁབ་ཀྱི་འབྲེལ་ཡོད་ལས་ཁུངས་ལ་གནས་ལུགས་ཞུ་བ་དང་། ཞུ་གཏུག་གམ་ཉེས་འདོན་བྱེད་པའི་དབང་ཆ་ཡོད། འོན་ཀྱང་། དོན་དངོས་ལ་རྫུན་བཟོ་དང་འཁྱོག་བཤད་བྱས་ནས་སྐྱོན་འཛུགས་ཞུ་གཏུག་དང་མ་ཉེས་ཁ་གཡོགས་བྱས་མི་ཆོག་པ་གཏན་འབེབས་བྱས་ཡོད།" འདི་ནི་ཡིག་སྐུར་ཇོ་གཏུག་གི་རྩ་ཁྲིམས་ཀྱི་གཞི་འཛིན་ས་ཡིན།

我国宪法第四十一条规定:"中华人民共和国公民对于任何国家机关和国家工作人员,有提出批评和建议的权利;对于任何国家机关和国家工作人员的违法失职行为,有向有关国家机关提出申诉、控告或者检举的权利,但是不得捏造或者歪曲事实进行诬告陷害。"这是信访的宪法依据。

གཉིས་པ། ཡིག་སྐུར་ཇོ་གཏུག་ཐོག་ནས་ཞུ་གཏུག་བྱེད་པའི་ཐབས་ལམ་དང་དོན་ཚན།

二、信访投诉的渠道和事项

《ཡིག་སྐུར་ཇོ་གཏུག་སྐོར་གྱི་སྲོལ་ཡིག་》གི་དོན་ཚན་བཅུ་པའི་ནང་དུ། ས་ཁུལ་བཙུགས་ཡོད་པའི་གྲོང་ཁྱེར་རིམ་པ་དང་། རྫོང་རིམ་པའི་མི་དམངས་སྲིད་གཞུང་དང་དེའི་

ལས་བྱེད་ཚན་པ། དེ་བཞིན་ཞང་དང་གྲོང་རྡལ་གྱི་མི་དམངས་སྲིད་གཞུང་བཅས་ཀྱིས་སྲིད་འཛིན་ལས་ཁུངས་ཀྱི་འགན་འཁུར་པས་ཡིག་སྐུར་ངོ་གཏུག་གི་སྣེ་ལེན་ཉིན་མོའི་ལམ་ལུགས་འཛུགས་དགོས་པ་དང་། སྲིད་འཛིན་ལས་ཁུངས་ཀྱི་འགན་འཁུར་པས་ཡིག་སྐུར་ངོ་གཏུག་གི་དོན་དག་མཐུན་སྒྲོར་དང་ངོ་སྒྲུབ་བྱེད་དགོས་པ་གཏན་འབེབས་བྱས་ཡོད།

《信访条例》第十条规定：“设区的市级、县级人民政府及其工作部门，乡、镇人民政府应当建立行政机关负责人信访接待日制度，由行政机关负责人协调处理信访事项。”

《ཡིག་སྐུར་ངོ་གཏུག་སྐོར་གྱི་སྒྲོལ་ཡིག་》གིས་ཡིག་སྐུར་ངོ་གཏུག་བྱེད་མཁན་གྱིས་གཤམ་གསལ་གྱི་རྩ་འཛུགས་དང་མི་སྣའི་འགན་དབང་སྤྱོད་ཚུལ་བློར་མ་བབས་ན། འབྲེལ་ཡོད་ཀྱི་སྲིད་འཛིན་ལས་ཁུངས་ལ་ཡིག་སྐུར་ངོ་གཏུག་གི་དོན་དག་བཏོན་ཆོག་པ་གཏན་འབེབས་བྱས་ཡོད་དེ། (༡) སྲིད་འཛིན་ཚན་པ་དང་དེའི་ལས་བྱེད་མི་སྣ། (༢) བཅའ་ཁྲིམས་དང་ཁྲིམས་སྲོལ་ཐོག་ནས་ཐུན་མོང་ལས་དོན་བདག་སྐྱོང་བྱེད་པའི་འགན་ནུས་ལྡན་ཡོད་པའི་སྒྲིག་འཛུགས་དང་དེའི་ལས་བྱེད་མི་སྣ། (༣) སྤྱི་པའི་ཞབས་ཞུ་མཁོ་སྤྲོད་བྱེད་མཁན་གྱི་ཁེ་ལས། བྱ་གཞག་སྡེ་ཚན་དང་དེའི་ལས་བྱེད་མི་སྣ། (༤) སྤྱི་ཚོགས་ཚོགས་པའམ་ཁེ་ལས་དང་བྱ་གཞག་སྡེ་ཚན་གཞན་པའི་ནང་དུ་རྒྱལ་ཁབ་སྲིད་འཛིན་ལས་ཁུངས་ཀྱིས་བསྐོས་པ་དང་མངགས་པའི་མི་སྣ། (༥) གྲོང་ཚོ་ཨུ་ཡོན་ལྷན་ཁང་། གྲོང་མི་ཨུ་ཡོན་ལྷན་ཁང་དང་དེའི་ཁོངས་མི།

《信访条例》规定信访人对下列组织、人员的职务行为不服，可

以向有关行政机关提出信访事项：(1)行政机关及其工作人员；(2)法律、法规授权的具有管理公共事务职能的组织及其工作人员；(3)提供公共服务的企业、事业单位及其工作人员；(4)社会团体或者其他企业、事业单位中由国家行政机关任命、派出的人员；

（5）村民委员会、居民委员会及其成员。

གསུམ་པ། ཡིག་སྐུར་ངོ་གཏུག་ཐོག་ནས་ཞུ་གཏུག་བྱེད་པའི་རྣམ་པ་དང་། ཡིག་སྐུར་ངོ་གཏུག་བྱེད་མཁན་གྱིས་བརྩི་སྲུང་བྱེད་དགོས་པའི་བཅའ་ཁྲིམས་ཀྱི་གཏན་འབེབས།

三、信访投诉的形式和信访人应遵守的法律规定

ཡིག་སྐུར་ངོ་གཏུག་ཐོག་ནས་ཞུ་གཏུག་བྱེད་མཁན་གྱིས་ཡིག་སྐུར་ངོ་གཏུག་གི་དོན་དག་ཞུ་འདོན་བྱེད་པར། སྤྱིར་བཏང་དུ་ཡིག་ཐོག་གི་རྣམ་པ་སྤྱད་དེ། ཡིག་སྐུར་ངོ་གཏུག་བྱེད་མཁན་གྱི་རུས་མིང་དང་། སྡོད་གནས། ཞུ་དོན། དོན་དངོས་དང་རྒྱུ་མཚན་སོགས་གསལ་པོར་འགོད་རྒྱུ།

信访投诉人提出信访事项，一般应当采取书面形式，载明信访人的姓名、住址和请求、事实理由。

ཡིག་སྐུར་ངོ་གཏུག་བྱེད་མཁན་གྱིས་ཡིག་སྐུར་ངོ་གཏུག་ཐོག་ནས་ཞུ་གཏུག་བྱེད་པའི་གོ་རིམ་ཁྲོད་དུ་བཅའ་ཁྲིམས་དང་ཁྲིམས་སྲོལ་བརྩི་སྲུང་བྱེད་དགོས་ཤིང་། རྒྱལ་ཁབ་དང་། སྤྱི་ཚོགས། ཐུན་མོང་བཅས་ཀྱི་ཁེ་ཕན་དང་སྤྱི་དམངས་གཞན་དག་གི་ཁྲིམས་མཐུན་ཁེ་དབང་ལ་གནོད་འཚེ་གཏོང་མི་ཆོག་པ་དང་། རང་འགུལ་གྱིས་སྤྱི་ཚོགས་ཀྱི་ཐུན་མོང་སྒྲིག་ལམ་དང་ཡིག་སྐུལ་ངོ་གཏུག་གི་སྒྲིག་ལམ་ལ་སྲུང་སྐྱོང་བྱེད་དགོས།

信访人在信访投诉过程中应当遵守法律、法规，不得损害国家、社会、集体的利益和其他公民的合法权益，自觉维护社会公共秩序和信访秩序。

དཔེར་བརྗོད་ཁྲིམས་བཤད། ༢༡

以案说法 21

ཡིག་སྐུར་ངོ་གཏུག་གིས་གྲོང་མི་ཨུ་ཡོན་ལྷན་ཁང་གི་ཁྲིམས་འགལ་གྱི་བྱ་སྤྱོད་ལ་ཡོ་བསྲང་བྱས་པ།

信访纠正村委会违法行为

【གྱོད་དོན་གྱི་གནས་ཚུལ་ངོ་སྤྲོད།】2002ལོར། མ་ཅ་ཧྲན་སྡེ་བའི་གྲོང་མི་ཨུ་ཡོན་

ལྷན་ཁང་གི་ཀྲུའུ་རེན་ཧྥི་ཁ་པ་དང་ཨར་ལས་ཀྱི་འགན་ལེན་ལས་དཔོན་ཧྥི་ག་པས་ཁྲིམས་འགལ་གྱི་སྒོ་ནས་མ་ཅ་ཧྲན་སྡེ་བའི་རྨོ་ཞིང་མུའུ་180ཙམ་ལ་གཏོར་བཤིག་བྱས་པས། པའོ་ཏིང་གིས་ལོ་30རིང་ལ་འགན་གཙང་བླངས་བའི་རྨོ་ཞིང་ལ་བཙན་བཟུང་བྱས་པ་ཡིན། པའོ་ཏིང་གིས་ཐེངས་མང་པོར་ཞིང་ཆེན་དང་གྲོང་ཁྱེར་གྱི་རྒྱལ་ཁབ་ས་ཆ་ཐོན་ཁུངས་ཅུས་ལ་གནས་ཚུལ་ཞུས་ཀྱང་ཁ་ཡ་བྱེད་མཁན་མ་བྱུང་། པའོ་ཏིང་གིས་རྒྱལ་ཡོངས་མི་དམངས་འཐུས་མིའི་ཚོགས་ཆེན་ལ་གོང་གཏུག་ཞུས་རྗེས། ཡིག་སྐུར་ངོ་གཏུག་ཅུས་ཀྱིས་ས་དེ་གའི་འབྲེལ་ཡོད་སྡེ་ཁག་ལ་འཕྲིན་ཡིག་བཏང་། འབྱོར་ལན་དུ་རྨོ་ཞིང་མུའུ་27.65ལ་ཁྲིམས་འགལ་གྱིས་བཙན་བཟུང་བྱས་པ་ནི་དོན་དངོས་དང་མཐུན་པ་བཤད་ཡོད། སྲིད་གཞུང་སྡེ་ཁག་གིས་ས་ཞིང་བཙན་བཟུང་གི་གནད་དོན་ཐད་ཀྱི་ཐག་གཅོད་བསམ་འཆར་ནི་གཤམ་ལྟར། གཅིག་ནི་ལམ་སང་ལས་མཚམས་བཞག་ནས། གཏོར་བཤིག་བཏང་ཟིན་པའི་རྨོ་ཞིང་དུས་བཅད་ཀྱིས་རྨོ་འདེབས་སླར་གསོ་བྱ་དགོས་པ། གཉིས་ནི་ཁྲིམས་འགལ་གྱིས་ས་ཞིང་བཙན་བཟུང་བྱས་པའི་སྤྱོད་པ་འདིར། ས་ཆ་བདག་སྐྱོང་བྱེད་ཕྱོགས་སྐོར་གྱི་བཅའ་ཁྲིམས་ཀྱི་གཏན་འབེབས་ལ་གཞིར་བཟུང་ནས་ཁྲིམས་ལྟར་ཐག་གཅོད་བྱ་དགོས། གསུམ་ནི་གྲོང་ཁྱེར་གྱི་རྒྱལ་ཁབ་ས་ཆ་ཐོན་ཁུངས་ཅུས་ཀྱིས་ཁྲིམས་འགལ་གྱིས་ས་ཞིང་བཙན་བཟུང་བྱས་པའི་དོན་རྐྱེན་ལ་བརྟག་དཔྱད་དང་ཐག་གཅོད་བྱེད་དགོས་པ་བཅས་ཡིན།

【案情介绍】2002年,马家山村村委会主任符乙与建筑包工头符丙非法破坏马家山村耕地180多亩,致使包丁承包三十年的耕地被侵占。包丁曾多次到省、市国土局反映无人理睬。包丁到全国人大上访后,信访局致函当地有关部门,回报称:非法占用27.65亩耕地反映属实。政府部门对占地问题处理意见如下:一是立即停工,对毁坏的耕地,限期恢复耕种;二是对该违法占地行为按照土地管理法的规定依法处理;三是对该违法占地事件由市国土资源局进行调查处理。

【རྒྱུད་དོན་དཔེ་མཚོན་དབྱེ་ཞིབ། 】《ས་ཆ་བདག་སྐྱོང་བྱེད་ཕྱོགས་སྐོར་གྱི་ཀྲུང་ཧྭ་མི་དམངས་སྤྱི་མཐུན་རྒྱལ་ཁབ་ཀྱི་བཅའ་ཁྲིམས་》ཀྱི་གཏན་འབེབས་ལྟར་ན། གཞི་རྩའི་ས་ཞིང་དང་གཞི་རྩའི་ས་ཞིང་ཕུད་པའི་རྨོ་ཞིང་བསྒྱུ་སྤྱོད་བྱེད་པར་མི་དམངས་སྲིད་གཞུང་གིས་ཆོག་མཆན་འགོད་དགོས་པ་མ་ཟད། རྒྱལ་སྲིད་ཀྱི་ཁབ་ཁང་ལ་ཐོ་འགོད་སྙན་སེང་

ཞུ་དགོས། རྒྱུད་དོན་འདིའི་ནང་དུ། མ་ཅ་ཧྲན་སྡེ་བའི་གྲོང་མི་ཨུ་ཡོན་ལྷན་ཁང་གི་ཀྲུའུ་རེན་ཧྥི་ཁ་པ་དང་ཨར་ལས་འགན་ལེན་ལས་དཔོན་ཧྥི་ག་པས་ཁྲིམས་བཀོད་ཀྱི་གོ་རིམ་གང་ཡང་མ་སྒྲུབ་པའི་ཆ་རྐྱེན་འོག་ཏུ། མ་ཅ་ཧྲན་སྡེ་བའི་རྨོ་ཞིང་མུའུ་180ལ་གང་འདོད་དུ་གཏོར་བརླག་དང་བཙན་བཟུང་བྱས་པ་ནི་ཁྲིམས་འགལ་གྱི་བྱ་སྤྱོད་ཡིན། ཡང་རང་རྒྱལ་གྱི་《ཡིག་སྐུར་ངོ་གཏུག་སྐོར་གྱི་སྒྲིལ་ཡིག་》གི་དོན་ཚན་ཉེར་བརྒྱད་པའི་གཏན་འབེབས་ལྟར་ན། སྲིད་འཛིན་ལས་ཁུངས་དང་དེའི་ལས་བྱེད་མི་སྣས་ཡིག་སྐུར་ངོ་གཏུག་གི་དོན་དག་སྒྲུབ་དུས། དོན་དངོས་ཟུད་ཚོད་མཐའ་གསལ་བྱས་ནས་དུས་ཐོག་ཏུ་ཐག་གཅོད་འོས་འཚམ་བྱ་དགོས་ཏེ། པའོ་ཏིང་གི་ཁྲིམས་མཐུན་ཁེ་དབང་ལ་ཁྲིམས་འགལ་གྱི་གནོད་འཚེ་ཐེབས་ནས་ཐེངས་མང་པོར་ཞིང་ཆེན་དང་གྲོང་ཁྱེར་གྱི་རྒྱལ་ཁབ་ས་ཆ་ཐོན་ཁུངས་ཅུས་ལ་གནས་ཚུལ་ཞུས་ཀྱང་ཁ་ཡ་བྱེད་མཁན་མ་བྱུང་། རྒྱལ་ཁབ་ས་ཆ་ཐོན་ཁུངས་ཅུས་ཀྱི་སྤྱོད་པ་འདི་རིགས་ནི《ཡིག་སྐུལ་ངོ་གཏུག་སྐོར་གྱི་སྒྲིལ་ཡིག་》ནང་སྲིད་འཛིན་ལས་ཁུངས་ཀྱི་ལས་བྱེད་མི་སྣས་དུས་ཐོག་ཏུ་ཐག་གཅོད་འོས་འཚམ་བྱེད་དགོས་པར་བླང་བྱ་བཏོན་པའི་གཏན་འབེབས་ལས་ཚབས་ཆེན་འགན་འདུག གོང་དུ་བརྗོད་པར་ཕྱོགས་བསྡུས་བྱས་ན། པའོ་ཏིང་གི་ཡིག་སྐུལ་ངོ་གཏུག་ལག་འབྱོར་བྱུང་རྗེས་སྲིད་གཞུང་སྡེ་ཁག་གི་ཐག་གཅོད་གཏན་འཁེལ་ནི་ཡང་དག་ཡིན།

【案例评析】根据《中华人民共和国土地管理法》规定，征用基本农田、基本农田以外的耕地要经人民政府批准，并报国务院备案。在本案中，马家山村村委会主任符乙与建筑包工头符丙在没有履行任何法定程序的前提下擅自破坏占用马家山村耕地180多亩属于违法行为。又根据我国《信访条例》第二十八条规定，行政机关及其工作人员办理信访事项，应当查明事实，及时妥善处理。包丁的合法权益遭到不法侵害曾多次到省、市国土局反映情况无人理睬。国土局的此种行为，严重违反了《信访条例》中要求行政机关办事人员及时妥善处理的规定。综上所述，在接到包丁的信访后，政府部门所做出的处理决定是正确的。

ལེའུ་བཅུ་གཉིས་པ། གྲོང་གསེབ་ཀྱི་བདེ་འཇགས་དོ་དམ་དང་ཉེས་དོན་གྱི་བྱས་ཉེས་བསགས་པ།

第十二章　农村治安管理与刑事犯罪

ས་བཅད་དང་པོ། གྲོང་གསེབ་ཀྱི་བདེ་འཇགས་གནད་དོན་གཙོ་བོའི་སྔོན་འགོག་དང་དོ་དམ།

第一节　农村主要治安问题的预防和管理

གྲོང་གསེབ་ཀྱི་བདེ་འཇགས་གནད་དོན་ཙ་བའི་ཐོག་ནས་ཐག་གཅོད་ཐུབ་དགོས་ན། ཏང་ཨུད་དང་སྲིད་གཞུང་གིས་ངེས་པར་དུ་“ཆེད་དམིགས་ལས་ཁུངས་ཀྱི་ལས་ཀ་དང་མང་ཚོགས་ལམ་ཕྱོགས་ཟུང་དུ་འབྲེལ་བའི་”བྱེད་ཕྱོགས་མཐའ་འཁྱོངས་བྱེད་དགོས་པ་དང་། སྤྱི་ཚོགས་ཀྱིས་ཐེ་ཞུགས་བྱེད་པར་རྒྱ་ཁྱབ་ངང་སྐུལ་སློང་བྱས་ནས། སྤྱི་ཚོགས་བདེ་འཇགས་ཕྱོགས་བསྡུས་བཅོས་སྒྲིག་གི་བྱ་ཐབས་ཁག་དོན་ཐོག་ཏུ་འཁྱོལ་བར་ཁྱོན་ཡོངས་ནས་སྐུལ་འདེད་གཏོང་དགོས།

农村治安问题要得到根本解决,党委、政府必须坚持“专群结合”的方针,广泛动员社会参与,全面推进社会治安综合治理各项措施的落实。

༡. ཏང་ཨུད་དང་སྲིད་གཞུང་གི་གཅིག་གྱུར་གྱི་འགོ་ཁྲིད་མཐའ་འཁྱོངས་བྱེད་དགོས།

ཏང་ཨུད་དང་སྲིད་གཞུང་གི་འགོ་ཁྲིད་གཙོ་བོས་སྤྱི་ཚོགས་བདེ་འཇགས་ཕྱོགས་བསྡུས་

བཅོས་སྐྱོང་གི་འགན་འཁྲིའི་ལམ་ལུགས་དོན་འཁྱོལ་ནན་པོ་བྱེད་དགོས་པ་དང་། ལས་དོན་ཡག་པོ་སྒྲིལ་བ་དང་བྱ་ཐབས་དོན་ཐོག་ཏུ་འཁྱོལ་མེད་པའི་སྡེ་ཚན་ལ་སྒྲ་སེ་གཅིག་གིས་ཁྲ་སློག་གཏོང་བ་དང་། ཀྱོད་གཞི་སྔོན་འགོག་དང་འགན་འཁྲི་བདའ་འདེད་ལམ་ལུགས་ལག་བསྟར་བྱེད་དགོས།

1. 坚持党委、政府的统一领导。党委、政府主要领导要严格落实社会治安综合治理责任制，对工作不力，措施不落实的单位实行一票否决和案件防范责任追究制度。

༢. ཞང་དང་གྲོང་རྡལ་གྱི་ཕྱོགས་བསྡུས་བཅོས་སྐྱོང་གཞུང་ལས་ཁང་འཛུགས་སྐྲུན་ཡག་པོ་བྱ་དགོས། སྒྲིག་འཛུགས་དང་ཁྲིད་སྟོན་བྱེད་པའི་འགན་འཁྲི་ལག་བསྟར་ཏན་ཏིག་བྱས་ཏེ། དུས་ཐོག་ཏུ་དཔེ་མཚོན་གྱི་ཉམས་མྱོང་ཕྱོགས་བསྡོམས་ཁྱབ་སྤེལ་གཏོང་བ་དང་། སྒྲ་སེ་གཅིག་གིས་ཁྲ་སློག་གཏོང་བའི་ལམ་ལུགས་ལག་བསྟར་བྱེད་དགོས།

2. 建好乡镇综治办公室。切实履行组织指导的职责，及时总结推广典型经验，实行一票否决制。

༣. གྲོང་ཚོ་རིམ་པའི་བདེ་སྲུང་རྩ་འཛུགས་འཛུགས་སྐྱོང་ལ་ཤུགས་སྣོན་རྒྱག་པ་དང་། མཉམ་འགོག་མཉམ་བཅོས་ལ་ཁྱབ་སྤེལ་གཏོང་དགོས། ཞང་དང་གྲོང་རྡལ། སྲི་བདེ་མངག་གཏོང་ཁང་། སྡེ་བ། ཁྱིམ་དུད་བཅས་ཀྱི་དབར་གྱི་སྤྱི་ཡོངས་ཀྱི་མཉམ་འགོག་དྲ་བ་མངོན་འགྱུར་བྱས་ནས། སྔོན་འགོག་རང་བཞིན་གྱི་ཀྱོད་དོན་ཉུང་དུ་གཏོང་དགོས།

3. 加强村级治保组织建设，广泛开展群防群治。实现乡镇、派出所、村、户之间的整体联防网络，减少可防性案件的发生。

༤. འབྲེལ་ཡོད་སྡེ་ཚན་གྱིས་རང་འགན་གཙང་སྒྲུབ་དང་མཉམ་འཛིན་གྱི་སྒྲུབ་བྱས་ཏེ་ཐུན་མོང་ཐོག་གྲོང་གསེབ་ཀྱི་བདེ་

འཇགས་ལས་དོན་ནང་ཞུགས་དགོས། ཁྲིམས་འཛིན་སྲིད་འཛིན་སྡེ་ཁག་དང་། དྲིལ་བསྒྲགས་སྡེ་ཚན། སློབ་གྲྭ། ངལ་རྩོལ་སྡེ་ཁག གྲོང་ཚོ་ཁག་གི་ཚོགས་པ་དང་སྤྱི་བདེའི་ལས་ཁུངས་བཅས་ཀྱིས་ལས་ཀ་སྒྲུབ་སྟངས་ལེགས་བཅོས་བྱེད་པ་དང་། བདེ་འཇགས་ཀྱི་རྨང་གཞིའི་ལས་དོན་ལ་ཤུགས་སྣོན་བརྒྱབ་ནས། ཁྲིམས་འགལ་ཉེས་གསོག་འགོག་ཟློན་དང་ཚོད་འཛིན་བྱེད་པའི་ནུས་པ་ཆེ་རུ་གཏོང་དགོས།

4. 相关部门各司其职，齐抓共管，共同参与农村治安工作。司法行政部门、宣传部门、学校、劳动部门、各村社和公安机关，要改进工作方法，加强治安基础工作，提高防范和控制违法犯罪的能力。

༥. གྲོང་གསེབ་ཀྱི་མངགས་གཏོང་ཁང་གི་འཛུགས་སྐྲུན་ལ་ཤུགས་སྣོན་ཆེན་པོ་རྒྱག་དགོས། ཉེན་རྟོག་པ་དང་། གྲོན་དངུལ། སྒྲིག་ཆས་ཀྱི་ཐད་ནས་མུ་མཐུད་དུ་གྲོང་གསེབ་ཀྱི་མངགས་གཏོང་ཁང་ལ་གཟིགས་སྐྱོང་བྱས་ནས། གྲོང་གསེབ་ཀྱི་མངགས་གཏོང་ཁང་དེ་རྡུང་རྡེག་དང་། སྔོན་འགོག ཚོད་འཛིན་གཞི་གཅིག་ཅན་གྱི་འཐབ་འཛིང་གདོས་བཅས་སུ་འཛུགས་སྐྲུན་བྱེད་དགོས།

5. 大力加强农村派出所建设。在警力、经费、装备上继续向农村派出所倾斜，把农村派出所建设成为打、防、控一体化的战斗实体。

༦. ལོག་ཆོས་རྩ་འཛུགས་ལ་རྩད་ཞིབ་ཐག་གཅོད་དང་དང་རྡུང་རྡེག་གཏོང་ཤུགས་ཆེ་རུ་བཏང་ནས། བཀས་བཀོད་རྒྱུད་འཛིན་གྱི་རྨོངས་དད་བྱེད་སྒོ་བཀག་འགོག་བྱེད་དགོས།

6. 加大对邪教组织的查处打击力度，遏制封建迷信活动。

༧. ཞིང་པའི་ཁེ་ཕན་ལ་གནོད་འཚེ་གཏོང་བའི་ཁྲིམས་འགལ་ཉེས་གསོག་ལ་རྡུང་རྡེག་ཚ་ནན་གཏོང་དགོས་ཏེ། གཅིག་ནི་རྡུང་རྡེག་ཚ་ནན་གཏོང་བའི་ཆེད་དོན་འཐབ་རྩོད་དུས་ཐོག་ཏུ་སྒྲིག་འཛུགས་བྱས་ཏེ་སྤེལ་དགོས། གཉིས་ནི་གྲོང་གསེབ་ཀྱི་བདེ་འཇགས་ཀྱི་ཆེད་དོན་བཅོས་སྒྲིག་སྤེལ་དགོས། གསུམ་ནི་སྐོར་གཡེང་གི་སྔོན་འགོག་དང་ཚོད་འཛིན་བྱེད་ཤུགས་ཆེ་རུ་གཏོང་བ་དང་། ཁྲིམས་འགལ་ཉེས་གསོག་འགོག་ཟློན་དང་ཚོད་འཛིན་བྱེད་པའི་ནུས་པ་ཆེ་རུ་གཏོང་དགོས།

7. 严厉打击侵害农民利益的违法犯罪。一是适时组织开展严打专项斗争。二是开展农村治安专项整治。三是强化巡逻防控，提高防范和控制违法犯罪的能力。

༧. མང་ཚོགས་རྒྱ་ཁྱབ་དང་སྐུལ་སློང་དང་ཁྲིམས་ལུགས་ཁྱབ་གདལ་སློབ་གསོ་དངོས་འཛིན་བྱ་དགོས། ཆོས་ལོག་དང་ཁྲིམས་འགལ་ཆོས་ལུགས་སྐྱེ་འཕེལ་གྱི་བསམ་བློའི་རྒྱུ་རྐྱེན་རྩ་མེད་དུ་གཏོང་དགོས།

8. 广泛发动群众，抓实普法教育。铲除邪教、非法宗教赖以滋生的思想土壤。

ས་བཅད་གཉིས་པ། གྲོང་གསེབ་ཏུ་རྟག་པར་མཐོང་བའི་ཉེས་དོན་ཉེས་གསོག་དང་ཆད་གཅོད།

第二节　农村常见刑事犯罪及处罚

གྲོང་གསེབ་ཏུ། ཞིང་པའི་བཅའ་ཁྲིམས་ཀྱི་འདུ་ཤེས་ཅུང་ཞན་ཏེ། སྐབས་འགར་བྱ་སྤྱོད་ཁ་ཤས་ཁྲིམས་དང་འགལ་ཟིན་པ་དང་། ཐ་ན་བྱས་ཉེས་སུ་གྲུབ་ཀྱང་རང་ཉིད་ཀྱིས་ཧ་གོ་མེད་ལ། ཁྲིམས་མཐུན་ཁེ་དབང་ལ་གནོད་འཚེ་ཕོག་སྐབས་ཀྱང་བཅའ་ཁྲིམས་ཀྱི་ཐབས་ལ་བརྟེན་ནས་སྲུང་སྐྱོང་བྱ་རྒྱུ་མི་ཤེས། གཤམ་དུ་གྲོང་གསེབ་ཏུ་རྟག་པར་མཐོང་བའི་ཉེས་དོན་ཉེས་གསོག་བཀོད་ཡོད་དེ།

在农村中，农民法律观念比较淡薄，有时候有些行为已经违法，甚至构成犯罪而不自知，合法权益受到侵害时也不懂得用法律手段保护。下面列举了农村常见的刑事犯罪：

༡. ཤེས་བཞིན་དུ་མི་བསད་པའི་བྱས་ཉེས། ཤེས་བཞིན་དུ་མི་བསད་པའི་བྱས་ཉེས་ནི་ཉེས་ཁྲིམས་ཁྲོད་ངོ་བོ་ཞན་ཤོས་ཀྱི་བྱས་ཉེས་ཉུང་ཤས་ནང་གི་རིགས་ཤིག་ཡིན། ངེས་པར་དུ་ལྕི་པོ་དང་ཆད་པ་ནན་པོ་གཅོད་དགོས།

1. 故意杀人罪。故意杀人罪是刑法中性质最恶劣的少数犯罪之一,必须从重从快严惩。

༢. བསམ་བཞིན་དུ་རྨས་སྐྱོན་བཟོས་པའི་བྱས་ཉེས། བསམ་བཞིན་དུ་རྨས་སྐྱོན་བཟོས་པའི་བྱས་ཉེས་བསགས་པར། ལོ་གསུམ་མན་གྱི་དུས་བཀག་བཙོན་འཇུག་དང་བཙན་ཉར་ལས་སྐུལ་ལམ་རྩིས་སྐྱོད་དོ་དམ་གྱི་ཁྲིམས་ཆད་གཅོད་རྒྱུ། མི་བསད་པའམ་གདུག་རྩུབ་ཤིན་དུ་ཆེ་བའི་བྱེད་ཐབས་ལ་བརྟེན་ནས་མི་ལ་རྨས་སྐྱོན་ཚབས་ཆེན་བཏང་སྟེ་དབང་པོ་སྐྱོན་ཅན་ཚབས་ཆེན་བཟོས་རིགས་ལ། ལོ་བཅུའི་ཡན་ཆད་ཀྱི་དུས་བཀག་བཙོན་འཇུག་དང་ཚེ་བཙོན་ནམ་སྲོག་ཁྲིམས་གཅོད་རྒྱུ།

2. 故意伤害罪。犯故意伤害罪的,处三年以下有期徒刑、拘役或者管制;致人死亡或者以特别残忍手段致人重伤造成严重残疾的,处十年以上有期徒刑、无期徒刑或者死刑。

༣. བཙན་གཡེམ་བྱས་པའི་ནག་ཉེས། བཙན་གཡེམ་གྱི་བྱས་ཉེས་བསགས་ན། ལོ་གསུམ་ཡན་ནས་ལོ་བཅུའི་མན་ཆད་ཀྱི་དུས་བཀག་བཙོན་འཇུག་གི་ཁྲིམས་ཆད་གཅོད་རྒྱུ། ལོ་14མ་སོན་པའི་བུ་མོ་ཆུང་དུར་ལོག་གཡེམ་བྱས་རིགས། བཙན་གཡེམ་བྱས་པར་རྩིས་ཏེ་ཉེས་ཆད་ལྕི་བར་གཅོད་རྒྱུ། བུད་མེད་ལ་བཙན་གཡེམ་བྱས་པ་དང་བུ་མོར་ལོག་གཡེམ་བྱས་ནས་ཉེས་ཚབས་ཧ་ཅང་ཆེ་རིགས་ལ་ལོ་བཅུ་ཡན་གྱི་དུས་བཀག་བཙོན་འཇུག་དང་ཚེ་བཙོན་ནམ་སྲོག་ཁྲིམས་གཅོད་རྒྱུ།

3. 强奸罪。犯强奸罪的,处三年以上十年以下有期徒刑。奸淫不满十四周岁的幼女的,以强奸论,从重处罚。强奸妇女、奸淫幼女,情节特别恶劣的,处十年以上有期徒刑、无期徒刑或者死刑。

༤. བཙན་ཁྲིད་བྱས་པའི་ནག་ཉེས། བཙན་ཁྲིད་བྱས་པའི་ནག་ཉེས་ཞེས་པ་ནི་ནོར་རྫས་བཙན་ལེན་བྱེད་པའམ་དམིགས་ཡུལ་གཞན་དག་གི་ཆེད་དུ། གཏུམ་སྤྱོད་དང་འཇིགས་སྐུལ་ལམ་བྱེད་ཐབས་གཞན་དག་གིས་མི་གཞན་བཙན་ཁྲིད་བྱས་པའམ་ཡང་ན་མི་གཞན་བཙན་

ཁྲིད་བྱས་ནས་མི་གཏར་བཞག་པའི་བྱ་སྤྱོད་ལ་ཟེར། ནོར་རྫས་བཙན་ལེན་བྱ་རྒྱུའི་དམིགས་ཡུལ་དུ་ཕྲུ་གུ་དམར་འཕྲུར་རྐུ་འཕྲོག་བྱས་ཀྱང་བཙན་ཁྲིད་བྱས་པའི་བྱས་ཉེས་སུ་གྲུབ།

4. 绑架罪。是指为勒索财物或者其他目的,使用暴力、胁迫或者其他方法,绑架他人或者绑架他人作为人质的行为。以勒索财物为目的偷盗婴幼儿的,也构成绑架罪。

༥. བུད་མེད་དང་བྱིས་པ་བསླུས་འཚོང་བྱས་པའི་ནག་ཉེས། བུད་མེད་དང་བྱིས་པ་བསླུས་འཚོང་བྱས་པའི་ནག་ཉེས་ཞེས་པ་ནི་བཙོང་བའམ་ཉར་གསོ་བྱ་རྒྱུ་དེ་དམིགས་ཡུལ་དུ་བཟུང་ནས། བུད་མེད་དང་བྱིས་པར་མགོ་སྐོར་དང་། བཙན་ཁྲིད། ཙན་སླུ། ཉོ་ཚོང་། བསུ་སྐྱེལ། བར་བརྒྱུད་བཅས་བྱས་པའི་བྱ་སྤྱོད་ལ་ཟེར། བུད་མེད་དང་བྱིས་པ་བསླུས་འཚོང་བྱས་པའི་ཉེས་པ་བསགས་རིགས་ལ་ལོ་ལྔ་ཡན་ནས་ལོ་བཅུ་མན་ཆད་ཀྱི་དུས་བཀག་བཙོན་འཇུག་གཏོང་རྒྱུ་དང་དངུལ་ཆད་ཆབས་སྦྲགས་སུ་གཅད་རྒྱུ། ཉེས་ཚབས་ཆེ་རིགས་སྲོག་ཁྲིམས་གཏོང་རྒྱུའི་ཐོག་རྒྱུ་ནོར་གཞུང་བཞེས་གཏོང་རྒྱུ།

5. 拐卖妇女、儿童罪。是指以出卖或收养为目的,拐骗、绑架、收买、贩卖、接送、中转妇女、儿童的行为。犯拐卖妇女、儿童罪的,处五年以上十年以下有期徒刑,并处罚金;情节特别严重的,处死刑,并处没收财产。

༦. འདེམས་བསྐོ་ལ་གཏོར་བརླག་བྱས་པའི་ནག་ཉེས། འདེམས་བསྐོ་ལ་གཏོར་བརླག་བྱས་པའི་ནག་ཉེས་ཞེས་པ་ནི་འདེམས་བསྐོ་བྱེད་དུས་སུ་དྲག་ཤུགས་དང་། འཇིགས་སྐུལ། མགོ་སྐོར་གཏོང་བ། སློག་རྫུན་སྤྲོད་པ། འདེམས་བསྐོའི་ཡིག་ཆ་རྫུན་བཟོ་བྱེད་པ། འདེམས་ཤོག་གྲངས་འབོར་རྫུན་ཞུ་བྱེད་པ་སོགས་ཀྱི་བྱེད་ཐབས་སྤྱད་དེ་འདེམས་བསྐོ་ལ་གཏོར་བརླག་བྱེད་པ་དང་ཉེས་ཚབས་ཆེ་བའི་བྱ་སྤྱོད་ལ་ཟེར། འདེམས་བསྐོ་ལ་གཏོར་བརླག་བྱས་པའི་ཉེས་པ་བསགས་རིགས་ལ་ལོ་གསུམ་མན་ཆད་ཀྱི་དུས་བཀག་བཙོན་འཇུག་དང་བཙན་ཉར་ལས་སྐུལ་ལམ་ཆབ་སྲིད་ཀྱི་ཁེ་དབང་འཕྲོག་པའི་ཆད་པ་གཅད་རྒྱུ།

6. 破坏选举罪。是指在选举时，以暴力、威胁、欺骗、贿赂、伪造选举文件、虚报选举票数等手段破坏选举，情节严重的行为。犯破坏选举罪的，处三年以下有期徒刑、拘役或者剥夺政治权利。

༧. གཉེན་སྒྲིག་རང་དབང་ལ་དྲག་ཤུགས་ཀྱིས་ཐེ་གཏོགས་བྱས་པའི་ནག་ཉེས། ལོ་གཉིས་མན་ཆད་ཀྱི་དུས་བཀག་བཙོན་འཇུག་གམ་བཙན་ཉར་ལས་སྐུལ་གྱི་ཆད་པ་གཅོད་རྒྱུ། གནོད་འཚེ་ཕོག་མཁན་ལ་ཤི་རྐྱེན་བཟོས་རིགས་ལོ་གཉིས་ཡན་ནས་ལོ་བདུན་མན་བར་གྱི་དུས་བཀག་བཙོན་འཇུག་གི་ཆད་པ་གཅད་རྒྱུ།

7. 暴力干涉婚姻自由罪。处二年以下有期徒刑或者拘役；致使被害人死亡的，处二年以上七年以下有期徒刑。

༨. གཉེན་སྒྲིག་ཉིས་བརྩེགས་བྱས་པའི་བྱས་ཉེས། ལོ་གཉིས་མན་ཆད་ཀྱི་དུས་བཀག་བཙོན་འཇུག་གམ་བཙན་ཉར་ལས་སྐུལ་གྱི་ཆད་པ་གཅད་རྒྱུ།

8. 重婚罪。处二年以下有期徒刑或者拘役。

༩. མནར་གཅོད་བཏང་བའི་ནག་ཉེས། མནར་གཅོད་བཏང་བའི་ནག་ཉེས་ཞེས་པ་ནི་མཉམ་དུ་འཚོ་བ་སྐྱེལ་བའི་ཁྱིམ་མིར་གཅར་རྡུང་སྤྱིགས་དམོད་གཏོང་བ་དང་། བསྡམ་བཀྱིགས་བྱེད་པ། འཁྱགས་ལྟོགས་ཀྱིས་མནར་བ། རང་དབང་ལ་ཚོད་འཛིན་བྱེད་པ། མི་གཤིས་ལ་བརྙས་བཅོས་བྱེད་པ། ནད་བཅོས་སུ་མི་འཇུག་པའམ་ཡང་ན་བཙན་ཤེད་ཀྱིས་ངལ་རྩོལ་ལྷི་མོ་བྱེད་དུ་འཇུག་པ་སོགས་ཀྱི་བྱེད་ཐབས་སྤྱད་དེ། ལུས་སེམས་གཉིས་ཐད་ནས་མནར་གཅོད་བཏང་ནས་ཉེས་ཚབས་ཆེན་པོ་བཟོས་པའི་བྱ་སྤྱོད་ལ་ཟེར།

9. 虐待罪。是指对共同生活的家庭成员以打骂、捆绑、冻饿、限制自由、凌辱人格、不给治病或者强迫过度劳动等方法，从肉体上和精神上进行摧残迫害，情节恶劣的行为。

༡༠. འགན་མ་འཁུར་བར་བསྐྱུར་བའི་ནག་ཉེས། འགན་མ་འཁུར་བར་བསྐྱུར་བའི་ནག་ཉེས་ཞེས་པ་ནི་ལོ་ན་རྒན་པ་དང་། ལོ་ན་ཕྲ་བ། ནད་ཡོད་པའམ་ཡང་ན་དེ་མིན་གྱི་རང་ཚུགས་ཀྱིས་འཚོ་བ་སྐྱེལ་མི་ནུས་པའི་མི་བཅས་ལ་གསོ་སྐྱོང་བྱ་རྒྱུའི་ངོས་འགན་ཡོད་ཀྱང་དང་ལེན་མ་བྱས་ནས་ཉེས་ཚབས་ཆེན་པོ་བཟོས་པའི་བྱ་སྤྱོད་ལ་ཟེར།

10. 遗弃罪。是指对于年老、年幼、患病或者其他没有独立生活能力的人，负有扶养义务而拒绝扶养，情节恶劣的行为。

༡༡. བྱིས་པར་མགོ་སྐོར་གཡོ་ཁྲིད་བྱས་པའི་ནག་ཉེས། བྱིས་པར་མགོ་སྐོར་གཡོ་ཁྲིད་བྱས་པའི་ནག་ཉེས་ཞེས་པ་ནི་མགོ་སྐོར་དང་བསླུ་ཁྲིད་ཡང་ན་བྱེད་ཐབས་གཞན་དག་སྤྱད་དེ། ལོ་ན་14མ་སོན་པའི་བྱིས་པ་ཕོ་མོ་ཁྱིམ་ཚང་དམ་ལྟ་སྐྱོང་བྱེད་མི་དང་ཁ་བྲལ་དུ་བཅུག་པའི་བྱ་སྤྱོད་ལ་ཟེར།

11. 拐骗儿童罪。指以欺骗,引诱或者其他方法,使不满十四周岁的男、女儿童脱离家庭或者监护人的行为。

༡༢. འཕྲོག་བཅོམ་བྱས་པའི་ནག་ཉེས། འཕྲོག་བཅོམ་བྱས་པའི་ནག་ཉེས་ནི་ཁྲིམས་འགལ་གྱིས་བདག་གིར་འཛིན་རྒྱུ་དེ་དམིགས་ཡུལ་བྱས་ནས། ནོར་རྫས་ཀྱི་བདག་པོའམ་ཉར་ཚགས་བྱེད་མཁན་ལ་རང་སར་དྲག་ཤུགས་སྤྱད་པ་དང་། འཇིགས་སྣང་སྐུལ་བའམ་བྱེད་ཐབས་གཞན་དག་སྤྱད་དེ། བཙན་གྱིས་གཞུང་སྒེར་གྱི་རྒྱུ་ནོར་འཕྲོག་བཅོམ་བྱེད་པའི་བྱ་སྤྱོད་ལ་ཟེར།

12. 抢劫罪。是以非法占有为目的，对财物的所有人或者保管人当场使用暴力、胁迫或其他方法，强行将公私财物抢走的行为。

འཕྲོག་བཅོམ་གྱི་བྱས་ཉེས་བསགས་རིགས་ལ་ལོ་གསུམ་ཡན་ནས་ལོ་བཅུ་མན་བར་གྱི་དུས་བཀག་བཙོན་འཇུག་གི་ཆད་པ་གཅད་རྒྱུ་དང་དངུལ་ཆད་ཆབས་སྦྲགས་སུ་གཅད་རྒྱུ། ཉེས་ཚབས་ཆེ་རིགས་ལོ་བཅུ་ཡན་ཆད་ཀྱི་དུས་བཀག་བཙོན་འཇུག་དང་ཚེ་བཙོན་ནམ་སྲོག་ཁྲིམས་གཅད་རྒྱུ་དང་དངུལ་ཆད་ཆབས་སྦྲགས་སུ་གཅོད་པའམ་རྒྱུ་ནོར་ལ་གཞུང་བཞེས་གཏང་རྒྱུ།

犯抢劫罪的,处三年以上十年以下有期徒刑,并处罚金;情节特别严重的,处十年以上有期徒刑、无期徒刑或者死刑,并处罚金或者没收财产。

༡༣. ཀུ་ཧྲེར་གྱི་བྱས་ཉེས། ཀུ་ཧྲེར་གྱི་བྱས་ཉེས་ཞེས་པ་ནི་ཁྲིམས་འགལ་གྱིས་བདག་

གིར་འཛིན་རྒྱུ་དེ་དམིགས་ཡུལ་དུ་བཟུང་ནས། གཞུང་སྒེར་གྱི་རྒྱུ་ནོར་རྐུ་འཕྲོག་བྱས་པའི་གྲངས་འབོར་ཅུང་ཆེ་རིགས་སམ་ཡང་ན་ཐེངས་མང་པོར་རྐུ་འཕྲོག་བྱས་པ་དང་། ཁྱིམ་དུ་འཛུལ་ནས་རྐུ་འཕྲོག་བྱས་པ། གསོད་ཆས་བཟུང་ནས་རྐུ་འཕྲོག་བྱས་པ། མཐེབ་དྲས་བརྐུབ་པ་བཅས་ཀྱི་བྱ་སྤྱོད་ལ་ཟེར།

13.盗窃罪。是指以非法占有为目的,盗窃公私财物,数额较大的,或者多次盗窃、入户盗窃、携带凶器盗窃、扒窃的行为。

རྐུ་ཁྱེར་གྱི་བྱས་ཉེས་བསགས་རིགས་ལ་ལོ་གསུམ་མན་གྱི་དུས་བཀག་བཙོན་འཇུག་དང་བཙན་ཉར་ལས་སྐུལ་ལམ་རྩིས་སྐྱོད་དོ་དམ་གྱི་ཆད་པ་གཅད་རྒྱུ་དང་། དངུལ་ཆད་ཆབས་སྦྲགས་སུ་གཅོད་པའམ་གཅིག་པུར་གཅད་རྒྱུ། རྒྱུ་ནོར་ལྷག་པར་འབོར་ཆེ་བའམ་ཉེས་ཚབས་ལྷག་པར་ཆེ་བའི་གནས་ཚུལ་གཞན་ཡོད་རིགས་ལ་ལོ་བཅུ་ཡན་གྱི་དུས་བཀག་བཙོན་འཇུག་གམ་ཚེ་བཙོན་གྱི་ཁྲིམས་ཆད་གཅད་རྒྱུ་དང་དངུལ་ཆད་ཆབས་སྦྲགས་སུ་གཅོད་པའམ་རྒྱུ་ནོར་གཞུང་བཞེས་གཏང་རྒྱུ།

犯盗窃罪的,处三年以下有期徒刑、拘役或者管制,并处或者单处罚金;数额特别巨大或者有其他特别严重情节的,处十年以上有期徒刑或者无期徒刑,并处罚金或者没收财产。

དཔེར་བརྗེད་ཁྲིམས་བཤད།༢༢
以案说法 22

ཁྲིམས་མཐུན་འགོག་སྲུང་ལག་བསྟར་བྱེད་དགོས།

实施防卫要合法

【སྐྱོད་དོན་གྱི་གནས་ཚུལ་ངོ་སྤྲོད།】ཁྲིན་ཆེ་གེ་མོའི་གྲོགས་མོས་ཁྲིན་ཆེ་གེ་མོས་ལས་ཀ་བྱེད་སའི་ཚང་ཁང་ནང་གི་སྒྲིག་ཅེ་ཞིག་གི་འགྲམ་དུ་ཁྲིན་ཆེ་གེ་མོ་ལས་ཀ་འགྲོལ་རྒྱུར་སྒུག་ནས་བསྡད་ཡོད། ཆང་ཁང་དུ་ཆང་འཐུང་བཞིན་ཡོད་པའི་ཀུའོ་ཆེ་གེ་མོས་ཁྲིན་ཆེ་གེ་མོའི་གྲོགས་མོ་ནི་སྨད་འཚོང་མ་ཡིན་པར་བསམ་ནས། ཆང་འཐུང་རོགས་བྱེད་རེ་ཞུས། ཁྲིན་ཆེ་གེ་མོས་སྐད་ཅོར་ཐོས་རྗེས་ཕར་སོང་ནས་འདྲི་ཞིབ་བྱས་པ་དང་། ཀུའོ་ཆེ་གེ་མོས་ལག་གི་ཆང་དམ་གྱིས་ཁྲིན་ཆེ་གེ་མོར་རྡུང་རྗེས་སར་འགྲེལ་སོང་། དེ་དུས་སུ་ཁྲིན་ཆེ་གེ་མོས་ལག་ཐོར་དུ་འགྲམ་གྱི་སྒྲིག་ཅེ་སྟེང་གི་ཆང་དམ་ཞིག་བླངས་ནས་ཀུའོ་ཆེ་གེ་མོའི་མགོ

ལ་བརྒྱབ། ཀུའོ་ཆེ་གེ་མོ་སྨན་ཁང་དུ་བསྐྱལ་ནས་སྨན་བཅོས་བྱས་ཀྱང་ནུས་པ་མེད་པས་ལོ་གཅིག་འགོར་ནས་ཤི་སོང་།

【案情介绍】陈某的女友在陈某工作的酒吧内一桌子旁等陈某下班。在酒吧饮酒的郭某误将陈某女友当成小姐，上前要求其陪酒。陈某听到吵闹声遂上前询问，郭某用手中的酒瓶击打陈某后滑倒，陈某随手从旁边桌上取一啤酒瓶击打郭某头部。郭某被送医院后经医治无效于一年后死亡。

【སྐྱོད་དོན་དཔེ་མཚོན་དབྱེ་ཞིབ།】སྐྱོད་དོན་འདིའི་ནང་དུ། ཀུའོ་ཆེ་གེ་མོ་སར་འགྱེལ་རྗེས། སྐབས་དེར་ཀུའོ་ཆེ་གེ་མོའི་ཁྲིམས་འགལ་གྱི་སྤྱོད་པ་མཇུག་རྫོགས་སོང་བ་ཡིན་ལ། ཁྲིན་ཆེ་གེ་མོར་གནོད་པ་བཟོ་བའི་བྱ་སྤྱོད་དང་དེ་བཞིན་བཟོས་པའི་ཉེན་ཁའི་རྣམ་པ་དེ་འགོག་སྲུང་བརྒྱུད་དེ་ཚོད་འཛིན་ནམ་སེལ་མི་ཐུབ་པས། ཁྲིན་ཆེ་གེ་མོའི་སྤྱོད་པ་དེ་ལུགས་མཐུན་འགོག་སྲུང་གི་དུས་ཚོད་ཀྱི་ཆ་རྐྱེན་དང་མི་མཐུན་ལ་དོན་དག་བྱུང་རྗེས་ཀྱི་འགོག་སྲུང་གི་ཁོངས་སུ་གཏོགས། སྤྱོད་པ་འདིར་འགོག་སྲུང་གི་རང་བཞིན་མི་ལྡན་ལ་འཁོན་ལན་སློག་པའི་རང་བཞིན་ལྡན་པའི་རྐྱེན་གྱིས། ཁྲིན་ཆེ་གེ་མོས་སྐྱོད་དོན་འདིར་བཅའ་ཁྲིམས་ཀྱི་འགན་འཁྲི་འཁུར་དགོས།

【案例评析】本案中，郭某滑倒后，此时郭某的不法侵害行为已经结束，其侵害陈某的行为及导致的危险状态已不能通过防卫来制止或排除，因而陈某的行为不符合正当防卫的时间条件，属于事后防卫。该行为已不具有防卫性，而具有报复性。陈某应当为此承担法律责任。

ས་བཅད་གསུམ་པ། གྲོང་གསེབ་ཀྱི་ཕུར་སྐྱེལ་དུར་འཇུག་སྐོར་དོ་དམ།
第三节　农村殡葬管理

ཕུར་སྐྱེལ་དུར་སྦྱིད་ནི་འདས་པོའི་སྐུ་གདུང་ཐག་གཅོད་བྱེད་པའི་ཡ་རབས་ཚུལ་ལྡན་གྱི་རྣམ་པ་ཡིན་ལ། སྤྱི་ཚོགས་འཕེལ་རྒྱས་ཀྱི་ཐོན་དངོས་ཡིན་པ་དང་། རིག་གནས་སྲོལ་རྒྱུན་གྱི་གྲུབ་ཆ་ཞིག་ཀྱང་ཡིན།

殡葬是对死者遗体进行处理的文明形式，是社会发展的产物，也是文化传统的组成部分。

༡. ཕུར་སྐྱེལ་དུར་འཇུག་གི་སྒྲིག་བཀོད་ཀྱི་དོ་དམ། སྡེ་ཚན་གང་དང་མི་སྒེར་སུ་ཞིག་ཡིན་རུང་། ཆོག་མཆན་མ་ཐོབ་པར་རང་དགར་གྱིས་ཕུར་སྐྱེལ་དུར་འཇུག་གི་སྒྲིག་བཀོད་བཙུགས་མི་ཆོག གཤམ་གསལ་ས་ཁུལ་དུ་བང་སོ་བཙུགས་མི་ཆོག་སྟེ། རྨོ་ཞིང་དང་། ནགས་ས། ཡུལ་ལྗོངས་མཛེས་པོ་དང་གྲགས་ཅན་ཁུལ། རིག་དངོས་སྲུང་སྐྱོབ་ཁུལ་བཅས་རེད།

1. 殡葬设施管理。任何单位和个人未经批准，不得擅自兴建殡葬设施；禁止在下列地区建造坟墓：耕地、林地，风景名胜区和文物保护区等。

༢. ཕུར་སྐྱེལ་དུར་འཇུག་གི་དོ་དམ་དང་འགལ་བའི་ཆད་གཅོད། དུར་ཁུང་གི་ས་བཟུང་རྒྱ་ཁྱོན་ཚད་ལས་བརྒལ་བ་ཡིན་ན་ཡོ་བསྲང་བྱེད་དུ་འཇུག་རྒྱུ་དང་ཁྲིམས་འགལ་གྱི་ཐོབ་ཆ་གཞུང་བཞེས་གཏོང་རྒྱུ། ཁྲིམས་འགལ་གྱི་ཐོབ་ཆའི་ལྡབ་1ཡན་ནས་ལྡབ་3མན་གྱི་དངུལ་ཆད་ཆབས་སྒྲགས་སུ་བཅད་ཆོག ཕུར་ཆོག་ཞབས་ཞུ་པས་ལས་ཀའི་སྐབས་བདེ་སྤྱོད་ནས་ནོར་རྫས་བསླངས་རིགས་ལ་དམངས་སྲིད་སྡེ་ཁག་གིས་སྐྱིན་ཚབ་སྤྲོད་དུ་གཅུག་རྒྱུ་དང་། བྱས་ཉེས་གྲུབ་རིགས་ལ་ཁྲིམས་ལྟར་ཉེས་འགན་བདའ་འདེད་བྱ་རྒྱུ།

2. 违反殡葬管理的处罚。墓穴占地面积超过标准的，责令限期改正，没收违法所得，可以并处违法所得1倍以上3倍以下的罚款；殡仪服务人员利用工作之便索取财物的，由民政部门责令退赔；构成犯罪的，依法追究刑事责任。

ལེའུ་བཅུ་གསུམ་པ། གྲོང་གསེབ་ཀྱི་“ཨུ་ལྷན་གཉིས་”ཀྱི་ལས་བྱེད་པའི་སྤྱོད་གཙང་སྲིད་སྐྱོང་འཛུགས་སྐྲུན།

第十三章 农村“两委”干部廉政建设

ས་བཅད་དང་པོ། ཏང་ཡོན་ལས་བྱེད་པའི་སྤྱོད་གཙང་སྲིད་སྐྱོང་འཛུགས་སྐྲུན་གྱི་འབྲེལ་ཡོད་གཏན་འབེབས།

第一节 党员干部廉政建设的相关规定

དང་པོ། 《ཀྲུང་གོའི་གུང་ཁྲན་ཏང་གི་འགོ་ཁྲིད་ལས་བྱེད་པས་སྤྱོད་གཙང་སྲིད་སྐྱོང་གི་ཚད་གཞི་འགའ།》

一、《中国共产党领导干部廉洁从政若干准则》

《ཀྲུང་གོའི་གུང་ཁྲན་ཏང་གི་འགོ་ཁྲིད་ལས་བྱེད་པས་སྤྱོད་གཙང་སྲིད་སྐྱོང་གི་ཚད་གཞི་འགའ།》(གཤམ་ནས་བསྡུས་མིང་ལ“ཚད་གཞི”ཞེས་བརྗོད་རྒྱུ) ནི། ཏང་ཀྲུང་དབྱང་གིས་ཏང་ཡོན་འགོ་ཁྲིད་ལས་བྱེད་པའི་སྤྱོད་གཙང་རང་གཅུན་ལས་དོན་ལ་ཤུགས་སྣོན་རྒྱག་ཆེད་སྤྱད་པའི་བྱ་ཐབས་གལ་ཆེན་ཡིན་པ་དང་། ཏང་ཡོན་འགོ་ཁྲིད་ལས་བྱེད་པའི་སྤྱོད་གཙང་སྲིད་སྐྱོང་གི་བྱ་སྤྱོད་ཚད་ལྡན་དུ་གཏོང་རྒྱུའི་རྨང་གཞིའི་རང་བཞིན་གྱི་ཁྲིམས་སྲོལ་ཞིག་ཡིན།

《中国共产党领导干部廉洁从政若干准则》(以下简称“准则”)是党中央为加强党员领导干部廉洁自律工作采取的重要举措,是一部规范党员领导干部廉洁从政行为的基础性法规。

(གཅིག) འགན་དབང་དང་ལས་གནས་ཐོག་གི་ཤུགས་རྐྱེན་ལ་བརྟེན་ནས་ཚུལ་མིན་ཁེ་ཕན་རག་ཐབས་བྱས་རིགས་ལ་གཏན་འགོག་བྱེད་དགོས།

(一)禁止利用职权和职务上的影响谋取不正当利益。

（གཉིས）རང་དགར་ཁེ་སྤོགས་ཡོད་པའི་བྱེད་སྒོ་གཉེར་བར་གནན་འགོག་བྱེད་དགོས།

（二）禁止私自从事营利性活动。

（གསུམ）སྤྱི་པའི་ནོར་རྫས་དོ་དམ་དང་བེད་སྤྱོད་བྱ་རྒྱུའི་གཏན་འབེབས་དང་འགལ་ཏེ་གཞུང་བསྐད་སྒེར་ཕན་དང་གཞུང་རྒྱ་སྒེར་བདག་བྱ་མི་ཆོག

（三）禁止违反公共财物管理和使用的规定，假公济私、化公为私。

（བཞི）གཏན་འབེབས་དང་འགལ་ནས་ལས་བྱེད་པ་གདམ་གསེས་དང་བསྐོ་སྤྱོད་བྱ་མི་ཆོག

（四）禁止违反规定选拔任用干部。

（ལྔ）འགན་དབང་དང་ལས་གནས་ཐོག་གི་ཤུགས་རྐྱེན་སྤྱད་དེ་གཉེན་ཚན་དང་ཉེ་འཁྲམ་གྱི་ལས་བྱེད་མི་སྣར་ཁེ་ཕན་རག་ཐབས་བྱ་མི་ཆོག

（五）禁止利用职权和职务上的影响为亲属及身边工作人员谋取利益。

（དྲུག）རྒྱས་གཏོམ་ལ་དང་དོད་དང་ཛེག་ཉམས་རྒྱས་སྤྲོས། གཞུང་དངུལ་བག་མེད་དུ་གཏོང་བ། རྒྱས་སྤྲོས་ཆུད་ཟོས་སོགས་བྱ་མི་ཆོག

（六）禁止讲排场、比阔气、挥霍公款、铺张浪费。

（བདུན）གནད་འབེབས་དང་འགལ་ནས་ཚོང་རའི་དཔལ་འབྱོར་གྱི་བྱེད་སྒོར་ཧུས་གཏོགས་དང་ཐེ་ཇུས་བྱས་ཏེ་སྒེར་ཕན་རག་ཐབས་བྱ་མི་ཆོག

（七）禁止违反规定干预和插手市场经济活动，谋取私利。

（བརྒྱད）དོན་དངོས་དང་བྲལ་བ་དང་། མི་བདེན་རྫུན་སྒྲིག་བྱས་ནས་མང་ཚོགས་ཀྱི་ཁེ་ཕན་དང་། ཏང་དང་མང་ཚོགས་བར་གྱི་འབྲེལ་བ། ལས་བྱེད་པ་དང་མང་ཚོགས་བར་གྱི་འབྲེལ་བར་གནོད་འཚེ་གཏང་མི་ཆོག

（八）禁止脱离实际，弄虚作假，损害群众利益和党群干群关系。

གཉིས་པ། 《ཏང་སྲོལ་ཡོ་བསྲང་དང་སྤྱོད་གཙང་སྲིད་སྐྱོང་གི་འགན་འཁྲིའི་ལམ་ལུགས་ལག་ལེན་བསྟར་རྒྱུའི་སྐོར་གྱི་གཏན་འབེབས།》

二、《关于实行党风廉政建设责任制的规定》

འགོ་ཁྲིད་ཚན་ཁག་གི་འགན་འཁུར་པ་གཙོ་བོ་ནི་ཏང་སྲོལ་སྲིད་གཙང་འཛུགས་སྐྲུང་གི་འགན་འཁྲི་འཁུར་མཁན་ཨང་དང་པོ་ཡིན་པ་དང་། ཏང་ཨུད་ཀྱིས་ངེས་པར་དུ་ཏང་སྲོལ་ཡོ་བསྲང་དང་སྤྱོད་གཙང་སྲིད་སྐྱོང་གི་འགན་འཁྲིའི་ལམ་ལུགས་ཀྱི་ཞིབ་བཤེར་དཔྱད་ཞིབ་ལམ་ལུགས་འཛུགས་དགོས་ཤིང་། འཚམས་འདྲི་བཞུགས་མོལ་དང་། སྤྱི་ཚོགས་འདྲི་ཤོག་བརྟག་དཔྱད་སོགས་སྤྱི་ཚོགས་ཀྱི་གདེང་འཇོག་ལམ་སྲོལ་བཙུགས་ནས་རྒྱ་ཁྱབ་ཏུ་ལྟ་སྐུལ་དང་ལེན་བྱེད་དགོས།

领导班子主要负责人是党风廉政建设第一责任人,党委应当建立党风廉政建设责任制的检查考核制度。建立走访座谈、社会问卷调查等社会评价机制,广泛接受监督。

གསུམ་པ། 《གྲོང་གསེབ་ཀྱི་གཞི་རིམ་ལས་བྱེད་པས་འགན་འཁྲི་གཙང་སྦྲ་ཀྱི་གཏན་འབེབས་འགའ་ཞིག་（ཚོད་ལྟར་སྤྱོད་རྒྱུ)》

三、《农村基层干部廉洁履行职责若干规定（试行）》

（གཅིག）གྲོང་ཚོའི་ཏང་རྩ་འཛུགས་ཀྱི་འགོ་ཁྲིད་ཚན་ཁག་གི་ཁོངས་མི་དང་གྲོང་མི་ཨུ་ཡོན་ལྷན་ཁང་གི་ཁོངས་མིས་སྤྱོད་གཙང་ཐོས་འགན་འཁྲི་སྒྲུབ་པའི་སྤྱོད་པའི་ཚད་གཞི།

（一）村党组织领导班子成员和村民委员会成员廉洁履行职责行为规范

༡.གྲོང་ཚོ་རིམ་པའི་རྩ་འཛུགས་ཀྱི་འདེམས་བསྐོའི་ཁྲོད་དུ། གསུག་བྱིན་ངོ་བརྒྱུད་ཀྱིས་འདེམས་སུ་འཇུག་པ་དང་། འདེམས་བསྐོར་གཏོར་བཤིག་བྱེད་རིགས་བྱ་མི་ཆོག

1. 禁止在村级组织选举中拉票贿选、破坏选举。

༢. གྲོང་ཚོ་རིམ་པའི་ལས་དོན་ཐུས་ཐག་གཅོད་པའི་ཁྲོད་དུ། རང་ཉིད་ཐག་གཅོད་དང་དབང་ཧེན་སྒེར་སྐྱབ་བྱ་མི་ཆོག

2. 禁止在村级事务决策中独断专行、以权谋私。

༣. གྲོང་ཚོ་རིམ་པའི་ལས་དོན་དོ་དམ་ཁྲོད་འགན་དབང་གང་བྱུང་དུ་སྤྱོད་པ་དང་། སྤྱི་གནོད་སྒེར་ཕན་བྱ་མི་ཆོག

3. 禁止在村级事务管理中滥用职权、损公肥私。

༤. གྲོང་ཚོ་རིམ་པའི་ལས་དོན་ལ་ལྟ་སྐུལ་བྱེད་རིང་མགོ་སྐོར་རྫུན་སྒྲིག་བྱས་རིགས་དང་། ལྟ་སྐུལ་ལ་གཡོལ་བ་བྱ་མི་ཆོག

4. 禁止在村级事务监督中弄虚作假、逃避监督。

༥. སྤྱི་ཚོགས་ཀྱི་དོ་དམ་སྒྲིག་ལམ་ལ་གནོད་རྐྱེན་དང་དཀྲུག་རྐྱེན་བཟོ་རིགས་གཏན་འགོག་བྱེད་དགོས།

5. 禁止妨害和扰乱社会管理秩序。

（གཉིས）གཏན་འབེབས་དང་འགལ་བའི་བྱ་སྤྱོད་ཀྱི་ཐག་གཅོད།

（二）违反规定行为的处理

གྲོང་ཚོའི་ཏང་རྩ་འཛུགས་ཀྱི་འགོ་ཁྲིད་ཚན་ཁག་གི་ཁོངས་མིས་གཏན་འབེབས་དང་རྒྱབ་འགལ་བྱས་རིགས་ལ། ཉེས་ཚབས་ཆེ་ཆུང་ལ་བལྟས་ནས། འབྲེལ་ཡོད་ལས་ཁུངས་དང་སྡེ་ཁག་གིས་འགན་འཁྲིའི་དབང་མཚམས་ལྟར་ཉེན་བརྡའི་གླེང་མོལ་དང་། ཡོངས་གྲགས་སུ་སྐྱོན་ཞིབ་ཞུ་རུ་འཇུག་པ།

སྐྱོན་བརྗོད་བརྡ་ཁྱབ་གཏོང་བ། ལས་མཚམས་བཞག་ནས་ཞིབ་བཤེར་བྱེད་པ། ལས་ཁུར་དགོངས་ཞུ་བྱེད་དུ་འཇུག་པ། གོ་གནས་འཕེན་པ་སོགས་ཀྱི་ཐག་གཅོད་བྱ་རྒྱུ། ཉེས་གསོག་གི་དོགས་པ་ཡོད་རིགས་ཁྲིམས་འཛིན་ལས་ཁུངས་ལ་བཅའ་ཁྲིམས་ལྟར་ཐག་གཅོད་བྱ་རྒྱུར་བསྐྱལ་དགོས།

村党组织领导班子成员有违反规定的，视情节轻重，由有关机关、部门依照职责权限给予警示谈话、责令公开检讨、通报批评、停职检查、责令辞职、免职等处理。涉嫌犯罪的，移送司法机关依法处理。

ས་བཅད་གཉིས་པ། གྲོང་གསེབ་ཀྱི་“ཨུ་ལྷན་གཉིས་”ཀྱི་ལས་བྱེད་པའི་ཧམ་ཟ་རུལ་སུངས་ལ་སྔོན་འགོག

第二节 农村“两委”干部贪腐预防

དང་པོ། རྒྱུ་ནོར་ལྐོག་བཟས་ཀྱི་ནག་ཉེས།

一、贪污罪

（གཅིག） རྒྱུ་ནོར་ལྐོག་བཟས་ཀྱི་ནག་ཉེས་ངོས་འཛིན།

（一）贪污罪的认定

རྒྱུ་ནོར་ལྐོག་བཟས་ཀྱི་ནག་ཉེས་ཞེས་པ་ནི་རྒྱལ་ཁབ་ཀྱི་ལས་བྱེད་མི་སྣས་གོ་གནས་ཐད་ཀྱི་སྐབས་བདེ་བེད་སྤྱད་དེ། ལྐོག་ཟ་བྱེད་པ་དང་། མ་བྱིན་པར་ལེན་པ། གཡོ་ལེན་བྱེད་པའམ་ཡང་ན་བྱེད་ཐབས་གཞན་ལ་བརྟེན་ནས་ཁྲིམས་འགལ་གྱིས་སྤྱི་པའི་རྒྱུ་ནོར་བདག་བཟུང་བྱས་པའི་བྱ་སྤྱོད་ལ་ཟེར།

贪污罪是指国家工作人员利用职务上的便利，侵吞、窃取、骗取或者以其他手段非法占有公共财物的行为。

（གཉིས）རྒྱུ་ནོར་སྒྲིག་བཟས་ནག་ཉེས་ཀྱི་ཉེས་གཅོད།

（二）贪污罪的处罚

སྒྲིག་བཟས་བྱས་ཉེས་བསགས་རིགས་ལ་ཉེས་ཚབས་ཆེ་ཆུང་ལ་གཞིགས་ནས་སོ་སོར་ཆད་པ་གཅད་རྒྱུ།

对犯贪污罪的，根据情节轻重分别处罚。

གཉིས་པ། སྒྲིག་ཇོན་བླངས་པའི་ནག་ཉེས།

二、受贿罪

（གཅིག）སྒྲིག་ཇོན་བླངས་པའི་ནག་ཉེས་ངོས་འཛིན།

（一）受贿罪的认定

སྒྲིག་ཇོན་བླངས་པའི་ནག་ཉེས་ཞེས་པ་ནི་རྒྱལ་ཁབ་ཀྱི་ལས་བྱེད་མི་སྣས་ལས་གནས་ཐད་ཀྱི་སྟབས་བདེ་བེད་སྤྱད་དེ། མི་གཞན་གྱི་རྒྱུ་ནོར་བསླངས་པའམ་ཡང་ན་ཁྲིམས་འགལ་གྱིས་མི་གཞན་གྱི་རྒྱུ་ནོར་བླངས་ཏེ། མི་གཞན་པར་ཁེ་ཕན་རག་ཐབས་བྱས་པའི་བྱ་སྤྱོད་ལ་ཟེར།

受贿罪是指国家工作人员利用职务上的便利，索取他人财物的，或者非法收受他人财物，为他人谋取利益的行为。

(གཉིས) སྙིག་ཟན་བླངས་པའི་ནག་ཉེས་ཀྱི་ཉེས་གཅོད།

（二）受贿罪的处罚

སྙིག་ཟན་བླངས་པའི་ནག་ཉེས་བསགས་རིགས་ལ། སྙིག་ཟན་བླངས་པའི་གྲངས་འབོར་དང་དེ་བཞིན་ཉེས་ཚབས་ཆེ་ཆུང་ལ་གཞིགས་ནས། ཉེས་ཁྲིམས་ཀྱི་དོན་ཚན་སུམ་བརྒྱ་གྱ་གསུམ་པའི་གཏན་འབེབས་ (རྒྱུ་ནོར་སྙིག་ཟོས་ནག་ཉེས་ཀྱི་ཉེས་གཅོད་ཚད་གཞི) ལྟར་ཆད་པ་གཅད་རྒྱུ་དང་། སྙིག་ཟན་སློང་རིགས་ལ་ཉེས་ཆད་ལྕི་བར་གཅད་རྒྱུ།

对犯受贿罪的，根据受贿所得数额及情节，依照刑法第三百八十三条的规定(即贪污罪处罚标准) 处罚。索贿的从重处罚。

གསུམ་པ། གྲོང་གསེབ་ཀྱི་"ཨུ་ལྷན་གཉིས"ཀྱི་ལས་བྱེད་པའི་རྣམ་ཟ་རུལ་སུངས་ལ་སྔོན་འགོག

三、农村“两委”干部贪腐的预防

གྲོང་གསེབ་ཀྱི་"ཨུ་ལྷན་གཉིས"ཀྱི་ལས་བྱེད་པའི་འགན་འཛོལ་སྙིག་ཟན་ལེན་པ་དང་རུལ་སུངས་ཀྱི་བྱ་སྤྱོད་ལ་ནུས་ལྡན་གྱིས་སྔོན་འགོག་ཏན་ཏིག་བྱེད་ཆེད། གཤམ་གསལ་གྱི་ཕྱོགས་འགའི་ཐད་ནས་འཕྲུས་ཚང་དུ་གཏང་དགོས།

为切实有效预防农村“两委”干部渎职贪腐行为，应从以下几个方面完善和健全：

༡. ཆབ་སྲིད་དང་འགན་འབབ་ལས་སྣའི་གསོ་སྦྱོང་ལ་ཤུགས་སྣོན་བརྒྱབ་སྟེ། གྲོང་ཚོའི་ལས་བྱེད་པའི་སྤྱི་ཡོངས་ཀྱི་སྤྱང་ཚད་མཐོ་རུ་གཏོང་དགོས།

1. 加强政治业务培训，提高村干部整体素质。

༢. གྲོང་གསེབ་ཀྱི་ལམ་ལུགས་འཛུགས་སྐྱོང་ལ་ཤུགས་སྣོན་བརྒྱབ་སྟེ། གྲོང་གསེབ་ཀྱི་"ཨུ་ལྷན་གཉིས"ཀྱི་ལས་བྱེད་པའི་བྱ་

སྤྱོད་ཚད་ལྡན་དུ་གཏོང་དགོས།

2. 加强农村制度建设,规范农村“两委”干部的行为。

༣. ཁྲིམས་སྲོལ་ལམ་ལུགས་འཛུགས་ཚང་དུ་གཏོང་བ་དང་། ལྟ་སྐུལ་ལ་ཤུགས་སྣོན་རྒྱག་དགོས།

3. 完善规章制度，强化监督。

༤. གྲོང་གསེབ་ཀྱི་ལས་བྱེད་པས་སྣག་ཟ་སྣག་ཟན་སྤྱོད་ལེན་གྱི་བྱས་ཉེས་ལ་བཅོས་སྒྲིག་བྱེད་ཤུགས་ཆེ་རུ་གཏོང་དགོས།

4. 加大村干部贪污贿赂犯罪的整治力度。

图书在版编目（CIP）数据

农村“两委”干部学法用法读本 ： 藏、汉 / 丹真多杰主编 .
—拉萨： 西藏藏文古籍出版社，2016. 2
ISBN 978-7-80589-705-9

Ⅰ. ①农… Ⅱ. ①丹… Ⅲ. ①法律－基本知识－中国－藏、汉
Ⅳ. ① D920. 5

中国版本图书馆 CIP 数据核字（2015）第 300616 号

农村“两委”干部学法用法读本

编　　者　本书编写组
责任编辑　次　巴　何卫峰
策　　划　天利文化
出　　版　西藏藏文古籍出版社（拉萨市色拉路 22 号）邮政编码：850000
　　　　　　第二编辑部（北京）：100013 北京市东土城路 8 号
　　　　　　林达大厦 A 座 13 层　电话：010-64466847
　　　　　　打击盗版：0891-6649998　13908990085
印　　刷　三河市众誉天成印务有限公司
经　　销　全国新华书店
开　　本　16 开（710×1 000）
印　　张　12　　　　　**字　　数**　115 千
版　　次　2016 年 2 月第 1 版第 1 次印刷
标准书号　ISBN 978-7-80589-705-9
定　　价　25.00 元